谨献给中华人民共和国成立70周年

郑彦良 查国清 主编

空天报国志

纪念北航三个型号
上天60周年

北航老故事丛书 · 北航文化传承创新引导专项基金年度资助项目

不忘初心，方得始终。

中国共产党人的初心和使命，

就是为中国人民谋幸福，为中华民族谋复兴。

这个初心和使命是激励中国共产党人不断前进的根本动力。

光明日报出版社

编委会

谨献给
中华人民共和国成立70周年

不忘初心，方得始终。中国共产党人的初心和使命，就是为中国人民谋幸福，为中华民族谋复兴。这个初心和使命是激励中国共产党人不断前进的根本动力。全党同志一定要永远与人民同呼吸、共命运、心连心，永远把人民对美好生活的向往作为奋斗目标，以永不懈怠的精神状态和一往无前的奋斗姿态，继续朝着实现中华民族伟大复兴的宏伟目标奋勇前进。

——习近平总书记在中国共产党第十九次全国代表大会上的报告

今年是中国改革开放 40 周年，北航建校 66 周年，是北航三个型号上天 60 周年。

1958 年 9 月 24 日，新中国设计制造的第一架轻型旅客机"北京一号"在北京东郊机场举行命名试飞典礼。"北京一号"试飞成功的第二天，《人民日报》刊发了 5 条消息和文章。《光明日报》用了包括头版在内的整整 3 个版面进行报道，并发表了题为《航空教育革命的伟大胜利》的社论。《中国青年报》《北京日报》《北京晚报》等报刊均在头版头条以大字标题，大篇幅地报道了这一振奋人心的喜讯，在海内外产生了重大影响。同年 9 月 22 日—10 月 3 日，中国首次发射的探空火箭"北京二号"共六枚在东北白城子靶场发射成功，这也是亚洲第一批全部发射成功的探空火箭。9 月 29 日，我国研制的第一架无人驾驶飞机"北京五号"在北京东郊机场（现首都机场）首次试飞成功，实现了我国无人驾驶飞机历史上"零的突破"。北航师生敢为人先、艰苦奋斗，研制了三个型号并试飞成功，创造了世界航空航天史和教育史上的奇迹。正如空军司令员刘亚楼当年在"北京一号"命名试飞典礼上所说："'北京一号'能在 100 天内试制成功，不仅仅是新中国的创举，也是世界航空发展史上没有的先例。"

本书围绕"北京一号""北京二号""北京五号"的研制过程，由当年亲身参与三个型号研制工作的师生，现已退休的百十位老教师，讲述当年真实发生的点滴故事。这些故事汇集了北航人的声音，体现了北航人的精神。武光老院长在"北京一号"上天后的第二天在《光明日报》发表了署名文章，题目是"这仅仅是开始",表达了北航人要继续奋斗的决心和意志。几年后，1962年武光老院长集中领导班子的智慧，提出了北航的校风——"艰苦奋斗，勤奋好学，全面发展，勇于创新"。这既是对北航建校10年来办学的高度总结，也是对后来者的厚望和鞭策，更是几代北航人努力践行的标的和北航精神的真实写照。在那个如火如荼的年代，我校的许多创始者、奠基人、教授专家、师生员工怀揣空天报国的梦想，凭着对祖国航空航天事业的满腔热情，创造出一项又一项国内第一的科研成果，填补了多项新中国国防科技工业的空白。从那时起，服务国家需求，科技创新就成为北航人鲜明的行动标识。北航人身上有一种共同的品格，就是爱祖国、爱国防、爱航空、爱航天、爱北航、爱教育事业，立志运用所学报效祖国。北航人心中有国家和民族，有忠诚和热爱，北航人富有创造精神、奋斗精神和团结精神。本书讲述的这些故事生动地体现了北航人赤诚热烈、甘于奉献的报国情怀，勇于创新、敢为人先的北航传统，自强不息、艰苦奋斗的顽强意志，以及团结协作、教学科研与生产实践融合的作风。

66年来，一代代北航人传承弘扬"空天报国、敢为人先"的精神品格，创造了一个又一个骄人业绩：北航人始终围绕国家战略需求，瞄准国际学术前沿，打造顶级创新平台和一流科研团队，人均科研经费位居全国高校第一。2017年凭借内涵式发展的功力入选国家"双一流"建设高校名单，8个一级学科为国家重点学科，并列全国高校第7名，4个A+学科，14个A类学科，特色鲜明，学科繁荣。进入新世纪，连续14年荣获14项国家级科技奖励一等奖，创造了一所大学连续获国家高等级科技大奖的纪录，被誉为中国科技创新的"北航模式"。"北航模式"的背后是北航精神的传承和北航文化的熏陶。北航故事正是北航精神和北航文化的生动体现。在新的历史起点上，今天北航人致力于建设扎根中国大地的世界一流大学，为教育强国，为国家的创新驱动发展、制造强国、科技强国做出我们的贡献。全体北航人要自觉肩负新时代的使命担当，将培养一流人才、做出一流贡献，作为学校各项工作的出发点和奋斗目标。

　　本书定名为《空天报国志》。谨以此书向 60 年前在那艰苦的岁月中，以爱国主义、勇攀科学高峰为激励的北航师生们创下的奇迹，表达我们崇高的敬意！向老前辈们留给后来北航人的宝贵的精神财富，表达我们崇高的敬意！

　　谨以此书向中华人民共和国成立 70 周年献礼！

2018 年 10 月 25 日

超英超美

朱德 一九五八年
十月八日

永遠保持謙虛謹慎的向
人學習的正確態度，向更
高級的理論与實踐
相結合而前進！ 陳毅
一九五八年十月十五日……

▲ 四位元帅（朱德、彭德怀、陈毅、叶剑英）的题词

▲"北京一号"试飞剪彩前

▼"北京一号"在滑行

▶ "北京一号"试飞典礼主席台（左五为刘亚楼、左六为杨秀峰、左七为林枫、右一为王大昌）

▶ "北京一号"试飞典礼现场（左一为武光、右一为刘亚楼）

▶ "北京一号"试飞典礼现场（左二为林枫、左三为武光、前排右四为马文、前排右五为刘亚楼）

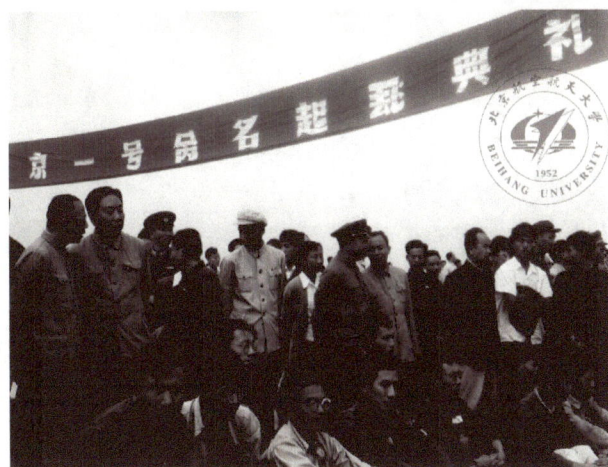

▲ 试飞员潘国定在向主席台致意

▲ 试飞员潘国定（右三）等在机舱内

◀ 试飞典礼现场

▼ 试飞成功后有关人员大合影

北京首都机场
1958.09.24

▲"北京一号"试飞前58届飞机设计专业部分学生在首都机场合影

▲部分师生在"北京一号"试飞成功后合影

▲参加"北京一号"的部分飞机工艺专业的学生向空中的"北京一号"欢呼致意

▲参加"北京一号"的另一部分飞机工艺的学生

▲"北京一号"试飞成功后，部分人员合影留念

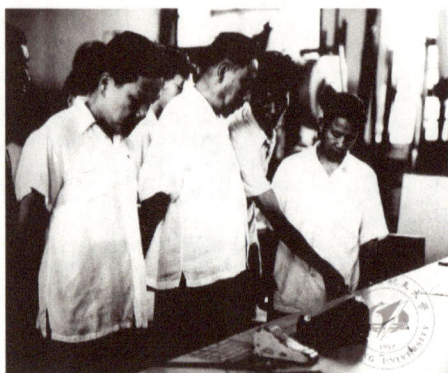

▲ 航院领导陪同上级领导参观（左一为
沈元、右一为武光）

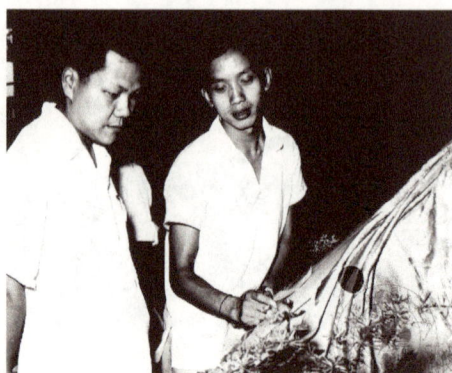

▲ 青年教师向沈元汇报

◀ 学生在设计图纸

▼ 教师向武光介绍加工零件（左一为崔
铁桥厂长、左三为武光）

▼ 部装车间一角

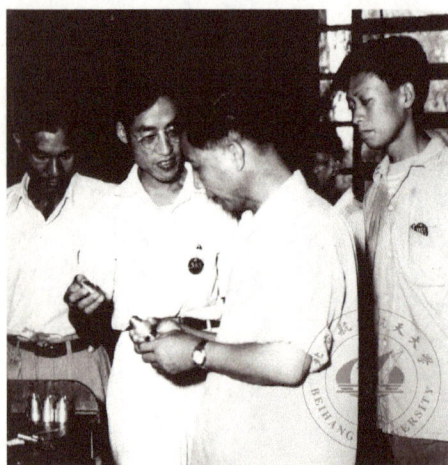

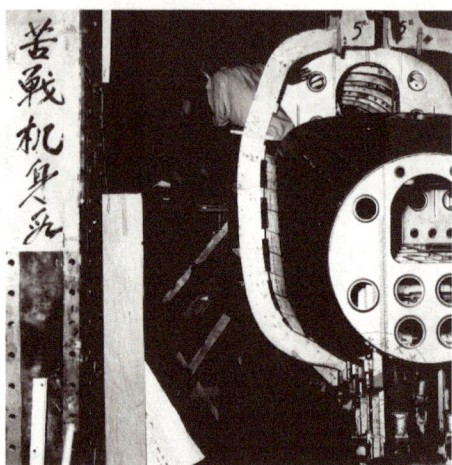

▲ "北京一号"在安装起落架（左二为陈绍荣师傅）

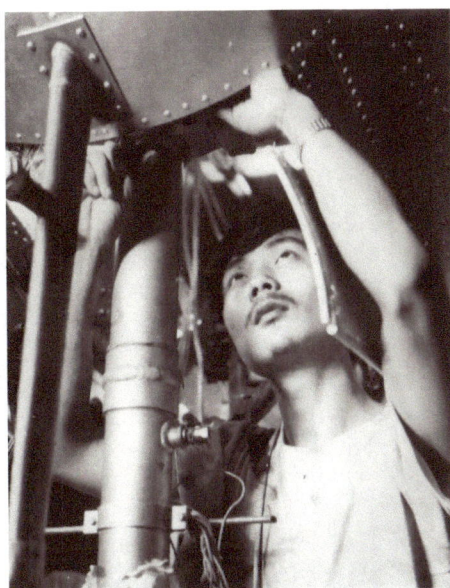

◀ 按模胎手打成型

◀ 机身装配全面施工

◀ 一批翼肋正在自制的硝盐槽中进行淬火

◀ 铸造车间工人正在浇铸

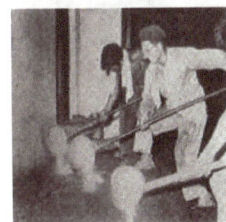

▲ 同学们开展教育革命，在工厂实习，接受工人师傅指导，参加"北京一号"研制。成立青年突击队，在各工种的最前列奋战。同学们不时向领导报捷、报喜

▼ 青年教师向沈元介绍图纸

▲ 师生们在总装车间日夜奋战组装"北京一号"（原航空馆东机库）

◀ "北京一号"发动机特写

▼ "北京一号"总装车间（原航空馆东机库）

▲ "北京一号"部件装配车间（老体育馆内）

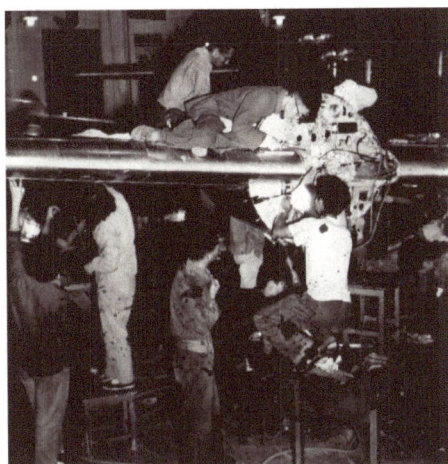

▲ 部装车间繁忙景象

▼ "北京一号"机身从部装车间被运往总装车间途中

▲ "北京一号"首飞成功，各大报刊都刊登了这一鼓舞人心的消息

▲ 1984 年 12 月常荣福先生参加新时期"飞机行业改造技术规划会"（前排右五）

▼ 1954 年初夏，飞机制造工艺专业的全体同志，在第二宿舍前与第一任苏联专家马卡洛夫合影（前排左起：姚正学、朱永昌、冯宗律、刘龄德、梁炳文、马卡洛夫、常荣福、许建钺、张汉镔、唐荣锡）

▲ 1957 年 11 月, 北航 1953 级(58 届毕业生)31 大班部分同学合影

▼ 总装配现场(原航空馆东机库)

▲"北京一号"设计室学生党支部毕业留念1958年11月6日（左至右，后排：李松年、张志民、朱自强、李晨光；中排：李匀雰、王祖丰、张躬行、乐卫松、赵淑琴；前排：郦正能、王光、屠庆慈、邹景贤）

▲当年在沈飞机翼车间，学铆工操作技能的58届部分同学与车间领导合影（左至右，前排：尹志敏、车间技术副主任、车间主任兼党支部书记、李华英、耿丽霞）

▼1959年元旦北航58届飞机设计专业31大班同学与武光院长（二排左四）和党委副书记臧伯平同志（二排左五）在原俱乐部前合影

◀ "北京一号"之歌

◀ "北京一号"研制成功后，飞机工艺教研室老师们编著此书，国防工业出版社出版

▶ 航院上天编辑部出版"北京一号"专辑封面(编辑、封面设计:徐扬禾)

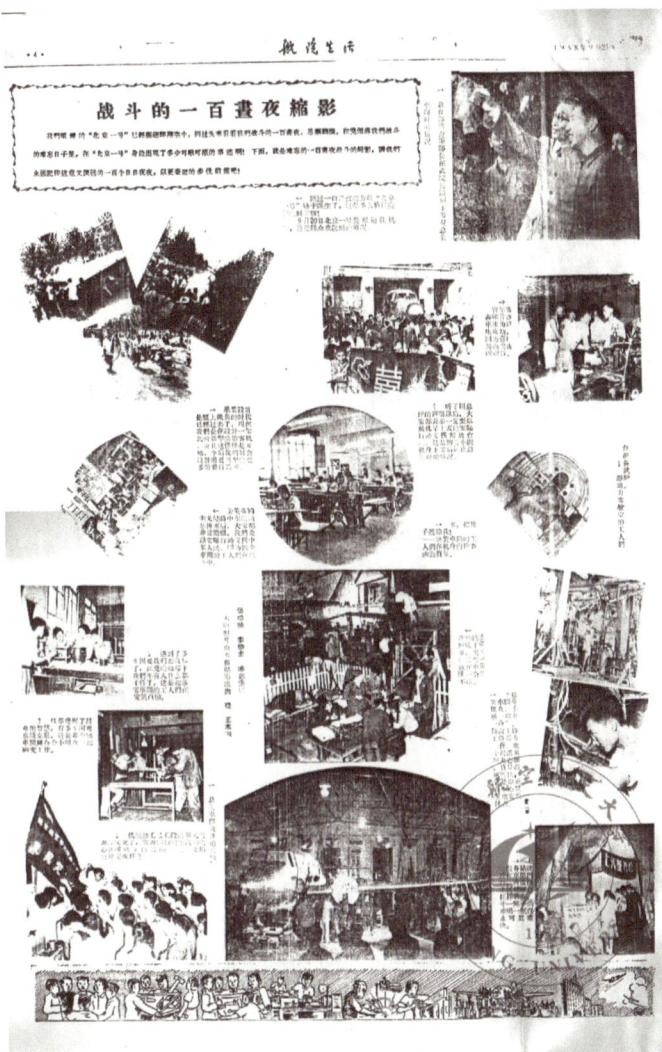

▼ 58届全体毕业生和航院领导及教师合影于主楼前

◀我院成果展

◀院报《航院生活》报道
"北京一号"试飞成功

激战一百昼夜　获得辉煌战果

北京一号命名起飞典礼昨天隆重举行

林枫主任到会剪彩　　杨部长说这是教育事业的伟大胜利

记教育部长杨秀峰同志的讲话

记空军司令员刘亚楼的讲话

记武院长的讲话

记试飞员的讲话

我院向中央和市委报喜

航院生活

▶"北京二号"升空瞬间

▲ 李宜敏（右二）在靶场工作

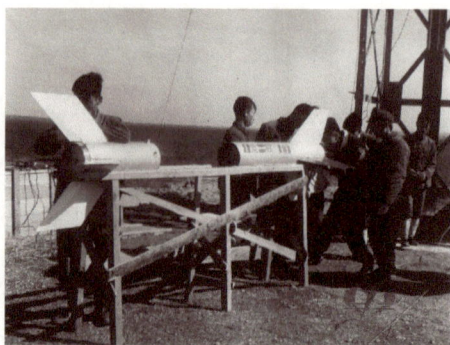

▲"北京二号"装配现场 1

▼"北京二号"发射架雄姿

▼"北京二号"装配现场 2

▲"北京二号"被送到靶场

▲ 苏联专家佘鲁新（右）、系主任习震川（左二）、王震华（左一）在靶场

▲ 苏联专家现场观看吊装

▲ "北京二号"吊装 1

▼ 在装配现场的北航师生和苏联专家们

▼ "北京二号"吊装 2

▲ 弹尾导流架

▲ "北京二号"吊装 3

◀ 在发射架前进行"北京二号"装配、接线等工作

◀ 上架作业

▲"北京二号"待发状态

▲ 试车方案讲解

▲ 苏联专家答疑（右为蔡峨）

▲ 固体火箭发动机在实验室点火实验

▲ "北京二号"研制人员在实验室（曹永明）

▲"北京二号"研制人员在实验室(左一为曹永明)

▲"北京二号"研制人员在实验室工作(右一为李宜敏)

▲"北京二号"研制人员在实验室工作(左一为李宜敏、中间为王震华、右为苏联专家佘鲁新)

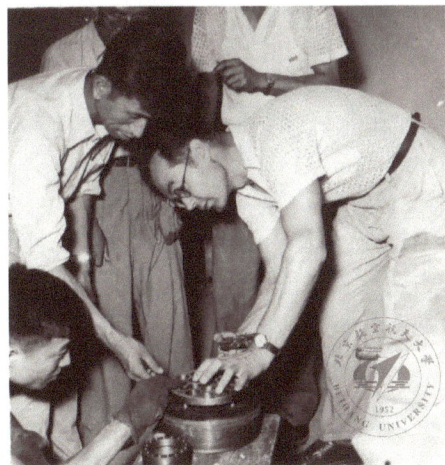
▲"北京二号"研制人员在实验室工作(左为李宜敏、右为佘鲁新)

▲ 欢送苏联专家回国（左一为朱东明、左二为曹传钧、苏联专家左后为刁震川副院长、左十一为杨文龙、右三为蔡峨、右六为李宜敏、右七为潘梁、右八为何庆芝、右九为赵惠如、右十为苏联专家翻译王震华）

"北京二号"探空火箭设计试制总结（手稿）

何庆芝（郑彦良整理）

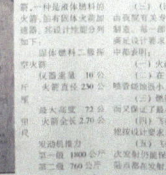

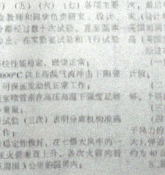

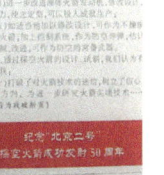

▲"北京二号"探空火箭设计试制总结（手稿整理）

▼ 何庆芝老师手稿

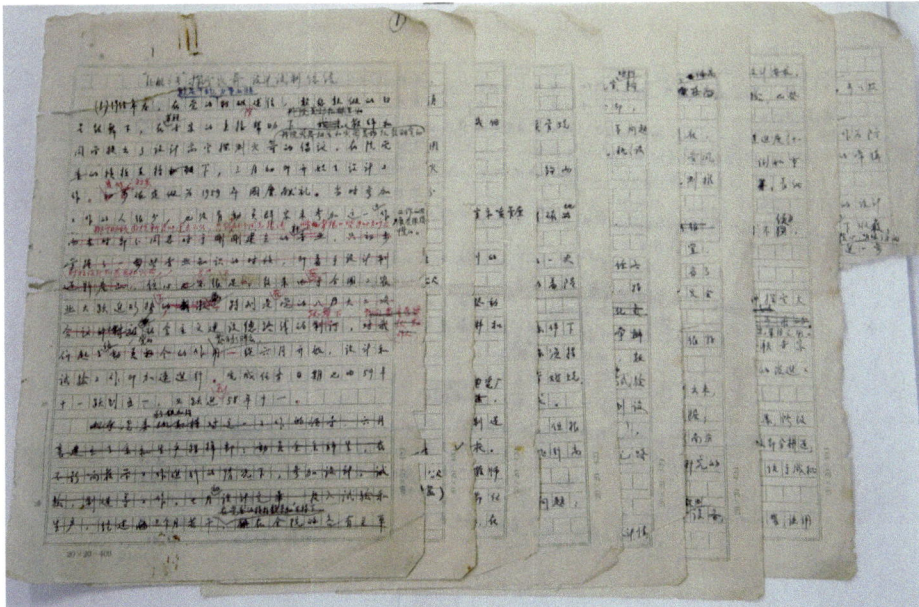

▼ "北京五号" 遥控滑跑起飞

▼ "北京五号" 遥控爬升

▲ "北京五号" 遥控下滑

▲ "北京五号" 自动着陆

▲ 进行设备调试

▲ 地面调试

▲"北京五号"无人机机舱控制系统与地面操纵系统

▲我们的"北京五号"飞回来了

▼"北京五号"试飞现场

▼"北京五号"试飞现场（中穿皮大衣者为马文副院长）

▲秦德荣为苏联专家现场翻译

▲部队首长在观看"北京五号"试飞（右二为范耀祖）

▲ 首长观看"北京五号"试飞（前排左二手指者为武光老院长、武光右后为张爱萍，前排右二为吴法宪、左一为院办主任何家沄）

▼ 部队首长在遥测遥控车前观看试飞

▶ 武光院长在"北京五号"前感谢苏联专家

▶ "北京五号"试飞现场总结（右二为武光院长）

▶ 校领导与"北京五号"试飞员合影（左二为马文副院长、左三为武光院长、右二为沈元副院长）

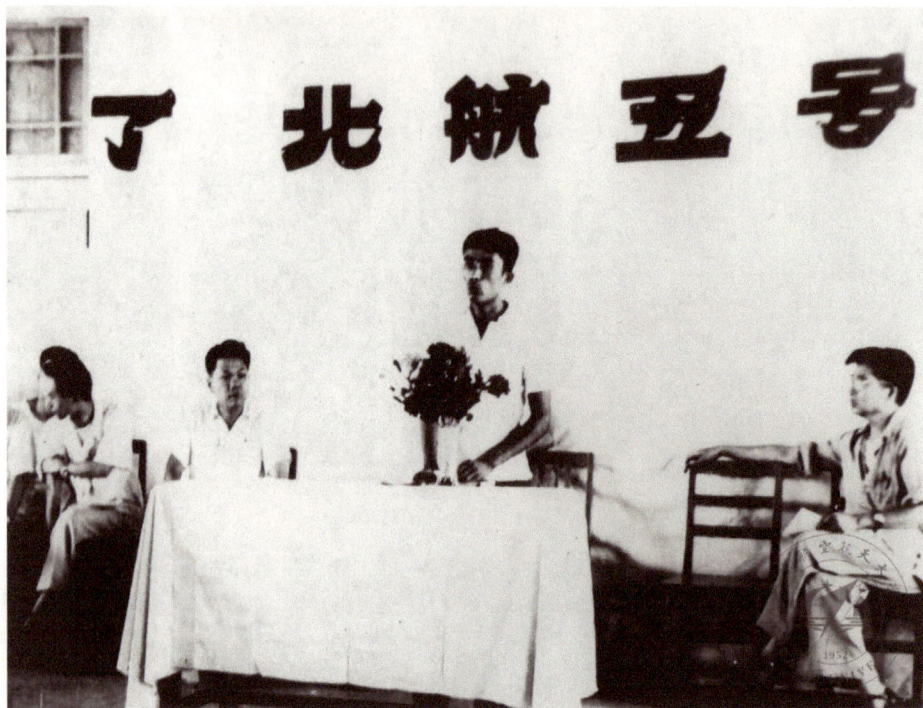

▲ 沈元院士（右三）参加誓师大会：一切为了"北航五号"（后改为"北京五号"）

▼ 在"北京五号"上安装设备

▼ 安-2飞机改装

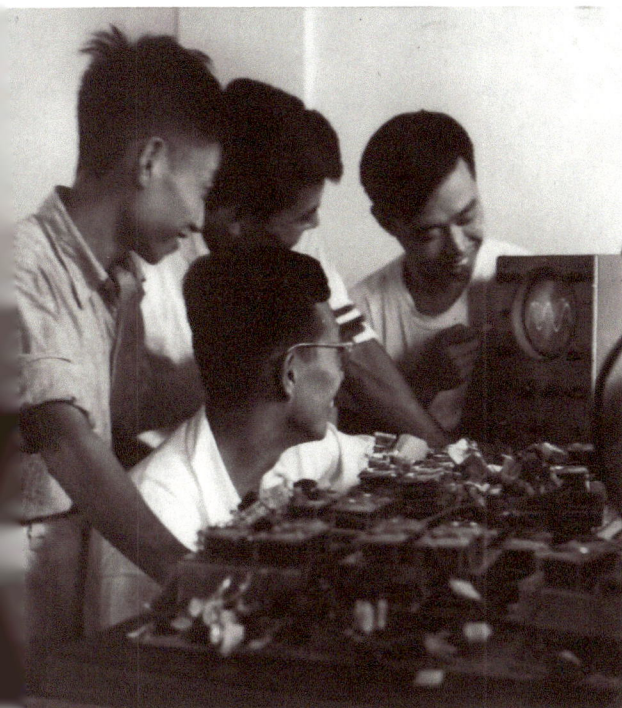

▲ 实验取得了进展

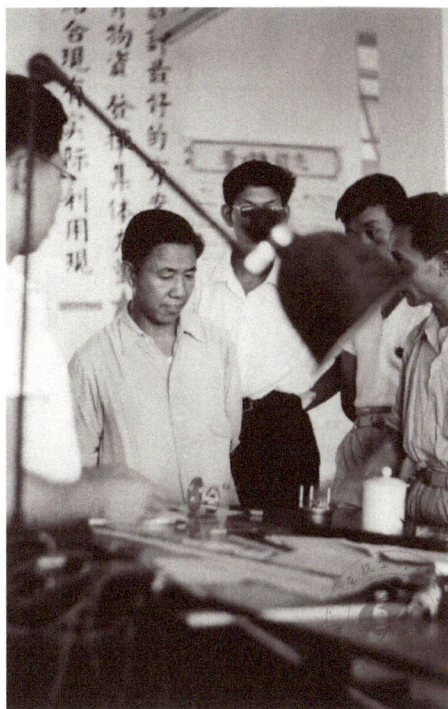

▲ 武光院长跟师生交谈实验进展（右一为文传源）

▼ 为了"北京五号"早日上天

▼ "北京五号"的师生们在加班

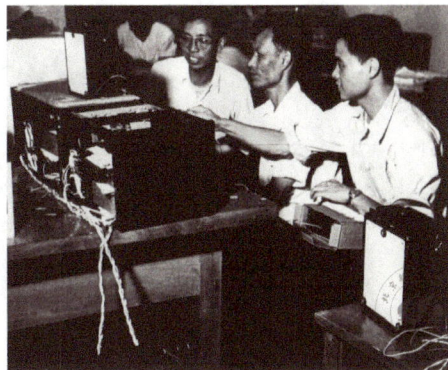

▼ 1958年，参加"北京五号"研制的全体师生员工和苏联专家及机组飞行员等的合影（前排左起：1- 唐邑系主任，2- 徐学贤支书，3- 文传源总设计师，4- 邵群总支书记，5- 周天行院党委副书记，6- 沈元副院长，7- 臧伯平院党委第二书记，8- 苏联专家，9- 武光院长，10- 马文副院长，11、12- 试飞员；中排左起：3- 以光衢，5- 胡孝宣，6- 冯毓江，9- 何培龄，10- 林士锷，12- 卢维扬，15- 宋丽川，16- 潘维瀚，17- 徐梅华，20- 侯丽娜，21- 宋子善，22- 许巧保，23- 宁文如，24- 梁炳贵，25- 王帼英，27- 高吉章，29- 崔保卫，31- 张明廉；后排左起：1- 陈望梅，2- 赵震炎，5- 范耀祖，9- 张崇祐，10- 刘志万，11- 罗筱山，12- 范仁周，13- 马立业，15- 林德茂，18- 黄俊钦）

4 2008年10月11日 第741期 总第1142期 新翼副刊 北航校报

北航往事

新中国第一架无人驾驶飞机的诞生

▲新中国第一架无人驾驶飞机的诞生

目录

"北京一号"

"北京五号"

后记

"北京一号"

俞公沼

1927 年 10 月生，1950 年毕业于北洋大学航空系。1958 年为"北京一号"副总设计师（前期）。

"北京一号"诞生的前前后后

60 年前，在 1958 年 9 月 24 日，从北京东郊机场飞起了一架崭新的轻型客机"北京一号"。这是一架由当时北京航空学院千余名师生，在前期工作的基础上奋战 100 天设计和试制出来的飞机，当时的北京市彭真市长命名其为"北京一号"。这也是新中国设计制造的第一架轻型旅客机。

10 时正，当"北京一号"首飞的主任试飞员——曾突破空中禁区、征服北京—拉萨航线"天险"的著名飞行员潘国定，和另一位试飞员——具有多年飞行经验的空军飞行员王来泉，驾驶"北京一号"以 300 公里的时速超低空 10 米高度掠过主席台时，人声鼎沸，全场欢腾。

参加当日试飞典礼的有国务院第二办公室主任林枫，教育部部长杨秀峰，空军司令员刘亚楼上将，以及空军、北京市委负责同志，苏联专家，10 多所高校的代表和北航师生等 3000 多人。林主任在飞机起飞前剪了彩。杨部长表示祝贺，希望师生们继续发扬团结苦干的精神，在教育结合生产劳动的道路上做出更大的成绩。院党委第二书记臧伯平主持了试飞典礼，武光院长致辞。

刘亚楼司令员在典礼上说："'北京一号'能在 100 天内试制成功，不仅仅是新中国的创举，也是世界航空发展史上没有的先例。"航空院校制造飞机是"党领导下的新中国出现的奇迹"。

在"北京一号"上天后的次日，1958 年 9 月 25 日的《人民日报》上就发表了消息，并刊出"党的教育方针胜利——祝'北京一号'飞机的诞生"的社论。

"北京一号"首飞告捷之后，立即从 1958 年 10 月份开始，安排了两阶段的全面试飞计划。第一阶段的试飞是机场空域飞行，为的是在试飞中把飞机调整到良好状态，达到设计要求。

第二阶段是航线试飞。目的是全面考查飞机性能，测定续航力、耗油量，预定的航线是从北京飞至上海，再从上海返回北京。在飞正式航线之前，先试飞了两次短航线。第一次是从东郊机场起飞，绕城区飞临北航校园上空，低空盘旋一周，撒彩色传单后飞返东郊机场。第二次是北京至天津的往返飞行。经以上两次飞行后，即准备北京至上海航线飞行。此次北京至上海的飞行比较顺利。早晨从北京东郊机场飞至济南机场，停机检查后继续起飞，以 1500 米高度飞越泰山，到徐州机场着陆，检查后再次起飞，飞越长江，夕阳中飞抵南京大校机场。次日，由南京起飞，经无锡市区上空，飞抵上海龙华机场。抵沪后立即进行 100 小时阶段定检，证明飞机一切正常。在上海停留数日后，飞返北京。途中在南京降落，停留 2 小时，接待了南航师生数百人登机参观。又从南京继续起飞，飞到徐州后停机检查，再继续飞返北京。在整个航线飞行过程中，飞机性能良好，具有良好的稳定性和操纵性，失速性能满意。飞机在地面滑行中操纵灵活，侧风起落性能和"伊尔-14"飞机差不多，飞机各系统的工作均正常。主任试飞员潘国定十分高兴地表示，他飞了那么多的外国飞机，此次飞由我国高校师生员工自行设计和制造的国产飞机感觉非常高兴。他认为飞机操纵灵活，具有良好的操纵性和稳定性。

这次试飞北航参加机组的工作人员有：组长张汉镔（教师）、兼任副驾驶方一苍（学生）、随机机务员何述章（实验员），负责地勤组的是常荣福教授。

至此，"北京一号"共飞行了 29 航时，46 个起落。

继"北京一号"之后，全国航空院校、厂所自行设计、制造飞机的增多了，如北京航校的"首都一号"、哈尔滨航校的"松花江一号"、西北工业大学的"延安一号"等都陆续上天了。北航也在"北京一号"的前后，相继设计、研制了多种飞行器，如"北京二号"探空火箭、"北京五号"无人驾驶控制系统和"北京四号"高空高速靶机等。一时在校园内形成了轰轰烈烈的教育与生产劳动相结合、理论与实际相联系的热潮，前后延续了约3年之久。这几届的毕业生后来都成为各自工作岗位上的骨干。

已经60年了，现追记这段历史，是为了肯定敢为人先勇于创新的精神，也为新时代实现中国梦添砖加瓦进一步发扬北航的光荣传统。

大家想到一块儿了

1957年下半年，来自苏联哈里科夫航空学院的专家库兹明，正在北航飞机构造和设计教研室指导4位教师做毕业设计——飞机总体设计的准备工作。当时，在沈阳的第一飞机设计所（以下简称一所）正在设计歼教1型喷气式教练机。教研室主任徐鑫福教授和几位教师酝酿，如何结合生产实际，把学生放到一所去实习，并参加歼教1生产的问题。经反复研究，只有毕业班的学生和教师中有指导任务的两三个人能去。这样的做法固然好，但是全教研室的几十位教师，要这样轮流一遍，至少需要10年！因此，大家不约而同地产生了一个想法：为什么不由我们自己来设计和制造一架飞机呢？这个想法当即得到了库兹明专家的支持。他说，苏联早在1938年前后就有这种做法。随即我们把这种想法向沈元副院长汇报，得到肯定，同时也得到了飞机工艺教研室的支持和气动、强度教研室的赞助，并立即开始了准备工作。

首先，由库兹明专家指定教师张克明设计一个前三点下单翼的多用途飞机方案，教师吴崧设计一个后三点上单翼的方案。准备最后从两个中评选确定一个实施方案。

同时，利用当年的毕业实习时机，由李沛琼老师将飞机设计专业毕业班的百多名学生和实习指导教师带到沈阳112厂和一所进行毕业前实习，主要是参加歼教 1 的设计工作。

张、吴两位的方案总体打样设计，在 1958 年 3 月份经讨论评比后，由专家决定采用张克明的前三点下单翼方案。方案一经确定，立即拍电报，把在沈阳实习的百多位学生全部调回。这一举动，给在一所正进行中的歼教 1 设计工作造成了不便，这是在人力调动中考虑欠周之处。但是"北京一号"的上马，却在客观上促使"歼教 1"提前在 1958 年 7 月 26 日上了天！

学生回校后立即分组进行张克明方案的设计。当时却发生了一个有争论的问题，即到底是做一架多用途兼顾农业的飞机，还是一架客机。因为民航科研所的华凤翔等有经验的专家，认为民航十分需要能用于农业的飞机，而现在的方案差距较大，如有外场电源供应、飞机停机高度过高、飞机的单发性能等问题，使飞机在农业、外场作用的条件十分困难。因此，民航要求改掉这些缺点，以更适合农航的需要。

这时，到了 1958 年的 5 月份，在具体设计过程中面临结构重量超过控制数值。要想减重，除降低偏高的过载系数和改变一些参数外，认为只有把多用途方案改为专用的旅客机才有可能。大家众说纷纭，虽然组织了方案大辩论，眼看着很难统一决策，这时武光院长考虑到"十一"献礼在即，要当机立断，因此确定执行客机方案。一切从头开始。这时已是 6 月中旬，距"十一"仅仅有 100 天的时间。这样大家才统一在"苦战 100 天，一定要把'北京一号'送上天"的口号下全力以赴地工作。

为了保证飞机试制的质量，在院型号总指挥部的组织领导下，组建了"北京一号"生产指挥部，由飞机系主任王德荣教授亲自领导、总支书记王敬明任总指挥，许建钺任生产长。技术责任分工：徐鑫福教授任总设计师、张克明任主管设计师、常荣福教授任总工艺师、吴云书教授任总检验师。重新调整了工作部署，做了方案大改，分组设计，同时工艺专业师生着手进行工艺、生产准备。低年级的学生则抓紧跑材料、搞后勤、搞宣传。一下全院动员了1800 人参加"北京一号"的工作。在当时"大跃进"的气氛中，多少人夜以继日工作，终于在 1958 年 7 月 12 日发完最后一张图纸。设计室从新方案定型开始到发完这最后一张图纸，仅用了 35 个昼夜，共完成了图纸量 2000 张，人均日出图量达 5.3 张。参加"北京一号"的千余名师生员工就是用这种超乎寻常的苦干精神，终于在"十一"前把"北京一号"送上了天。

总理支持　八方支援

由于"北京一号"是计划外的项目，一切经费和航材均无着落。

1958 年 2 月在中央召开的一次会议上，我院向周总理汇报了北航自行设计和制造一架轻型飞机的设想。周总理当即表示支持，而后拨款 15 万元作为飞机研制经费。

马文副院长亲自跑沈阳、南昌等航空工厂，落实了缺少的航材，并搬兵求援。

沈阳 112 厂和一所大力支持，培训了北航师生在设计、工艺和生产方面的能力。

在设计、出图阶段，为了确保图纸质量，南昌 320 厂派来最有经验的设计员李安有，他负责每张图纸的校对，一丝不苟，保证了图纸质量，按期顺利施工。哈尔滨 122 厂设计科李广恕也在出图期间，来校指导了工作。

在整个试飞和准备的过程中，民航更是大力支援，提供了一切可能的帮助。试飞前外场琐碎的临时修理工作，大部分都由民航修理厂包了下来。当航线试飞，需要飞机上喷涂国旗标志时，民航立即及时帮助解决，使飞机得以按期进行航线飞行。

克服重重的技术困难

首先碰到的是在生产中买不到设计中选用的原材料，大量采用代料，使得结构重量大幅度增加。如单梁机翼的大梁突缘，原设计为高强度铝质特种压型材，但是由于得不到供应，只能采用高强度钢板加工成角形材料才能和原有的空间协调。

在重量到处增加而又无法预计的时候，最担心的是全机重心无法控制。幸好，最后的实测重心在19%平均气动弦处，比原设计位置偏前了5%。虽然配平阻力有所增加，所幸还保证了飞机的稳定特性，操纵性也还可以。

在设计中缺乏大量的设计资料。如引进的苏联制造的螺旋桨，就没有特性曲线，致使气动计算中所取的螺旋桨效率偏高，所以最后的试飞性能数据都要比计算值略低些。

在原设计中滑油散热采取利用滑油箱散热的方式。而后在试飞中发现滑油温度偏高，达到85℃，就临时在短舱顶部增加一个蜂窝散热器，使滑油温度降到50℃的正常范围。但其尾流引起平尾轻度抖动，使驾驶杆随之抖动。为了弄清故障原因，反复查找，终于采取拧紧平尾调整片的螺帽，并在平尾下面增加了两根撑杆的措施，把驾驶杆抖动的故障排除掉了。

飞机总装完毕推到东郊机场做试飞前准备的过程中，突然一边的主起落架慢慢地跪下来了，吓得全体在场人员不知所措。幸好机翼碰到千斤顶上才止住，但是机翼下表面被戳了一个洞，经检查原因得知，乃是由于起落架锁钩的硬铝零件的原材料标签上错打为淬火标记，致使工艺中没有经过淬火工序，结果装上了没有淬火的硬铝零件。这个漏洞，要是在起飞、着陆的滑行中出现，其后果将不堪设想。

试飞中，一次发动机短舱由于滑油泄漏冒出浓浓的黑烟，机上人员顿时紧张起来，但试飞员潘国定沉着处理，凭借高超的飞行经验，及时地把飞机安全降落在跑道上。

由于螺旋桨不能顺桨，飞机的单发升限就成问题。即使如此，潘国定还是决定进行单发升限的试飞项目。在做了充分准备之后，把飞机升空至3000米高度，关闭一侧发动机，飞机便急剧下降。潘国定立即命令机上人员戴好降落伞，可是他自己却仍把伞放在座椅旁边。这是一个严重的信号，因为平时试飞，虽然每次都带着伞，却从未用过。这时有人问潘国定情况如何，他什么也不说，表现得非常镇定自若。机上人员在他的影响下，也丝毫没有惊慌失措。直到飞机安全降落后才知道，发动机关车后，无法再次启动，情况是十分危急的。但潘国定并没有把详情告知塔台，只是请求降落。一场惊险全凭他高超的驾驶技术才得以化险为夷。机上和地面人员只是在事后才感到心惊肉跳。

重要的是培养了新一代的人才

1958 年当时有"大炼钢铁"的熔炉之说，北航的 1800 多名师生员工却参加了"北京一号"这个熔炉。他们在这座熔炉中锻炼成长，学技术、学管理，认识到共同的目标，团结协作，一往无前。当时参加工作的毕业班学生都已学完了全部课程，分别参加到飞机的各个部件的部门去工作。工作各有不同，但是都从需要出发，服从工作安排，努力完成，毫无二话。如有的学生负责机上卫生间或机内装饰，也都毫无怨言，很好地完成了任务。学生们还自发地提出了对自己的严格要求，如"计划就是法律""人人为我、我为人人""一组落后、全室支援"。大家只有一个共同的信念——"十一上天"！

当这批学生被分到工厂，工厂的反映是，这些学生能够立即上手工作，能顶用。有一部分留校的学生，很快也都成为各个专业的业务骨干。

但是也有一部分低年级的学生，他们做宣传，搞后勤，跑材料，当时耽误了一些学业，三年级学生 150 人，二年级学生 180 人，停课参加生产劳动一年，使正常教学秩序和基础课、理论学习受较大影响，为保证培养质量，三年级这部分学生补课半年，二年级部分学生延长学习一年。不少因参加型号研制而耽误学习的学生，在以后的学习中，他们付出了加倍的努力，才补上了落下的课业。

"北京一号"的研制，不仅没有影响教学和科研，而且大大提高了教育和科学研究工作的质量。经过试制，学生初步积累了设计和试制飞机的经验，为日后改进教学和科学研究工作打下了基础。在这次理论联系实际的锻炼中，同学们也在又红又专的道路上迈进了一大步。他们既学会了设计，又掌握了制造技术；既是设计师，又是工人。参加这次试制的五年级学生中，有80%左右的人已经达到了四级技工的水平。并且同学们的社会主义觉悟有了显著的提高。我院飞机工艺专业当年暑假毕业班的绝大部分学生一反往年轻视工厂和工人的想法，都选定工厂作为自己参加工作的第一志愿。

　　"北京一号"的研制和成功试飞告诉人们，型号研制过程是检验真理的最好见证。"北京一号"等型号的研制，不但提高了对学生的培养质量和科研水平，而且使学校积累了研制飞行器的经验和组织多学科、大兵团进行科研管理的方法，提供了学校贯彻党的教育方针，探索教学与科研、生产劳动相结合的教学改革的实践与探索，为后来北航的教学与科研水平的不断提高奠定了坚实的基础，还不断唤起人们对研究这段历史的兴趣，对探讨我国的航空航天高等教育事业如何加快步伐，以及进一步深入研究改革航空航天工程教育的途径，将不无裨益。

　　今天，陈列在北航航空航天博物馆的"北京一号"等型号，不仅是历史的见证，也是我校敢于创新、敢为人先和艰苦奋斗、发愤图强的北航精神的象征，是对新一代北航人进行热爱航空航天教育的宝贵财富。

附："北京一号"主要工作人员名单

　　飞机系主任：王德荣

　　飞机系党总支书记：王敬明

　　生产长：许建钺

　　总设计师：徐鑫福

副总设计师：俞公沼（前期）、张吉臣（后期）

主管设计师：张克明

总检验师：吴云书、张汉镔

气动组组长：郑玉麟

强度组组长：张纪纲

机翼组组长：魏永铉

机身组组长：闫学文

起落架组组长：李沛琼

操纵组组长：何大斌

尾翼组组长：赵庸

特设组组长：张树林

机内装设组组长：吴崧

动力组组长：杨国柱

标准组组长：李安有

冯　陈　王
厚　孝　云
植　戴　渤

王云渤：1930 年 2 月生，1954 年 8 月北航飞机制造工艺专业研究生毕业。担任"北京一号"副总工艺师及飞机总装部车间主任。

陈孝戴：1936 年 7 月生，1958 年 10 月北航飞机工艺专业毕业。

冯厚植：1931 年 9 月生，1956 年 4 月北航飞机工艺专业毕业，担任"北京一号"钣金车间主任。

教育与生产劳动相结合方针的一次开拓性实践

——忆试制"北京一号"的前前后后

"北京一号"的研制，是在我校实行勤工俭学的基础上，为了更好地贯彻"教育与生产劳动相结合"的教育方针而提出来的。

大胆的创举

1957 年以前，在我校飞机系本科教学计划的实践性教学环节中，除安排有一些课的实验外，还安排有校内的金工实习、到飞机工厂的两次生产实习、三次课程设计、毕业实习及一整个学期的毕业设计，毕业设计前安排有一个半月到飞机厂实习，主要是为回校做假拟题目的毕业设计收集资料。当时认为这样的毕业设计是一种"纸上谈兵"式的全面训练，而不是"真刀真枪"地参加生产实践的锻炼。这样的毕业设计很难发挥学生的积极性和创造性，不能得到真正的实践锻炼。

为此，当时的飞机设计与构造教研室提出通过毕业设计真正设计一架国家所需要的飞机的大胆设想，并谈及国家各有关部门去调研国内需要什么样的小型飞机。这一设想一经提出立即得到飞机工艺教研室的响应，倡议结合毕业设计把设计的这架飞机真正制造出来。这一倡议很快得到了院领导的肯定，后来又得到中央领导同志的鼓励和支持，同时也受到校内广大师生的热烈拥护，于是一场轰轰烈烈的教育与生产劳动相结合的实践在校内展开。

试制的概况

"北京一号"的设计和试制（当时称为"北航一号"）是在 58 届毕业实习和毕业设计开始前夕确定下来的。飞机设计和飞机工艺（现在的飞行器制造）专业毕业班的学生自然就成为"北京一号"设计及试制的主力军，这两个专业的毕业设计完全是通过"北京一号"的设计和试制的实践来完成的。

三个方面的任务

一是筹建试制车间和一些专用设备的设计与制造。由于当时还未建立后来的实习工厂（北航机械厂），因而为试制任务的需要筹建了模线室（在大绘图教室）、木模车间（在木工室）、钣金车间（当时的飞机工艺实验室）、起落架车间（当时的实习车间）、飞机部件装配车间和装配型架车间（在体育馆）及飞机总装配车间（原航空馆机库）。自制了一批必需的专用设备，包括简易点击锤、滚辗机、收缩机、落锤、型架装配机等。

二是试制的工艺技术工作，包括工艺方案的制订，工艺规程的设计，工艺装备的设计和制造，工艺装备中包括大型装配型架 15 台，成型模约 400 个，木模胎约 50 个，样板约 600 块。

三是生产任务，包括零件的制造、飞机部件装配和飞机的总装配。钣金零件加工有上千件，装配中要装大约 16.7 万零件和标准件。包括电气系统、无线电系统和冷气压缩系统等。

在"北京一号"试制中，还有一定明确的指导思想，就是在试制中要尽量采用新技术，促进提高学校的科研水平。确定了机身和短舱的外形采用二次曲线数学模型，几种舱门采用胶接结构，机身装配中普通隔框采用定位孔定位技术等 7 项新技术，以上所列几项新技术在当时国内飞机制造中均是首次实际应用。

"北京一号"从设计、试制到试飞是在很短的时间内完成的。从最后确定改为研制轻型旅客机时起，距"北京一号"第一次试飞还不到 100 天，试制工作的主力就是飞机制造教研室的 20 多名青年教师和飞机制造专业的 150 多名毕业班的学生，先后从飞机工厂请来 30 名左右的工人师傅把关。在这样的条件下能试制出"北京一号"确实是一个奇迹。

"北京一号"的研制成功，除因为有中央领导同志的支持与鼓励、航空部门各单位从器材和技术上大力支持和援助，以及全校各部门各单位的全力配合和支援外，还因为在"北京一号"试制中，充分发挥群众的积极性和创造性，解放思想，勇于冲破飞机工厂以往进行飞机试制的一些常规做法，根据学校的实际情况，从实际出发，群策群力，制定出一套具有创造性的技术决策和组织措施。

全面锻炼了教师

"北京一号"的试制对飞机工艺专业教师是个重大的考验和锻炼。当时飞机工艺专业 20 多名教师中大多数是 30 岁以下的青年教师。由这些青年教师独立承担这一飞机试制的技术决策和技术指导及组织工作确实任务艰巨。试制中的生产长、总检验师、总工艺师、各车间主任和技术主任都是由这些青年教师担任。试制前这些青年教师所具备的飞机制造技术方面的实际知识和解决生产技术问题的能力只是过去几年到飞机工厂指导本科生生产实习，指导专业课程设计和毕业设计取得的，都没有亲自参加过飞机试制的技术工作，而且在学校搞飞机的试制，与在飞机工厂搞又有很大的区别。如学校缺乏飞机试制的条件，飞机试制后并未继续打算在学校进行小批生产，也就是说在试制的技术决策上有许多特点，这些都需要教师充分发挥其积极性和创造性，敢想敢干，理论联系实际，勇于克服困难，从实际出发创造条件，才能顺利地完成试制任务。

"北京一号"试制的成功表明青年教师经受住了考验，而且在掌握飞机制造技术和生产组织能力方面均取得了飞跃的进步和提高。

全面提高了培养质量

"北京一号"试制前，飞机工艺专业58届毕业班学生已经有过两次在飞机工厂生产实习，学完了全部专业课，已做过专业课程设计，即已具备了飞机设计和飞机制造两方面的基本知识。但要真正承担起试制中的工艺技术工作和生产实际操作还有一定差距。为此，在参加试制前利用在飞机工厂毕业实习的机会，针对他们每个人将在试制中要承担的试制工作，请工厂的工人师傅专门对他们进行生产操作的培训，并带着问题学习工厂有关的生产设备、技术资料和试制经验。由于下厂培训的目标明确，工厂的师傅们都以实际行动热情支持"北京一号"的研制，学生们学习的积极性十分高涨。经过将近3个月的培训，在师傅的指导下学生们很快地掌握了某个工种一般的生产操作技能。

经过在飞机工厂的培训，学生回校后就全力投入筹建车间、自制专用设备及工艺方案、工艺过程和工艺装备的设计中，有一部分学生还参加了"北京一号"的设计工作，承担了一部分飞机设计任务，随后又参加工艺装备的制造工作。400 多项钣金模具是由他们设计的，部件装配用的 15 台大型复杂的装配型架也是由他们设计和安装的。

"北京一号"上千件的钣金零件是学生们亲手制造的，机身、机翼、尾翼、发动机短舱等十几个部件的装配，飞机总装配中各部件的对接，以及电气、无线电、动力装置、冷气液压各系统的安装，除少量关键工序由工人师傅把关外，大量的生产操作均是由 58 届飞机工艺专业的学生承担的，后来 59届飞机工艺专业的学生也参加了生产操作。经过几个月的艰苦努力、日夜奋战按时圆满地完成了"北京一号"的试制任务。

飞机试制完成以后，学校又组织教师和毕业班的学生对"北京一号"的试制工作进行了全面详细的技术总结，最后由教师整理编辑，由国防工业出版社正式出版了 25 万字的《北京一号工艺问题》一书。

通过完成"北京一号"的试制，58 届飞机工艺专业毕业生获得了空前的全面综合的飞机试制实践的锻炼，在飞机制造技术知识和能力方面获得了全面的丰收。这届毕业生受到了航空各部门的称赞，后来大多数都成了各单位的技术骨干力量。

深远的影响

结合"北京一号"的研制进行的教学改革实践，对后来飞机制造专业的教学与科研产生了深远的影响。"教育与生产劳动相结合"的教育方针深入人心。此后专业教研室领导和教师在安排毕业设计时，都不愿再做假拟题目的毕业设计，总是积极争取选择生产实际需要或国家科研项目中的课题。这样的毕业设计任务教师和学生的责任感比较强，容易发挥师生的积极性和创造性，能在实践锻炼中更好地培养解决生产实际问题的能力，既培养了人才又能出成果。

当然，为了使毕业设计能够结合生产和科研，教师要花更多的精力和时间去找课题和指导学生来完成，并且还要承担相当大的责任和风险。

在研制"北京一号"以前，飞机工艺教研室科研开展得不多，有关新技术、新工艺方面的研究没有开展。

在"北京一号"的研制中，教研室有意识地重视采用新技术和新工艺，于是确定了在研制中要采用7项新技术，这些新技术的研究和应用均取得了成功，这就为教研室后来广泛开展新技术的科研打下了良好的基础，取得了宝贵经验。

在20世纪60年代，根据航空工艺技术发展的需要广泛地开展了新技术研究，如爆炸成型、波纹管研制、整体壁板的化学铣切、金属蜂窝结构的胶接和钎焊、光学仪器安装型架等，当时这些项目的研究在国内属领先水平，毕业班的毕业设计和研究生的论文等教学均结合这些科研项目进行。

在20世纪70年代，结合飞机工厂技术改造的需要，与有关工厂相结合开展了橡皮液压机、金属蜂窝胶接设备及技术、自动铆接装置、激光准直自动型架安装机的研制。这些设备研制项目都是结合毕业设计进行的，学生是设计的主力，教师主要负责方案设计和学生设计质量的把关。这些专用设备都已研制出来，其中有的还用于生产。

在20世纪80年代，教研室又根据国际航空技术发展的趋势，广泛开展了CAD/CAM技术和钣料成型性能等的研究。这些科研工作都是结合硕士生的毕业论文和本科生的毕业设计进行的，研究的主力仍然是学生。通过科研的开展，大大充实了专业课的教学内容，教研室在CAD/CAM领域开出许多新课，编写了有关课程的教材。

后来多年的实践表明：通过教学、生产、科研相结合来贯彻"教育与生产劳动相结合"的教育方针，虽然是一条方向正确、行之有效的道路，但在实际条件的约束下，怎么能真正结合好，却是很不容易的。结合实际生产和科研任务的课题，一般涉及的知识面比较窄，技术内容比较局限，所需完成的工作比较具体和细微，有些课题从教学的角度看不够全面和有所欠缺，这就需要指导教师注意给学生补充有关比较全面的知识和内容，不能使学生只单纯地完成具体的生产或科研任务，不能把结合实际生产科研任务对学生进行全面培养的"教学过程"变成使用学生劳动力来完成生产科研任务的过程。

组织相关专业的师生通过"北京一号"的研制任务来完成整届学生毕业设计的教学改革，可以说是一次空前绝后的大规模教改实践，本文着重对当时及其后的教改实际情况做了回忆和描述，其中哪些是有普遍意义的经验，哪些只是当时特定历史条件下的特定现象，还值得做进一步的研讨。

（摘自《北航》1998 年 10 月 15 日第三版）

王敬明　时任北航飞机系党总支书记、"北京一号"生产指挥部总指挥。

回顾"北京一号"诞生的片段

一

1956 年，党中央发出向科学进军的号召。1957 年 2 月，毛泽东主席更明确地指出："我们的教育方针，应该使受教育者在德育、智育、体育几方面都得到发展，成为有社会主义觉悟的有文化的劳动者。"1957 年 3 月，党中央发出勤工俭学指示，我院党委决定，飞机系作为勤工俭学试点。这些指示，促使我们思考，如何才能更好地培养学生。

当时，飞机构造和设计教研室的教师在讨论中认为，过去毕业生的毕业设计，都是做假拟题目，毕业生缺少设计整机的知识且难于联系实际。为此，教研室主任徐鑫福教授和教研室的教师研究后，提出建议：由 1958 年飞机设计专业的毕业班学生 95 人，空气动力学专业的毕业班学生 30 多人，在教师指导下共同设计一整架真实的飞机，将整机分成若干专题，集体研究，分工设计，使全体毕业生都能学到部件设计和整机设计的知识，又可得到实际锻炼，以提高毕业生的培养质量。这个建议得到了飞机工艺教师的积极响应，教研室主任常荣福教授代表教师提出："设计能设计出来，工艺就能制造出来。"1958 年，工艺专业毕业班学生 150 多人的毕业生产实习，由教师带领分别去沈阳、南昌等飞机制造厂进行钣金工、铆接工等的培训，并熟悉生产过程和工艺准备工作，以便回校后承担飞机制造任务。飞机设计专业的毕业班学生则去沈阳飞机设计所实习，当时该所正在设计我国首架喷气式教练机，对学生学习实践非常有利。这个教学方案，院系领导同志都赞成。1957 年 6 月，院党委决定后，呈报第二机械工业部和高等教育部审批。

二

1958 年 2 月，周恩来总理在中南海（国务院）听取汇报。我院王大昌、沈元两位副院长向周总理汇报了我院教学结合生产劳动进行勤工俭学的情况和教学科研结合设计制造飞机的设想以后，周总理批准了"设计试造"飞机。这给予我院的教职工和学生以极大支持鼓励。第二机械工业部批给 15 万元的研制费。院党委根据周总理的指示，研究决定，将 1958 年飞机系 3 个专业的毕业生和其他系有关专业的毕业生的毕业设计结合实际，共同设计一种以农业为主的多用途飞机，在 1959 年 5 月 1 日前完成设计试造的任务；并决定成立以沈元副院长为主任的飞机设计试造委员会；还决定了设计、工艺、检验、冶金、生产等方面的负责人员，以加强组织领导，按期完成设计试造任务。

周总理的批示，有关各部门单位领导同志的支持援助，鼓励着北航的同志们积极努力，克服各种实际困难，轰轰烈烈地开展设计试造工作。

三

1958 年 5 月，中共八大二次会议通过了《鼓足干劲，力争上游，多快好省地建设社会主义总路线》的决议。在会议期间交通部部长王首道向武光院长提出，我国地域辽阔、交通不便，特别是山区、边远地区，很需要一种小型客机，要求我院设计制造。会议精神在我院传达后，学校对设计试造多用途飞机和小型客机问题，开展了大讨论，先后提出 11 种方案，最后确定改为设计试制一种小型客机。

6 月 29 日，武光院长在誓师大会上提出，"苦战 3 个月，抓紧时间，分秒必争，苦心钻研，精心制造，以高质量、高水平的标准完成设计试造工作任务，力争在国庆节时把飞机送上首都的天空"。在院党委领导下，加强组织领导，依靠群众，群策群力，发扬了集体智慧，集体力量；发扬艰苦奋斗、苦干加巧干精神，克服了各种困难，及时解决了工作中的许多实际困难，保证了工作进度，完成了设计试造任务。于 9 月 18 日，提前把轻型客机运送到东郊首都机场进行试飞。

就在试飞前工作已经做好、准备第二天进行第一次试飞时，由于起落架锁紧装置有故障未发现，突然一声响，飞机向左倾倒，左机翼触地。首都机场修理厂的领导同志闻讯到达现场，立即主动及时地组织力量检修，排除故障，把起落架锁紧装置修好，从而使第一次试飞得以顺利进行。修理厂的这种无私援助，高尚品德，令人感激不尽，十分敬佩。至今，北航的同志仍记忆犹新。

四

时任中共北京市委书记、市长彭真，命名轻型客机为"北京一号"。命名典礼大会于 1958 年 9 月 24 日在首都机场举行。这只新生的银鹰停在大会主席台前，准备接受检阅。出席大会的人都在欢声笑语中议论着它的诞生，直接参加过或支援过它的诞生的同志们，这时的喜悦心情更是难以用语言来表达。命名大会由中共北京航空学院第二书记臧伯平主持，第一书记、院长武光讲话。高等教育部部长杨秀峰和空军司令刘亚楼先后讲话，国务院第二办公室主任林枫剪彩。出席大会的还有空军副司令曹里怀和常乾坤，中共北京市委宣传部部长杨述，空军训练部部长刘善本等，共 3000 余人参加了大会。"北京一号"在一片欢呼声中飞上了蓝天。由此，全院的教职工和学生实现了在建校 6 周年之际向建国 9 周年献礼的愿望。

五

随后，"北京一号"在北京——上海之间以每小时 300 公里的飞行速度，在 1500 米高度上进行了往返试飞。在远距离的长途航线试飞中对各种条件下的飞行性能进行了全面的考查，在往返近 3000 公里的飞行途中经历了多种气象条件的考验，证明飞机性能基本符合设计要求。著名飞行员潘国定对这次驾驶我国自行设计试造的轻型客机感到非常高兴。他说："航线试飞证明了'北京一号'的性能良好，飞机的各种系统都工作正常。"至此，我国自行设计制造的轻型客机诞生了。

六

北京航空学院从 1952 年建校至 1957 年，各专业根据教学工作的需要都已初步建立了实验室，实习工厂也有了一定基础。这些教学实验设备为设计试造轻型客机准备了条件。例如，低速风洞实验室满足了飞机外形吹风实验的要求。静动力实验室满足了全机静动力实验的要求。工艺实验室补充一些专用设备后完成了轻型客机的试造任务。而通过"北京一号"设计试造补充的一些设备和开展的科技项目，又为以后加强教学实践环节，促进科学研究，贯彻教育和生产劳动相结合的方针，使毕业设计紧密结合国家建设中的科研和生产实际真刀真枪地进行，起到了重要作用。

在"北京一号"轻型客机诞生 40 周年之际，回顾几个片段，以示纪念。

（摘自《北航》1998 年 11 月 1 日第三版）

张
有
瑛

1924 年 3 月生，时任北航党委宣传部部长。

1958 年党和国家领导人
参观我院举办的"十一"献礼展览会

　　1958 年在党的教育方针指引下，在周总理的亲切关怀下，我院以武光同志为首的党委领导全院师生员工共同努力，艰苦奋斗，解放思想，从教学与生产劳动相结合的勤工俭学，发展到教学、科研、设计、试制相结合，进行飞行器研制。1958 年 6 月 29 日，周总理批准我院试制轻型飞机的报告，并拨来经费，全院召开了誓师大会，号召苦战 3 个月，使 3 个号"北京一号"（轻型旅客机）、"北京二号"（探空火箭）、"北京五号"（无人驾驶控制系统）飞上天，向"十一"献礼。

　　全院师生员工发挥了共产主义风格，团结协作，密切配合，夜以继日，分秒必争，胜利完成了任务。

　　9 月 24 日，"北京一号"（我国第一架自行设计、制造的轻型旅客机）命名试飞典礼在首都机场公开举行，国务院二办主任林枫、教育部部长杨秀峰、空军司令员刘亚楼在大会上讲了话，全国各大报均以显著位置做了报道，有的还发表了社论或评论。

　　9 月底"北京二号"（亚洲第一枚固体火箭发动机和液体火箭发动机的高

空气象探测火箭）在东北某地靶场 6 次发射成功。当时在靶场发射类似火箭的还有某学院和某工厂，只有我院发射成功。

9 月 29 日，"北京五号"（中国第一个无人驾驶飞机控制系统）在首都机场初步试飞成功，空军司令员刘亚楼，副司令员曹里怀、常乾坤等前往视察，空军训练部部长刘善本亲自登机，在飞行中观察。

由于我院做出了比较突出的成绩，聂荣臻元帅和黄克诚总参谋长，指示我院在国防部举办"北京航空学院'十一'献礼展览会"，作为向党中央和中央军委的汇报。1958 年 9 月 28 日至 10 月 16 日，我院在展览会上陈列了飞行器研制有关情况和在教学、科研、设计、生产、劳动、思想政治等方面的主要收获。

展览期间，朱德副主席，周恩来总理，彭德怀、陈毅、刘伯承、聂荣臻、叶剑英等元帅以及黄克诚、陈赓、肖劲光、刘亚楼、陈锡联、苏振华、陈士榘、张爱萍、张宗逊、吴法宪、王秉璋等领导人，还有第一机械工业部部长赵尔陆，副部长张连奎、白坚、黎玉等，北京市刘仁、范儒生、项子明、宋硕等领导同志，还有科学院副院长张劲夫、国家技术委员会主任韩光、五院副院长王铮、科学家钱学森等。参观展览会的各方面领导人共 100 多人。

在观展中，周恩来总理看的时间最长，也最仔细，还提问过一些具体问题。虽然参观的时间已经很长了，但一直到临上车前周总理还在和武光院长谈有关的工作问题。

朱德副主席、彭德怀元帅、叶剑英元帅、聂荣臻元帅、陈毅元帅等参观后都提出了具体指示。

刘亚楼司令员参观后，根据空军的急需，向我院提出了一些具体要求，并决定拨几架飞机给我们。他还指示："你们的工作应该和生产、国防需要密切结合起来。"

第一机械工业部部长赵尔陆参观后指示："工作中必须发扬共产主义风格，虽然我们需要保密，但是在一定范围内，应该相互交流情况交流想法和做法，大家干起来，互相促进，互相帮助，要公开竞赛。我们提倡明争，反对暗斗，暗斗是可耻的，是资产阶级的东西。"最后一再鼓励我们："你们搞得很好！"

党和国家及军队领导人的关怀、鼓励和亲切的指示，是对我们很好的教育，也是对我们的重要鞭策。鼓舞了我院各级干部和广大师生员工，在大家的共同努力下，在1958年成就的基础上，到1960年，我院又使"北京四号"高空高速靶机，推力为15吨的液体火箭发动机，及其冲压式发动机、"北京十号"单人飞行器、"新五号"伊尔-28机无人驾驶控制系统等项目进入试验阶段，并取得一些成果。

通过教学科研设计、试制相结合，在实践中锻炼了师生员工，提高了他们的思想政治觉悟，由于理论与实际紧密结合，提高了教师的业务水平，提高了培养学生的质量。当时的毕业生，今天已成为航空航天部门科学技术和生产第一线的骨干力量，为祖国的航空航天事业做出了重要的贡献。对我院来说，当时留校工作的毕业生，也都成为我校教学、科研的骨干力量和党政领导干部，对学校的发展也都做出了重要贡献。

1990年7月25日

张泰昌

1934 年生，1958 年 10 月北航飞机工艺专业毕业。

深深难忘的记忆

这是一段深深难忘的记忆。

1958 年，学校为了贯彻教育、科研、生产三结合的教育方针，号召全校应届毕业学生，分别参加轻型旅客机、探空火箭、涡轮螺桨客机、靶机、无人机驾驶控制装置等的设计、试制和生产活动，简称"北京一号""北京二号""北京三号""北京四号""北京五号"等型号的生产。在轰轰烈烈的生产劳动中，同学们度过了学生生涯的最后阶段。为了向中共中央和中央军委领导汇报学生参加生产劳动的成果，于校庆前夕，学校在国防部大楼举办了展出 5 个型号的"十一"献礼汇报展览，抽调了部分毕业班学生做讲解员，我有幸在第一展室做"北京一号"的讲解员，有机会见到了敬爱的周恩来总理和彭德怀元帅。时隔整整 60 年，又巧逢 58 届毕业 60 周年，而且校庆前一天的 10 月 24 日是彭德怀元帅诞辰 120 周年，在这样有意义的日子里，把这段难忘的回忆，以及所感受到的教育，写出来与同学共享。

在国防部举办 5 个型号"十一"献礼汇报展览期间，一天，正在校休息，院长办公室匆匆派人到教室找我，说周总理要到国防部看展览，叫我马上赶去讲解。于是我赶到车库，与院长办公室主任何家泓一同乘上武光院长的小车，到院长小院接上武院长，飞一般地向城里国防部赶去。

当我们一行匆匆赶到展室，一幅动人的情景出现在面前，先于我们到达的周总理，正亲切地与守卫门口的小战士在交谈，问着他的年龄、问起他的家人。由于总理对小战士、对武院长都是那样的像一个亲切的长者，所以我一点也不紧张地开始讲解。总理听得十分认真，还不时地提问，仔细地询问哪些材料和部件是我们国产的，不时地谈点自己的看法，将一个预定的讲解变成了一次亲切的交谈。讲解临近结束时，总理注意到我留着较长的胡子，武院长解释说："同学们搞生产白天黑夜连轴转，太忙了！"这时，我才发现自己不仅没刮胡子，匆匆赶来，身上还穿着一件袖口和下摆都垂着布丝的破衣服。在我不好意思的笑声里，总理也笑着转身向展出"北京三号"的第二展室走去。一股暖流在我心里流淌，总理是那样平易近人、敏锐严谨，让我永生难忘。

国防部汇报展览结束时，彭德怀元帅叫安东少将安排一次接见和宴请，于是我们一帮学生，在当时樊恭烋、胡孝宣等教师带领下，一起乘车去国防部大楼。彭德怀元帅亲自接待我们这些学生娃，先一起照了相，又引领我们到一个大厅，参观一个战利品展览。

参观结束后，大家步入宴会厅，各军兵种的将军们都已在那里等候。这些将军们互相见面时，大家亲热地称呼小名、叫外号，把炮兵司令称呼为"大炮"，一点儿也不避讳在旁的我们这些学生和士兵。这令我们感悟到：这才是亲密战友，这些将军们构成了我们国家安全的万里长城。宴请时每一桌都有一位将军作陪，我所在的这桌有张爱萍上将作陪，我还记得胡孝宣在席上，设计向张爱萍上将灌酒的风趣情景……

50年过去了，今天回想起来，老一辈无产阶级革命家、军事家，周恩来总理、彭德怀元帅、陈赓大将、张爱萍上将……都是那样亲切。从他们的言谈举止，可以看出他们对我们这批刚出校门的学生，寄予多么大的厚望。这次有幸见到他们，可以说，给我们上了大学里的最后一课，给我们留下了深深难忘的记忆。

章国栋

1936年8月生，1958年10月北航飞机设计专业毕业。

两次展览会的简要回忆

1.关于1958年9月间在国防部举办的"北京航空学院十一献礼展览会"的情况

该展览会由当时国防部办公厅的安东少将安排，我院由胡孝宣、樊恭然负责组织。展出内容主要是当时航院研制出的和正在研制的"北京一号"到"北京五号"等5个型号。

展览会从"北京二号"在白城子发射成功后不久即开始展出，一直持续到国庆节之后。

参观展览会的有党、国家和军队的领导人：周总理、朱德、彭德怀、陈毅、聂荣臻、刘伯承、叶剑英、陈赓、肖劲光、张爱萍、陈锡联、陈士榘、张宗逊、刘亚楼等，还有钱学森、郭永怀等科学家。

朱德、彭德怀、陈毅、叶剑英还为展览会题了词，彭德怀与参展工作人员共同合了影。

在展览期间，周总理看的时间最长、阅读也最详细，甚至问到火箭升空的高度是如何测量的、苏联专家的评价等。当时他对于展示板上写的"共产主义协作的结晶"这句话表示赞赏，特别强调了协作和谦虚。总理参观完展览已经很晚，原打算一起拍照也未能拍成，他在门口临上车前还与武光同志谈及人才需求问题，让学校报上需求情况。

参观过展览的大多数领导人，都从不同的角度肯定并赞扬了当时航院取得的成果。

2.关于中南海瀛台的北航科技成果展览

该展览的日期在 1959 年 9—10 月，陈设了我院的几个型号，其中"北京二号"陈列的是实物，其余为模型及照片、图表等。

直接参与该展览的是何家泷、冯志新、章国栋三位同志。

在瀛台举办的展览是综合性的，我院只是其中的一个组成部分，展览设在瀛台的香宸殿。同时参展的还有当时的三、四、五机部，记得三机部把所有的拟议中的各种型号的机、弹模型及性能等都展示了。

据了解，该展览会看的人并不多，可能在当时的条件下科技问题已不那么突出了。虽然随时准备去讲解，但一次也没有正式地去讲过。不过我亲自碰到过彭德怀同志自己一个人去看过，当时我们正要去吃饭，要陪他进去，他坚决不让，一定要自己去看。

张泰昌

1934 年生，1958 年 10 月北航飞机工艺专业毕业。

我参加了"北京一号"的一头一尾

从书本上学习，以及后来到飞机工厂实习，知道一架飞机从设计室画完图纸，就要进到工厂去生产，飞机的生产，要经过画模线、做样板、生产零件、部件铆接装配，最后到总装车间进行部件对接、仪表管线安装，经检验合格后出厂。

我有幸先被分配到模线车间，后又被分配到总装车间参与"北京一号"生产制造，正巧是飞机生产流程的一头一尾，所以给我的印象是更加完整和生动，感到参与生产劳动的兴奋和幸福。

"北京一号"模线车间成员由应届飞机工艺毕业班学生组成，邀请到几位南昌飞机厂老师傅带领开展工作，我和周伯诚分别担承机身组组长。我们要先算出机身纵向的曲线，确定飞机每个隔框的定位数据，然后按二次曲线算出机框轮廓每个点的坐标位置，接下来就要趴到铝板上去画模线。画模线真是个又辛苦又细致的活，先要在铝板上标出机框外轮廓的每点位置，然后用压块把曲线条准确地定位在标定位置上，最后用钢针紧贴曲线条在铝板上画出均匀深度的刻线，这可是决定飞机气动外形的关键一步。我说这话一点没夸大的意思，当时还只是老师和老师傅们这样强调的，等到飞机造出来一看，我不禁心里一惊，发现前机身与后机身对接的脊背上，有一个明显的拐点，这就是当初前机身组与后机身组没有协调好，使对接点没有光滑过渡，我今天不说谁也不会注意到这细微差异，只有我心知肚明，那是我们计算二次曲线，前后机身没有协调好连接点的工作失误。

"北京一号"从模线，到样板，到造型架，铆接装配，终于把做出的飞机推到机库进行最后的总装，我也被随着重新分配到总装车间工作，做王敬明院长总指挥的助手。那是一个热火朝天的不眠岁月，车间全体师生不分白天黑夜连轴转，也不回宿舍睡觉，困了就找个旮旯打个盹，饿了就随时吃点东西，那时食堂白天黑夜不知要送多少次餐，可见在总装车间师生拼力奋斗的背后，全校师生职工，包括后勤食堂车队，一个不落地都在为型号生产协同奋斗。我配合王敬明院长也不敢怠慢，每完成一个项目，车间主任康庆生就要拉着我们去验收，就这样夜以继日地攻下总装中遇到的种种难关，终于看到进机库时的空壳飞机，随后内部仪表管线逐渐安装完毕，经过仔细测试检定合格，飞机最后喷漆，画上醒目的"北京一号"图标，在总装车间完成了最后一道工序。

一架画在图纸上的"北京一号"，经过全院师生一步一个脚印的奋斗，从画模线开始，到总装结束，终于制造成一架完整真实的飞机，鲜亮地呈现在师生面前，大家兴奋地给飞机披红挂彩，选上良辰吉日，敲锣打鼓地送出作为总装车间的机库。你看那热烈动人的场景，闪现着金属铝板光亮漂亮的飞机，与之形成反差的是簇拥着飞机的劳累不堪的师生，但从大家明亮闪光的眼神里，和完成任务后百感交集的精神面貌，说明教学、科研、生产三结合，学生参加型号生产的重要意义。同学们学以致用，增长能力，提升素质，培养了航空犬献身、创新、求实、协作"的科学工作者精神，造就出一批能胜任今后各项工作的有用人才。

我参加了"北京一号"一头一尾的工作，我奋斗，我幸福，给我最大的感受是勇于创新，敢为人先，团队协作，从我做起。我在后来又参加过我国首架"动物探空火箭""雄鹰302（轰 -6）""靶机回收伞"等研发工作，无论科研生产和教学，或与航空不相干的青少年教育工作，都得益于"北京一号"给我的胆量、能力和气质。纪念北航建校 66 周年，"北京一号"设计生产 60 周年，感谢母校和教育改革带给我的恩惠，使我永远铭记不忘。

国
英
华

1933 年 9 月生，1958 年 10 月北航飞机设计专
业毕业。

难忘"北京一号"机身组

　　1958 年，在全国正在兴起"大跃进"运动的形势下，我们这些当年即将
毕业的学生与部分老师、工人师傅们于 2 月至 9 月参加了"北京一号"小型
旅客机的设计、生产制造工作。当时缺乏同类飞机的设计图纸资料，更缺乏
实际生产知识、组织生产和施工经验，靠的是 5 年来学习的理论知识，3 次工
厂实习学到的技能及老师和工人师傅的指导与带领。特殊的工作性质，要求
每个人必须做到火热的革命激情与严谨的工作作风紧密结合。

　　我所在的是闫学文老师领导下的机身组，要求出图的最后时间是 4 月底，
设计时间十分紧迫。2 月底总体图出图之后，首先要进行空气动力学模型试验，
并要在之后的 6 个月内完成结构设计、生产制造、组装、静力破坏试验和试飞
等。后三个月主要是组装与试飞，留给各部件的设计时间只有短短的不到三个
月。机身设计还要与其他部、组反复协调与更改，遇到复杂情况甚至要推倒重
来，重新设计。时间紧迫，只能是加班加点，昼夜连轴转。即使是这样，在当
时开展的红旗评比竞赛活动中，几乎每人的名字下面都插上了一面黑旗，闫老
师幽默地说"我们组都成了黑旗军了"。这种情况下，大家仍然是兢兢业业，精
心设计，严格进行计算设计、校对、审核等，不放过一个环节。遇到难题冥思
苦想，在确保安全系数的前提下选择最佳设计方案。记得王宝禄同学在设计机

翼大梁与机身连接的接头时遇到了麻烦（安全系数超标），可他却在一个梦的灵感启发下解决了问题，当他清晨上班宣布他的接头结构细节时，大家都为他高兴，经过仔细核算，终于得到应用。

连日缺觉和紧张，到半夜时分，更感到疲倦和饥肠辘辘，大家最期待的就是每天晚上 12 点前食堂师傅送来的喷香可口的夜宵，以致有人边与外组讨论问题，边在自己的图纸上标注时都误写成面条了，直到第二天早晨清醒时才发现，并在大家的笑声中改正。

几十个日日夜夜终于设计出了合格的图纸，经过零部件生产，再由工艺班同学在老师和工人师傅们的指导带领下又奋战了 3 个多月，用了 15 万多颗铆钉，终于组装成了由 1.3 万多个部件组成的美丽合格的"北京一号"。运到试飞场，聘请到一位资深试飞员潘国定，他听了简单介绍后，激动而深情地说："我一生飞过许多外国人设计的飞机，还从来没飞过中国学生设计制造的飞机呢！就为了这个第一次，我非常乐意完成这个任务！"他的话、他的勇敢精神令我们十分感动和自豪，当我们亲手设计和制造的"北京一号"在北航校园当时的主楼上空盘旋并撒下红红绿绿的传单时，全校沸腾了，欢呼声响彻云霄。而我们每个人除了激动和兴奋外，还是有点紧张，都在默默祈祷："我设计的连接件千万要平安无事。"直到飞机飞回机场，我们悬着的心才彻底放了下来，由衷地放声欢呼："祖国万岁！我们成功了！"

"北京一号"的成功，当时说的是无产阶级教育与生产劳动相结合的成功范例。型号的试制也使我们在分配工作时比往届毕业生晚报到了几个月，但大家没有一丝怨言，真正做到了服从祖国需要，服从组织分配，满腔热情地奔赴工作岗位。

光阴似箭，我和大家一样，由当年风华正茂的青年，至今成为年逾古稀的老者了。文中片断记忆难免有疏漏不周甚至错误，已没有机会改正，只能敬请谅解。

再一次谢谢老师、谢谢工人师傅、谢谢同学们，让我们在人生道路上获得了第一次感动，为后来的几十年工作有了一个良好的开端。

张世基

1932 年 7 月生，1956 年 7 月北航飞机设计专业毕业。

科学严谨的设计，苦干、实干的精神

——忆参加"北京一号"强度设计的往事

参加"北京一号"的研制已是 60 年前的事了，回忆为实现国人自己设计制造的飞机在祖国的天空上飞翔的往事，令人兴奋难眠。设计一架结构重量轻、满足适航要求的飞机，强度设计是一项十分困难的任务。强度教研室一群 20 多岁的年轻人在几位老教授的带领下迎难而上，勇挑重担。我们面临的第一个困难就是根据什么标准设计飞机的强度。旧中国的航空工业是一片空白，根本没有什么飞机强度设计标准（规范）。我们只能自力更生，广泛收集资料，以仅有的一份某国的不完整的军用机的强度规范为基础，分析比较西方英美及苏联的设计思路，抓住军用飞机与民用运输机的重要差异，选择一个适合轻型客机的强度规范，并以此规范来确定飞机所能承受的各种飞行状态的设计（破坏）载荷来指导我们的结构强度设计及飞机结构破坏试验大纲的制定。

结构强度的精细分析计算，是一项细致而繁重的任务。而当年用来计算分析的工具只是计算尺、算盘及手摇计算机。在数据计算工作量十分巨大的情况下，经过夜以继日的奋战，我们终于完成了"北京一号"的强度设计工作。

"北京一号"在做全机静力实验

制定合理的飞机结构破坏试验流程（路线图）是另一难点。如何选择飞机各部件几十种受载情况下的路线图呢？要保证前面的试验项目不出现破坏而影响和导致后续的项目无法试验，分部件进行试验是最简单而易行的避免出现这种情况的办法。但分部件试验的最大问题是试验过程中带来的边界条件对结构破坏的影响无法估计，而在全机状态下进行各种设计状态的破坏试验就不必担心边界条件影响的不可知性。为此，最终我们选择了在全机状态下对各种飞行状态的破坏强度试验。合理的破坏流程（路线图），保证了全机破坏试验的成功。

忆往昔，为"北京一号"百日上天而拼搏奋战的强度教研室与试验室的同伴的身影至今还记忆犹新。

2018 年 6 月 23 日

李松年

1935 年 3 月生，1958 年 10 月北航飞机设计专业毕业。

参与"北京一号"强度设计和试验的回忆

1958 年，北京航空学院党委提出：把"北京一号"飞机原定在建国 10 周年（1959 年）的"五一"上天任务，提前到当年（1958 年）"十一"上天，于是"大干 100 天，把飞机送上天"就成为当时北航全体师生员工的奋斗目标。

1957 年年底，飞机设计专业党支部书记王光通知我们 5 位已经是毕业班的同学（我、张躬行、张志民、胡训传、赵金德）到飞机结构力学与强度计算教研室报到，从此我们终生就与结构力学与强度计算专业（现在的固体力学专业）密切联系了。

为什么要调我们？根本原因是国防建设和专业发展的需要。当时沈阳飞机厂（112 厂）搞歼教 1 飞机，沈阳飞机设计所（601 所）搞歼 -6、歼 -7 等型号飞机，需要应力分析计算，因此在他们机构中，不仅有飞机设计总体室、构造室，还有强度室来搞应力分析。在英、美、法、德等国家的国防设计单位也是如此，除去构造设计部门以外，还有应力分析部门（简称分析部）。同样，在我国航空航天部门也是如此，不仅在设计所内有强度分析室，而且在设计所（或部）外还有强度研究所，专门从事应力分析和强度计算的理论和实验问题。结构应力分析的主要基础是固体力学，依赖的手段就是计算。当时没有电脑，先是用计算尺，接着是手摇计算机，以后依次是 286、386、

486……直到目前的先进高速电脑。

当时北航的结构力学与强度计算教研室（104教研室）是从飞机构造与设计教研室（101教研室）分离出来的。那时在101教研室有很多组，如总体组、构造组、动力组、起落架组、设备组、机库、陈列室及结构力学组和一个静动力实验室。根据前述需要，于1956—1957年结构力学组与静动力实验室就从101教研室独立出来成立了104教研室。当时的老教师有王德荣、王俊奎、张承熙、叶逢培教授，还有徐德治、张德祺、邵成勋、张世基、章思骞、张永顺……

在参加完毕业实习后，我们5人就被调入104教研室，脱离了学生的一切活动，参加教研室的活动。开始时按照固体力学专业研究生的要求由老教授给我们上专业基础课：王德荣上弹性力学，王俊奎上钣壳稳定，张承熙上热应力，黄克累（理论力学教研室主任）上振动。上了三个月课后，正值"北京一号"飞机设计进入高潮，设计室缺人，我们的课就停了，直接参加到"北京一号"飞机设计和实验中去。当时我参加到机翼强度组（邵成勋老师指导），赵金德和张志民参加到机身强度组（龚尧南老师指导），张躬行和胡训传参加到起落架组（章思骞老师指导）。整机的强度组是由张纪纲老师负责。我参加了机翼强度计算和实验工作。强度分析工作内容有：根据气动压力分布计算气动载荷，按照质量分布计算出惯性载荷；计算绘制剪力弯矩图（QM图）；确定模型计算出应力（正应力和剪应力）并进行核算是否安全。根据强度规范要求，要对各种指定的飞行状况下进行分析计算，同时与构造设计组反复迭代校核，所以工作量十分巨大，加之使用的又是计算尺，因此日夜加班是经常的事。设计完了接着进行试验。

我参加了飞机全机静力试验，由张永顺老师指导，有时张德祺老师也来指导。当时大家都是第一次在学校内做全机试验，没有经验，就担心飞机翻了怎么办？后来请来112厂静力试验室主任刘昌琼来指导，经过大家日夜奋战，飞机终于通过了全机地面静力试验和起落架落震试验，满足了飞机强度规范要求，为飞机"十一"上天提供了初始的安全保障和前期准备。

通过亲身参加飞机型号的设计和试验，对 5 年所学知识有了更深刻的体会，也知道了自己的不足，还体会到搞科学来不得半点虚假，要严肃认真，精益求精，更体会到"产、学、研"相结合方针的正确。在为实现"中国梦"努力的今天，尤其要坚持"科学严谨、苦干实干"的精神。

2018 年 7 月 20 日

屠庆慈 王静华 程尔玺 张躬行

屠庆慈：1935年10月生，1958年10月北航飞机设计专业毕业，担任"北京一号"主起落架组学生组组长。

王静华：1932年9月生，1958年10月北航飞机设计专业毕业，担任"北京一号"前起落架组学生组组长。

程尔玺：1936年1月生，1958年10月北航飞机设计专业毕业，负责前起落架设计，参与制造、试验与试飞。

张躬行：1935年10月生，1958年10月北航飞机设计专业毕业，负责主起落架和前起落架落震强度试验。

"北京一号"起落架的故事

高高的身子，瘦瘦的腿。在北京航空航天大学的航空航天博物馆里，这几乎是每一个见到"北京一号"的人的第一印象。作为航空馆内的镇馆之宝，许多人可能会对这架"上古时代"的小型运输机产生疑问：不如"黑寡妇"历史悠久，不如歼-10意义重大，不如鹞式飞机性能特殊，这架充满历史光辉的飞机，究竟隐藏着怎样美丽的故事。

1958年春天，对我们是一个特别的季节，因为我们将迎来在北航最后的半年，完成毕业设计后，就要离开学校，走向社会。可就在2月中旬，传来了特大喜讯，我们的毕设要结合经周总理批准的"北航一号"的设计制造工作进行，且要求"十一"飞上天！对于我们这批缺乏实际设计制造经验的大学生来说，是个挑战！在1958年，在敢想、敢干、敢拼的精神鼓舞下，我们满怀信心接受了这一光荣任务。

我们被分配到起落架组。前起落架组教师是李沛琼老师，学生组组长是王静华；主起落架组教师是王振烈老师，学生组组长是屠庆慈。

不会设计，我们走进陈列室，眼前的起落架就是我们最好的教材！把课堂上学过的起落架知识与实践相结合：仔细观察它们的结构型式、机轮刹车的安装、减摆器的位置与安装、减震器的组成、密封形式、收放系统的构造及收放动作、上下位锁的形式与安装位置等。就这样，我们边观摩、边讨论、边计算、边画图。为了赶在7月1日前完成全部设计图纸，几天几夜不回宿舍睡觉是经常事；实在困了就伏在桌上睡一会儿；或者大家一起唱歌、说说话，互相鼓励。每晚12点前后，食堂就将香喷喷的蛋炒饭、热气腾腾的花卷，还有白米粥送到设计室和车间门口，为我们加餐，更鼓舞我们士气！

7月31日全体"北航一号"设计施工人员大会，由生产指挥部王敬明总指挥做阶段报告，一定要保证10月1日前将"北航一号"送上天！指挥部决定，在8月6—7日两天内，将所有设计图纸更改协调中发现的问题，如锁和梁的相对位置、横梁和翼肋的干涉、护板与操纵机构不协调及防火墙凸起等问题，都要解决掉。

为了保证"北航一号"设计、制造安全，8月21日，解放军进驻北航，在校内各大教学区站岗，学生和教职工都要凭学生证和工作证进入。

在8月24日的减震支柱装配和试验中，"北航一号"主起落架在强度试验207个大气压下，筒和活塞杆均无问题；气密试验107个大气压下，成功维持12分钟通过；减震筒连续测试8次均没有通过。在后续的检验中，发现减震筒的漏气漏油成了起落架最主要的问题，当时到西郊请几位老师傅在工厂赶制了3天，到30日，密封问题全部解决，不漏了。9月3日，前起落架已经装配完成，在两天 4 种静力试验中，达到 110% 应力不破坏的水平。而在 9 月 7 日的主起落架落震试验中，发现压缩时有跳跃现象，可能是活塞杆光洁度不够。9 月 11 日起落架全部静力试验结束，符合设计要求，但发现主起落架锁的接触面不太好，自锁不太可靠，有间隙等问题，也为之后的祸患埋下了伏笔。

从 9 月 19 日起，北京市彭真市长将"北航一号"命名为"北京一号"。

9 月 21 日，飞机在机场进行了发动机试车，情况良好。一切似乎很顺利。但 20 分钟后，"北京一号"缓慢向左侧倾倒！当前起落架组组长王静华跑出房间的一刹那，她惊呆了：飞机左机翼下斜与灭火瓶碰撞，左机翼下表面撞出一个大洞，翼尖破损，副翼扭曲。在 9 月 24 日试飞典礼前发生这种事情，无疑是天大的噩耗。经检查，这是由于主起落架下位锁未锁住，起落架在重力作用下缩短，致使飞机左倾。所有设计人员、工程人员都急红眼了，但没有一个人气馁，相关人员拼命赶制了一天一夜，下位锁修好了！新的蒙皮一寸一寸蒙上了，修复了，解了燃眉之急。然而此时，距离 23 日第一次试飞已经来不及再做具体试验，而唯一可以在地面上做的起落架收放试验也由于液压系统液压油温度太低而没办法做。在这样情况下试飞是有一定危险性的，但英雄试飞员潘国定坚定信念、临危不惧，带领副驾驶王来泉登上飞机，将他们的一切，托付给中国这片土地、自己和同学与老师，毅然按计划试飞。

飞起来了！9 月 23 日，"北京一号"第一次试飞成功，翱翔在首都机场上空。第二天上午正式试飞在 9 点 15 分，"北京一号"命名试飞典礼大会正式开始。教育部部长、北京航空学院院长和空军司令等都上台讲话，"北京一号"在空中盘旋了一大圈，最后起落架成功放下，平稳着陆，试飞员潘国定向所有人报告——飞机性能符合设计要求！

10 月 18 日上午 11 点，"北京一号"飞回来了，飞到北航上空盘旋，我们都兴奋地跑到一号楼的楼顶上，向我们为之奋斗了 100 天的"北京一号"挥手致意！这是一个终生难忘的时刻。

"北京一号"的上天，不单单是 100 天能飞上去这么大的成绩，而是在如此短的时间里，由高校研制的飞机，飞到济南，飞到南京，飞到上海。这证明飞机的设计和制造是成功的，北航师生的奋斗是成功的，教学和生产实际相结合的教育思路是成功的，理论联系实践的党的路线方针是正确的。

科学技术快速发展，尖端技术层出不穷。而 1958 年技术条件太落后，甚至计算也只能用计算尺。这样艰苦的环境和条件，与今日相比，简直是天壤之别。当年的奋斗经历使我们收获很大、终身受益，但是不可能再重复了。我们之所以要讲一讲"北京一号"的故事，是要传达它背后的北航精神。那时 8 个人一屋子，食堂打菜就两个大勺子，生活条件简陋，但大家团结友爱，互相帮助，亲如一家，并以此为荣。那时同学之间的感情很深，如果谁没在晚上吃上饭，肯定给他留一碗。一旦谁出了问题大家跟着是真揪心。若干超乎寻常的实干苦干巧干成了"北京一号"成功的最重要因素。这代表了全体 58 届的学生对那个时代的回忆。在那之后，我们由国家统一分配工作，有的同学留校做了助教，有的同学被分配到设计所、工厂当技术员。由于有了"北京一号"的实践经历，所以都可以不经过任何培训第一时间投入工作，而那个年代带给大家的锻炼，那种能吃苦耐劳才能有所创造的精神，那些苦干、实干的拼搏精神和成功的喜悦，成了北航一代又一代传承的北航精神，成就了今天"爱祖国，爱航空，爱航天，爱北航"的四爱精神！

徐扬禾、王幼复　采访

王壹　撰稿

李俊刚等

本文为北航航空发动机系工艺专业 1958 年毕业生李俊刚、魏挹湘、苑淑英、张尔强和教师刘润泉集体回忆，由李俊刚编写。

啃鸡腿

——忆敢闯敢干研制"北京一号"飞机起落架的一群师生们

现今坐落于北航东北角的一座高层崭新大楼"世宁大厦"是原发动机系楼的一个副楼所在地，面东背西与系楼垂直相接，面积略小，楼上主要为发动机工艺类专业 302 与 303 教研室所用，楼下则为两室的实验室，建校时投入很多经费配置了多种新型机床，招聘了多位高级别工人师傅与实验员，具有一定工艺研究实力。

1958 年年初，北航党委在武光院长领导下做出了"百日造机"的宏伟决定，要在北航由师生设计制造出第一架高校自行研制的民用飞机，定名"北航一号"（后命名为"北京一号"）。任务一经确定即得到中央和北京市委等各级领导的支持，全校师生也一呼百应。当时的一系（飞机系）接受飞机的设计任务，我们当时的三系（发动机系）接受了起落架生产研制任务，发动机工艺专业的机床刀具及检测教研室则一马当先，以张仲禹为首的三系党总支书记（后任校副院长）仗着以上两个实验室的基础实力立即接受了研制飞机起落架的艰巨任务，抽调了有经验、教学资深的若干教师，其中有吴宗岱、邹逸安、侯土生、吴伟雄、朱心雄、刘润泉等，并将当年即将毕业的发动机工艺专业部分学生以研制"北航一号"起落架的实战作为毕业设计课题参与到这场教学革命。从此，一场轰轰烈烈的决战"北航一号"起落架的战斗就在发动机系的这个实验室打响了。

当时我们发动机工艺专业3307～3312六个小班约160名学生按照苏联高等工程院校教学计划学完4500学时的各种基础和专业课程后，正照着教学要理论联系实际的要求满怀豪情下厂进入毕业实习阶段，学生们都已分赴外地工厂。为适应"北航一号"任务的需要，系主任董寿莘决定火速从各实习队抽调出10余名学生由各发动机厂转到各就近飞机厂起落架车间实习以掌握起落架生产工艺，当时转南昌320厂的有李俊刚、苑淑英（女）、冯宾（女），转沈阳112厂的有魏挹湘（女）、邱瑞昌、赵宜民，转北京211厂的有顾德娴（女）、孙恭、周瑞发、张尔强、刘振秋（见图1，图中的楼即当年的副楼）。

图1 参与"北京一号"飞机起落架研制的部分师生们(前坐左起：魏挹湘、苑淑英、尹章法、邱善昌、张尔强、冯宾、顾德娴；后排左起：陈立德、孙恭、刘振秋、赵宜民、李俊刚、刘润泉、邹逸安、侯土生、周瑞发、许海宝、韩希鹏)

转南昌320厂的李俊刚、苑淑英和冯宾，当时已开始在株洲厂实习，接到调令后他们依依不舍地离厂，时任临时党支部书记的关鹏同学到车站送行，关鹏将他们送上车后还没下车发现火车已开动，关鹏只能与3人同行一站再下车，回厂已半夜了。接受学生实习的320厂、112厂、211厂领导都很重视，很快学生直接被安排去到了各起落架车间开始实习，随老工人学车工和铣工技艺，更主要的是收集安-2、米格-19及北京211厂飞机起落架的主要生产工艺。任务相当明确，就是要将工厂有关起落架的所有生产工艺学到手，当时由于时间紧迫，任务艰巨陌生但又光荣，大家每天都起早摸黑，埋头苦干，时间不到一个月，虽不长但效率很高。以转南飞的3名学生来说，李俊刚着重在起落架细长杆零件上收集详细资料，做了厚厚的3本实习记录带回了学校。冯宾和苑淑英收集起落架关键零件资料，并结合铣工工艺主要收集起落架接头等主要零件的生产工艺，离厂时几乎将该厂安-2飞机起落架生产工艺及主要文件都摘录在手满载而归。其他被抽调去各实习基地的同学们也都同样认真地、激情地完成了这次不寻常的实习任务，几乎将国内飞机厂起落架车间的主要零件加工工艺技术和资料，尽力做了认真学习和收集，囊饱回校，为即将到来的"北京一号"起落架生产研制任务做好了充分的技术准备。

当时"北京一号"整机出图审查中对这种小容量短途旅客机的结构，大家主要对腿长而细的起落架，特别对飞机着陆时作为前三点先着地的前起落架能否承受全机重量和强冲击力，极为担心，当时选定的有经验的试飞员也特别关心这个问题。几经修改，由于时间紧迫，才最后下达图纸，立即投产。

当时三系领导将发动机副楼下的两个有关实验室改编为"三系工艺实验室"，以当时的6台普通车床、1台大六角半自动车床和3台铣床及磨床为基础，以老工人刘少安、贺臣忠、李瑞盛、宣家俊、陈庆宏、陈洪涛等包括当时的实验员为骨干，加上我们这些刚下厂回来的10余名应届毕业生，在有关老师带领下成了"北京一号"起落架车间的主要战斗成员，以党支部书记邹逸安老师为首开始了夜以继日的工作。我们首先对所有零件的设计图纸做了全面的工艺审查，接着对主要零件的生产工艺规程分工做了编制，其中着重对起落架作动筒外体及活塞作动杆，参照下厂实习中收集的各航空飞机厂现成的工艺资料编制出细致的各个工序设计，经共同讨论通过，由主管教员签字审定，然后着手开始做了部分疑难技术攻关试验，对细长杆加工变形、深孔钻削与套料钻刀具设计等工艺难题做了研究。加工任务正式开始后，老工人发挥了重要作用，大部分工艺难题都迎刃而解，学生们则跟着师傅们实地操作，开始时打下手，由于在厂实习时有过操作经历，很快都成了顶班的主力，有的学生还独立解决了些工艺难题。值得一提的是学生邱善昌，当时起落架的外筒都是实心锻件，如此大直径又高深度的孔，长细比都大于 1∶20 以上，完全将材料钻去既废料又费工，邱善昌利用已学的刀具设计知识，在主讲切削原理课老师汪叔淳指导下设计并制造了套料钻，且自己动手启用比普通车床（1A62 为 7 马力）功率大得多的 1K36 六角立车（10 马力），隆隆的马达声震耳欲聋，硬是独立地完成了几根大料的套料加工任务，既套出了料又节省了时间，师生们都感叹地赞扬了他这种学以致用、不怕苦累的硬汉子精神。其他学生也都不同程度地在现场发挥了活学活用能力，解决了很多技术问题，同时逐渐顶替了老师傅都成了干活的主力。当然，刚开始时学生们加工经验不足难免出些问题，不小心被高速切屑划破受伤挂彩等都是常事。据李俊刚回忆遇到过这样一件事，让其终生难忘，在随老工人贺臣忠师傅学习时，由于疏忽在三爪卡盘上没有拿下扳手时就开动机床，打坏了贺师傅心爱的机床床面，尽管贺师傅没直接批评，但好几天他难过得说不出话，其实对我们来说比批评更难受。这件事教育了我们，老工人将机床看得多么重，万事绝不能粗心大意。在这 100 天不寻常的日子中，由于任务紧迫大家几乎都很少得到正常休息，一天三班倒，每天晚上 12 点食堂就送来大筐箩的蛋炒饭，大家饱餐一顿，吃饱了再干，干劲十足。全天连轴转那是常事，即便如此，因人手不够我们很多人往往连续在机床上一干就是好几天，据苑淑英回忆她与冯宾干了七天七夜后坐在楼道上小憩时两人都睡着了。有的人实在太困了，趁机床在慢转精加工的机会闭上眼睛休息一会儿，真怕一下子睡着了，有人事后打趣地提问说，世上最幸福的是什么，那就是能倒在床上睡个大觉。总之这场大战确实是全校动员战天斗地，物资部门为加工零件的材料找遍全国，后勤部门为上万人供应一天三餐后，半夜还得为一线送饭，低年级学生为迎接飞机上天庆典日夜练舞。在全校的支持下，战斗在一线的师生们鼓足勇气，克服了生产起落架研制过程中的一个个难关。

机械加工工艺是一个方面也是我们的长项，但是加工后材料的热处理和表面保护需要外协，我们没有这么大的设备，找遍北京各厂所的热处理炉与镀铬槽长度均不够，只得奔波全国求助外地。橡胶密封件也得外协。起落架组装后的液压试验需要液压技术与设备，学生尹章法毅然承担起开发任务，最终不仅完成了起落架组装后的液压试验，还为学校积累了一套可做教学与科研用的液压系统装备。

经过一段时间奋战，零件加工终于完成，党支部决定成立起落架装配组，组长是朱心雄老师，学生组组长是李俊刚，借用第三层环境密封较好的公差实验室做装配车间，公差实验室的老师如李镛、李志英都是当然的检验员，全部合格零件经最终检验云集车间，我们仿照工厂航空发动机装配车间的要求，逐步将飞机起落架的前后三条机腿最终装配完成，经过液压测试，滑行动作正常，并送到静动力试验馆做高空坠落实验，最终敲锣打鼓地送到飞机装配车间为"北京一号"装上机腿。（见图2、图3）。

至此，起落架的生产暂告一段落。我们这批被抽调出来的学生也就完成了这次毕业设计，以实物向党做了献礼。学生们一边开始做毕业总结，一边静候试飞着陆的好消息。部分同学参加了在首都机场由国务院第二办公室林枫主任剪彩的试飞仪式，"北京一号"后来还在北航上空盘旋一圈撒传单，大家欢呼雀跃，心情无比激动。北京学子居然能自己造飞机了，这为我们今后的工作赋予了无限的遐想和动力！

任务执行过程中除了机腿外，"北京一号"还有许多其他工艺工作，如飞

图 2 "北京一号"起落架前腿外形图

图 3 "北京一号"起落架后腿外形图

机的其他零件支架等，随之也陆续不断调入不少学生，如许海宝、陈立德、尹章法等，当时的队伍几乎扩大成了一个小班。在这100多天的战斗中很多低年级学生除了正常上课外也间接参与了这项工作，为第一线大哥大姐们做后勤服务、保卫值班、组织舞蹈队为庆功表演，总之全校师生团结一致奋战百天、一定要让"北京一号"飞上天的坚定信念，成为我们的巨大动力，这就是我们当年北航人的豪迈精神。

"北京一号"起落架生产车间，从这时打下生产基础后，后来又成为"北京二号、五号、八号、十号"的生产基地，部分学生被留了下来，人手不够又调入了一些工人出身的调干生，如张呈祥、刘文章等，每完成一个号都是一场战斗，一次工程实践。当年的三系工艺实验室几经变迁与发展，现已成为一个北航师生们应用计算机与数控机床做高科技科研开发的基地，但其当年的辉煌与功绩仍值得追忆。它在当年的教学与科研战线上，曾有过这段大战北航多个型号的历史和培育过大批航空急需的技术人才，就拿本文开始提及的3307～3312班160余名学生来说，除了部分留校任教与分配到科研所外，大部分去了航空航天部所属企业工作成为各单位骨干，其中后来多年任职国家教委主任的朱开轩就是这些学生之一。60年后回忆这段20世纪50年代的往事，就是要告诫我们自己与现在的学友们，永记北航人不怕艰险、顽强奋斗、团结一致、敢为人先、永远向前的北航人精神，始终坚持理论联系实际、重视工程实践的优良传统，让它发扬光大，永不流失。

2018年7月5日

冯宗律

1928 年 2 月生，1952 年 8 月南京大学机械制造专业毕业。担任"北京一号"型架车间主任。

我所经历的"北京一号"生产

1957 年，由许建钺带队，共赴沈阳 112 厂进行北航 58 届学生毕业实习准备工作。虽然沈阳当地的冬天难过，但是大家心里是暖烘烘的。在招待所住下后，老师们各自到认定的车间做实习准备工作：确定学生的实习地点、聘请工厂指导老师、选定由工厂工程师讲解的各类专业讲座以及学生所要完成的作业、专题等。工作量相当繁重，大家马不停蹄地工作着。

1958 年元月 26 日，学生到厂，我们从招待所搬至平房居住，室内只有一张双层冷炕，没有桌椅板凳，我们 6 人挤在一张炕上住下。时值隆冬，就靠门口一小煤炉取暖。每天半夜有一老人替我们加一次煤，好在白天在车间，晚间在教育科，宿舍仅是去睡觉而已。

毕业实习正常运作，学生们深入各自的专题中，毕竟是高年级的毕业实习，学生们很用功，他们已有分析问题的能力，能表达自己的独立见解，加上工厂技术人员所讲解的技术专题很有水平，尤其是工厂总工艺师陆颂善，能抓住重点，丝丝入扣，能高水平地讲解技术。陆总文质彬彬，学生对他很崇拜爱戴。

1958 年 2 月 13 日，我们正在机身车间讨论飞机协调问题，听到在车间那头有人在高呼，毛主席万岁。是他老人家视察 112 厂来了！他就在车间的走廊里，走近时和我们的距离最多二三米远，他身穿银灰色的大衣，看上去红光满面，频频向大家招手，随后慢慢走出车间。我们使劲鼓掌，把手掌都拍红了。这是令人终生难忘的一刻！

1958年2月24日，学校来函，决定自行设计、制造小型飞机，定名为"北航一号"（后改为"北京一号"），并定于1958年10月1日飞上天。这是铁定的计划，并任命徐鑫福教授为总设计师，常荣福教授为总工艺师，许建钺为生产长。这样我们在沈阳112厂的毕业实习提前结束。大部分同学在工厂改变工种，努力掌握钣金和铆接装配的操作能力，将来回校当工人；一部分同学回学校，做生产准备工作。王镒萱等3人回学校研制水泥型架模块，好在我们掌握了飞机型架的制造技术过程。

"北京一号"的生产准备工作，在北京航空学院轰轰烈烈地展开了。我请战筹建型架车间，领导拍板同意，任命我为型架车间主任，刘福田、赵如舜、蔡颜玲、杨年欢等均为干将。车间设在体育馆，也是未来的铆接车间，体育馆内一片空白，一无所有。当时盛行全国一盘棋，于是我们到南苑211厂，商借型架制造过程中所需的各类专门设备。两张铸铁大平台，相当数量的型架铸铁标准块，还有其他一些专用设备，足足装了两卡车，我写了一张清单借条。我清晰地记得，当卡车在学校体育馆卸车时，常先生正好在体育馆旁边，见到两卡车专用设备，他满意地微笑了。

光有设备不行，还得向南昌320厂借调8位型架制造工人，他们都是车间的技术骨干。我和蔡颜玲到前门火车站，将他们接来北航。领队是赵满春师傅，有技术，而且很自信。他主持利用南苑厂借来的两个巨大平台，两侧装上精密标尺，作为导轨，并应用弯板固定垂直标尺，加上横标尺，建成一个三维空间，这就是所谓的"土型架装配机"。其刚度与精度稍差一些，但是用来制造型架，是完全可以的。"北京一号"大大小小的型架，总共有十多台，全是由工人师傅带着同学用它安装出来的。在那个时代，土洋结合是时髦的做派，而且被广为提倡。

南昌 320 厂的师傅，后来成了我们的朋友，我们尤其和徐月兴师傅关系很密切。1960 年我们用龙门刨改装型架装配机，其中所用的附件都是由 320 厂型架车间代为制造的。

车间的生产正热火朝天之时，武院长陪同康生来体育馆参观，办公室主任何家沄及教研室的汪一彭随同，我在现场，向他们做介绍的情景，被摄影师拍摄了下来，这张照片被保留至今。可惜照片上的人员除了我以外都作古了。

当制造完成一台型架，铆接工作立即跟上，铆枪声应天作响。型架车间逐渐变成铆接车间。当某些部件组合件从型架下架后，立刻被送往设在机库的总装车间进行总装。气氛紧张而有序，24 小时不停工，紧张热烈，真正地在和时间赛跑。

学校领导为了今后在北航持续地研制生产飞行器，决定建造试制厂，取名 881 厂，是以 1958 年 8 月 1 日的决定而命名。由于缺少资金，881 厂于 20 世纪 60 年代才建成。20 世纪 70 年代，在此研制了无人机，也有许多有趣的故事。现今已经被改造成为无人机研究所。

2018 年 8 月

张树林
1931 年 7 月生，1955 年北航飞机设计专业毕业，担任"北京一号"仪表设备组组长。

"北京一号"仪表设备设计组

设备系统相当于飞机的神经系统，飞机驾驶员要通过各种设备及其系统，才能驾驶飞机，它是飞机不可缺少的部分。

"北京一号"仪表设备组成员有 58 届学生刘贵珊、陈青青、孙长祝、孙启瑞、王志杰和指导教师张树林。

设备组的任务有两个：一个是驾驶舱仪表板的设计及仪表安装；另一个是无线电设备舱的设计与安装。

具体设计内容比较多，包括：电路设计和安装设计、仪表板设计和安装设计、电源装置设计和安装设计、无线电装置布局和安装设计、机翼前缘防水设计及空速管、雨刷等的安装设计。

由于这些设备都是安装在机体结构上的，正式的设计只有在飞机结构基本确定后才能进行，所以我们组的设计要比其他组慢一拍。我们都没有搞过飞机设备设计，只能从干中学，慢慢熟悉，边学习、边设计、边修改。当"北京一号"飞机 1：1 木制样机造出来后，我们设备组的设计工作才正式开始。

首先是驾驶舱的仪表板的设计。飞机还处于设计阶段，当时准备担任"北京一号"试飞员的潘国定，就到北航来了，很关心"北京一号"的设计工作。他根据自己几十年的飞行经验，对我们设备组明确提出：仪表板要设计成斜

从左至右：孙启瑞、孙长祝、张树林、王志杰、陈青青、刘贵珊

放的，这样可保证飞行员在飞行中观察仪表时，视线垂直仪表板，减低观察误差和视觉疲劳。"北京一号"的仪表板就这样被设计了出来。为保证飞行时水平地平仪的功能，因此，把地平仪的固定支架与仪表板也设计了一定角度。

仪表板及其安装设计是刘贵珊同学负责的，她很好地完成了设计工作，得到了试飞员潘国定的肯定，大家对她的工作很满意。

根据飞机总体布局，在木制样机上确定无线电设备舱的位置，这是无线设备舱设计的基础。

全机的电气原理图，是根据飞机的用电情况，由当时二系的宋子善老师（已故）完成的。陈青青同学又根据飞机的结构分布，参照电器原理图，完成了电气系统的半安装图和安装图。具体确定出哪里需要固定、哪里需要安装夹子等，算出电缆长度，以便安装。

在飞机的总装阶段，总装车间异常繁忙，通宵灯火明亮，昼夜不停，负责系统安装的是工艺班同学方一苍和王昂等。陈青青同学也废寝忘食全身投入电气系统的安装工作，并根据实际安装情况，对系统安装设计进行修订，做到了设计与实践相结合。

孙长祝、孙启瑞、王志杰三位同学负责电源装置和安装设计、无线电装置和安装设计及其他设备安装设计工作，他们从干中学、学中干，学会了设计知识和技巧，都很好地完成了设计任务。

周
耀
珊

1935 年 12 月生，1958 年 10 月北航飞机工艺专业毕业。

我当了一回"北京一号"飞机设计员

1958 年，我是北航飞机制造工艺专业的应届毕业生，参加了"北京一号"的设计和制造工作。上大学五年来，我学完了基础课、技术基础课和专业基础课，涉及的知识面很全，且学习成绩较好，全部优等。

由于"北京一号"在十一国庆节前一定要上天，设计、制造时间只有三个月，所以设计及画图从工作一开始就压得很重，而工艺制造相对要松点儿。领导要我这个工艺专业学生去支援设计画图工作，当时没有"讨价还价"，哪里需要就到哪里去！我二话没说，就去了。交给我的主要任务是设计发动机与飞机机翼连接的发动机架。我在 320 飞机制造厂实习时，见过发动机与飞机连接的架子是杆系结构，所以接受任务后心里还有点儿底。怎么入手？我先找出发动机上 4 个接头的位置和装在飞机机翼大梁上的 4 个安装位置。但是如何把在三维空间的 8 个点连接起来，以保证发动机的拉力轴线与整个飞机之间的正确位置协调，这是关键所在。

如何解决？到实践中去，到模线样板车间去找数据。首先找飞机机翼生产桁架上已装好的 4 个接头位置及其基准坐标，得到投影三面图。再找出发动机架上每根拉杆的真实长度和相对角度，然后我利用画法几何的空间坐标进行转换，把 1∶1 的图铺在地上，实际上就是模拟真实铝板。我趴在地上画图，两点连线，并作垂直线，一丝不苟，每个尺寸都要用游标卡尺测量好几次。为保证质量，保证飞机飞上天，我心中只有一个念头，再苦再累也不在乎。当时那种认真劲儿，现在回忆起来，还历历在目。这种实干精神，对我的锻炼是书本上得不到的。几何尺寸有了，再利用材料力学、结构力学的知识进行结构强度、刚度等计算就不困难了。经过白天黑夜连轴转，干了好几天，终于圆满完成了任务。我又回到装配车间做管子安装工作，又从设计员变成了工艺员。

还有一件事终生难忘。9月的某天，我正好在机身舱内测量冷气管的长度，巧得很，那天机身已装好正要运到总装车间去，不知哪位同学，递给我一幅装有毛主席像的镜框，叫我扶着相框，与机身一起运到总装车间。一路上敲锣打鼓，非常热闹，我也不知道会在"北京一号"纪录片中留下我这段珍贵的录像，这不是事先安排的，而是运气好碰上的。后来，我远在江西南昌的母亲也在纪录影片中看到了我，现在想起来还很激动。

2018 年 8 月 31 日

温文彪

1933 年 11 月生，1958 年 10 月北航飞机工艺专业毕业。

我为"北京一号"提前学铆工

和往届一样，五年级第一学期期末寒假，58 届飞机工艺专业 6 个班的一百七八十名同学，分别到沈阳飞机制造厂（简称沈飞）、南昌飞机制造厂进行毕业实习。其目的是按照教学计划，为五年级第二学期进行的毕业设计收集资料，根据指定的毕业设计题目，在老师指导下，进行工程调研，收集资料，时间为 45 ～ 60 天，然后回校进行毕业设计。毕业设计以论文和各种工程图的形式进行答辩，通过后毕业。我被分配到沈飞，由胡凌云老师指导毕业实习和毕业设计。

某天上午，全体师生被通知到工厂行政楼二层大会议室开会，来自学校的几位老师，向实习队传达学校的重要指示。学校决定：有关专业的毕业设计改为师生在校内设计、制造飞机。飞机工艺专业在各飞机制造厂进行毕业实习的全体学生，立即停止毕业实习，改为学习制造飞机的操作技能，3 ～ 4 个月后回校，当工人，亲手制造飞机。

一听说在校内设计、制造飞机，真是一愣，有点儿不可思议。因为我三年级劳动实习、四年级专业实习、之后的毕业实习，都在沈飞进行，一个制造飞机的工厂什么样，可以说一清二楚，而学校的情况更是明明白白，怎么想，也不现实。可传达指示的老师们说，这是院党委的决定，周总理亲自批准并拨了专款。在那个年代，一听说周总理批准，那就是党中央的旨意；一听说院党委决定，那就是拼死拼活也要坚决完成，感觉这对每个北航人既是千斤重担，又是无上光荣。因为全世界高校，包括"苏联老大哥"的几个航空学院，都没有自己设计制造过飞机。同学们说：咱们是干开天辟地、前无古人的大事，干了！

在沈飞厂实习的大部分学生被分配到冲压车间和装配车间，学习、掌握钣金工和铆接装配工的操作技能，少数同学被分配到总装配车间和机场车间，如王昂、方一苍。

分配到装配厂房的同学再被分配到机身车间和机翼车间劳动。我和韩云台、张家顺、徐南荣、龚定一、董善政、任中贵、耿慕兰、尹志敏、李华英、周雨田等19位同学被分配到机翼装配车间。任务很清楚：定点、定师傅、当徒弟。从最简单的当徒弟开始，观看、记忆、领会，直至掌握飞机铆接装配操作技能，在米格飞机上成为铆工。只有在此飞机上长时间干过铆接装配工作，才可以在其他飞机生产中完成铆接装配工作，因为学校正在设计的飞机等待我们去进行工艺性审查，等待我们去设计工艺装备，等待我们去拟定工艺文件，等待我们去亲手制造飞机！

当时，沈飞大批量生产米格-19（歼-6），这是天赐良机。批量生产采取平行流水作业。机翼车间分为若干个工段，分别是：翼面类小部件工段（如副翼、襟翼、襟翼舱）、梁架工段、机翼下壁板工段、机翼总装配工段和架外工段。前面3个工段完成的某些装配件进入机翼总装配型架，完成机翼总装配后下架，搬到架外工段完成起落架、副翼、襟翼安装及交点精加工。然后转到飞机总装配厂房。每个工段中都有北航同学当徒弟。机翼总装配工作是在6套相同的型架中执行平行作业。每套有左、右翼型架各一个。前面几个工段装配好的段件和众多组合件、零件按装配顺序依次进入机翼总装配型架。平行作业意味着，机翼总装配工段中的工人各自完成自己的那份永不变更的工作，即：型架和其中的装配件不动，各工作小组移动。6套型架中都有北航学生当徒弟。

我被分配到机翼总装配型架中的最后一道工序当学徒，即：机翼下壁板的装入与连接。这道工序完成后，机翼就构成封闭的翼型和机翼的整个外表面，就可以从型架中下架，转到架外工段。当时，工厂执行两班制，白天、夜间各一班。每班工作 8 小时。每周倒换一次，每 8 小时完成一对机翼，每天向总装配厂房转交两对机翼，年产量很大。

6 套机翼总装配型架中平行作业，8 小时中，各组工作量相等，即每组工人工作 8 小时后，第二天换到另一个机翼总装配型架中做相同的工作。所以我每班换一个地点，到另一个型架中完成同样的下壁板装入和连接。也就是说，在 3 个多月中，或白班或夜班，在不同号位的机翼总装配型架中，完成同样的下壁板装入和连接工作。机翼有左翼和右翼，我在左翼，两个型架并列。左、右机翼中，各有 4 个师傅，两两成对儿。一对儿负责翼根部分，另一对负责翼尖部分。铆接时，一个师傅用气动铆枪打击铆钉头；另一个师傅用一块顶铁，顶铁工作面垂直、紧贴铆钉杆，双方配合使顶杆变形，形成合格的镦头，将装配件连接、固定。

歼击机翼型高度小，壁板装入和铆接构成封闭翼型，因此，铆接困难，要求工人技能较高，尤其是根部，装配件厚度大，铆钉直径大，顶杆长。白夜班、左右翼、根部持铆枪的 4 位师傅，集中了车间唯一的六级工和 3 位五级工。他们所持铆枪功率最大，即打击力最大。困难更在于，拿顶铁的工人在翼面的另一侧顶成镦头，一对师傅铆接时互相看不见。非但如此，顶镦头的工人只能从上翼面仅有的几个直径很小的检查孔（设计的维修用孔）和工艺孔（专为施工而用）中，将手持顶铁的胳臂伸进去顶成镦头。我被分到左翼翼根部，持铆枪打击顶头的师傅，正是车间那位唯一的六级工师傅，名：高富。顶镦头的工人是四级工陆师傅，他的姓名忘记了，是上海技校毕业的。

上面啰唆这么多，是想使非专业读者，略微知道一点儿飞机结构和装配操作：大批量生产时是平行流水作业，下壁板是在壁板工段将蒙皮与长桁铆接完毕后，进入机翼总装配型架，与中肋弯边和前后梁凸缘铆接，即与此前已由其他工作小组装配好的骨架进行铆接，连接成封闭的翼型、完整的机翼表面。由于结构的特殊性，两个工人不是面对面操作，不便在操作过程用讲话交流信息，且因铆接厂房中铆接噪声很大，连成一片，一对工人只能靠相互默契的方式，彼此传递信息。

由于下壁板上的长桁和骨架的翼肋互相交错，铆钉位置特殊，必须有许多个只针对某特殊位置的顶铁。铆接过程是：（1）持枪工人在下翼面插入铆钉；（2）持顶铁的工人在上翼面孔中看见顶杆，选择对应的顶铁；（3）手持顶铁从最近的孔中将胳臂伸入，直至顶铁放到准确位置且接触、垂直铆钉杆；（4）臂肘在翼内找个支撑点撑住；（5）一切准备就绪后，用顶铁轻轻碰一下铆钉杆，表示：我已放好顶铁，你可以"开枪"铆接了；（6）持铆枪的工人接收到轻微信号后，启动铆枪。根据铆钉直径和连接件厚度，控制进气量的多少和打击次数；（7）只要持顶铁的工人顶铁"不脱手"，紧贴钉杆，随着对面铆枪的打击而手腕振动，振动时一定要保证顶铁工作面垂直铆钉杆，铆枪一停必然形成合格的镦头。这是一种技能，也是二者的默契与协同，甚至可以说是一种"艺术"，我称之为"工艺艺术"。如稍有不慎，或顶铁尚未置位，或臂肘尚未支撑好，不经意间，使顶铁"触碰"了铆钉杆，则对方以为：这是他已经准备好了，可以开枪的"信号"。铆枪一开，一打击，顶铁将乱动，必酿成大患：要么铆枪打击的蒙皮表面压坑，要么顶铁将长桁弯边或翼肋弯边压痕、压裂，或者持顶铁的工人手腕、手指压伤、压出水泡，或出血，这就是必须在各种文件中记录在案的大事故。因此，这是公认的一道困难工序。

我从第一天上班就知道：上手学艺之不易。

北航所有学徒都拟定计划：（1）每天提前上班、把工作梯放好。（2）提前领出两位师傅的工具箱，并打开，取出开始时师傅就使用的工具并放到师傅易拿取的地方。（3）领出已配套的具有不同规格和数量的铆钉盒。（4）观察、背熟师傅的操作顺序。（5）遵照老师一再提出的要求（那个年代对所有接触工农兵的学生，都有这样的要求）：要想师傅之所想；要成为师傅的好助手；要全神贯注；要眼快、手快、脚快。师傅要干哪道工序之前，自己已把他所需的工具或零件举到他的手边。

所有的师傅都希望自己的徒弟"心里有活"，只有"心里有活"的徒弟才能和师傅一起，提高工作效率。只有"心里有活"的徒弟才不是师傅的累赘和负担，而是得心应手的帮手。

师傅们心里有数，只有"心里有活"的徒弟才教得出来，才值得费心思去教。

现在的年轻人可能不理解，也可能不知道，20世纪50—60年代，每次下厂实习（包括下乡劳动）老师们都再三强调：只有不怕脏、不怕累、不怕苦、敢当工农兵小学生的心态，才能放下大学生知识分子的架子，才能和他们进行心理交流。

这次，老师们都已回校，留下实习队学生，自己管理自己，自己要求自己。在劳动中，通过生产实践，建立师徒感情，自然而然地得到师傅的信任。更重要的是：决不能把获得师傅的信任当作获取掌握技能的一种手段，而是坚定工农兵立场和思想的交流，这确确实实是20世纪50年代，北航大学生的文化心理。

这一次，工厂的领导、车间的领导、每个工段长和每个师傅都知道，这批实习生的劳动时间很长，要学会操作技能，回校后要当铆工，亲自制造上天的飞机，他们是真心实意地渴望掌握铆接操作技能。

经过一段时间之后，可能是车间的布置，师傅们开始放手。从少量、简单的活儿开始，逐渐完成多量、复杂的活，即从导孔—扩孔—钻孔—划窝—粗铣对接蒙皮余量，甚至铆几个直径小、钉杆短的铆钉，顶几个开敞性稍好的铆钉墩头。

8小时的工作已形成规律：前4个小时工作结束时，左、右翼各两个"半壁江山"都划好了全部埋头铆钉孔的埋头窝，擦除所有铝屑和杂质后，整个机翼下表面呈现亮锃锃的一片闪光的埋头窝。午饭或夜餐后，左、右翼，翼根和翼尖，4 对师傅开始铆接，3 小时几乎同时铆接完毕。检验员检查出不合格处，更改补救后，再检查。通过后，工段长高喊：下架！全工段的师傅们都过来帮忙，把左、右机翼抬到加外工段。机翼总装配工段一个工作班，完成一对儿机翼。

我虽是六级工高师傅的徒弟，但学不了六级工的活儿，我的主要目标是学四级工陆师傅顶镦头的活儿。起初，让我顶几个，体验体验，逐渐增加。每个困难处，陆师傅教我用那块顶铁，几个手指怎么托、怎么压、怎么靠住翼肋腹板、用顶铁的那个面靠、贴钉杆，臂肘撑在何处，他自己从孔中把胳臂伸进去示范，叫我在另一个孔中用照明灯观察。就这样，一天一天过去，我顶的铆钉数量逐渐增多，直至顶过各类铆钉之后，直至镦头不合格率逐渐减少之后，终于，有一天，高师傅对陆师傅讲：今天让小温顶，你在旁边看着。于是，陆师傅开始给我递顶铁，按熟悉的顺序，3 个多小时铆接完毕，检验员检查后，更改、补救后，下架！这是我第一次顶完全部墩头。

一切在顺利进行！一天天如此操作！一架架机翼下架！

有一天，铆接编号为 1701 号飞机的机翼，和往常一样工作，一切顺利。不知怎的，鬼使神差，在准备铆接一个铆钉时，我伸进去的手还没有托好顶铁，顶铁也不到位，无意间"碰触"了一下顶杆，背面高师傅接收到这个"信号"，以为我已做好准备，"请他开枪"。铆枪第一击，我手疼如绞割，不自主松开了顶铁，背面第二三击后，高师傅喊："怎么秃噜了？！"他小声接着说："毁了！"他过来拿弯把长镜子一看，说："毁了！"忙叫工段长过来看，工段长说：麻烦了！快！快！把剩下几个铆钉铆完！然后找检验员看，检验员蒋志良师傅和我非常熟悉，检查后半严肃、半微笑着对我说：小温，你怎么搞的！然后高声喊：停工！全工段 6 套型架，白、夜班全停工！因为是流水作业，机翼不下架，机翼总装配工段中的其他工作组不能进入下一道工序。机翼总装配工段停工，前面的壁板、梁架、襟翼舱都不能进入机翼总装配。机翼不下架，架外工段没事干。几乎影响全车间。而且，机翼车间停工一天，就有两对机翼不能进入总装配厂房，事态确实严重，事故闹大了！

车间检验室主任来了，车间主任来了，厂设计科设计员来了，蒙皮表面因铆枪空击而"凹陷"，骨架翼肋弯边有"严重压痕"。有人在开会、在讨论，有人在计算，有人在画示意图，有人在填表格。在车间劳动的北航同学都过来看我、安慰我。我当时的心情只有当时的那批同学能够理解。我们最怕的是，由此而引起工厂、车间、工段乃至师傅们"吸取教训"，不再放手让同学们继续在飞机上干活。此外，停工还有可能对师傅们有影响。当晚，其他同学们和我一起到高师傅家中，以一种犯了错误的徒弟心态，心中不安却不会说道歉之类的话。反倒是师傅领会我们的来意，直爽地说：没事儿，谁学徒的时候都出过事儿，哪有不出事儿就学成的，我学徒那会儿捅的娄子更大……我们当时理解，师傅是在劝导我们：别紧张，离家在外，平时在"校校"念书（东北口音），现在在车间干活，在真飞机上操作，必定紧张，越紧张越容易出事儿，出了事儿，想想怎么出的，会越来越熟练……

第二天继续停工，一拨儿人、一拨儿人来察看，接近晚上，听说在故障单、会审单、1701 号飞机合格证上，该填写意见的地方，签署了意见；该签名的栏内，签了名；在施工者栏内，签上了"高富"的名字，我心里很不是滋味儿。然后工段长高喊"下架"！ 1701 号飞机左、右翼下架后，抬到了架外工段，停工两天。

第三天白班，更提前上班，1702 号飞机机翼下壁板装入和连接，像以前一样开始工作，午餐后，我站在高师傅的工作梯旁边，准备做辅助工作。高师傅提起铆枪，插入铆钉，准备铆接，但对面没有反馈信息，回头一看，我站在旁边。他立马说：怎么傻站着？我说：还叫我顶？他说：怕了？出息！你们这些大校生（东北口音，把大"学"生说成大"校"生）就是胆小怕事，把不是回事儿的事儿当回事儿，把大不了的事儿当大事儿，快！上！我出乎意料，拿起顶铁往背面走去，还不由自主地朝工段长、检验员看了看，他们也在笑。（我和检验员蒋志良师傅成了朋友，此后十几年通信不断，他支援贵州三线后仍保持联系）我带着一种特殊心情一个钉一个钉在顶，一切顺利，眼看即将铆完，突然，又是鬼使神差，又是不知何故，又是手未握好顶铁，又是臂肘尚未支撑好，又是无意间"碰触"了钉杆。对方嗒、嗒、嗒三击，大喊："怎么又秃噜了？！"接着说：快！把剩下的几个钉铆完，结束。高师傅找工段长和检验员说："又秃噜了！更厉害。"工段长、检验员不语。我脑子一片空白，真有无地自容之感。已到下白班时刻，夜班师傅们已来接班，工段长喊：停工，全都回家！

第二天上班，和上次一样，又是各种人员川流不息，又是画示意图、填表、签字；北航的同学们又是来看我、安慰我。只不过这次对车间的轰动更大，影响更大，又有几对机翼不能转入飞机总装配厂房。后来慢慢听说，当时师傅们议论："怎么让实习生顶下壁？""怎么刚出了事儿还让接着干？""应该稳稳神儿，缓过来再干！""心怯了，越怕出事儿越出事儿！"……议论纷纷。

1703号机翼开工前，高师傅、陆师傅、工段长们、检验员们讨论，据说意见不一：有的认为应该换换活儿，不顶下壁了；有的认为换活儿不合适，稳稳神儿再说；有的认为，他们学校造飞机总得有人顶下壁吧（认为，凡是飞机机翼合拢，一定有下壁），一定要给他们教会一个顶下壁的……我不知结论。

第三天上午复工，1703号米格-19，上午工作完毕，午餐后，照例开始铆接。高师傅提起铆枪，我现在回忆不起来，我当时是怎么想的，没等高师傅发话，我"抄"起顶铁向后边绕过去，高师傅大声说："这才像我！"我边走边向工段长、检验员"瞄"了一眼，检验员在笑，工段长把头向下一点，又一撇儿（像个逗号儿），我不知何意。我当时可能想：一切都不管了，我该怎么干就怎么干了。熟悉地把胳臂伸进去，一个钉、一个钉在顶，3小时一气顶完，检验员检出不合格镦头，拆、重铆后，工段长高声喊："下架！"

一天一班、一架，一天又一天，再无事故。

突然有一天，从学校来了一个五六个人的"高级"庞大代表团，视察学生们的操作技术水平。厂方及车间领导陪同视察，去了各个车间，参观了前面几个工段，来到我的型架旁。后来听说，代表团团长问旁边的人，怎么这个师傅（指高师傅）拿着铆枪一个人铆呢？刚才看到的不都是两个人配合着铆吗？旁边有人答，也是两个人，另一个在后边。

问：后边？在哪儿？

一堆人绕过来，看见我的胳臂整个伸到机翼里面。

团长问：这也是咱们的学生？

有人答：是！

问：他在干什么？

答：也是在顶铆钉啊！

问：眼不看，怎么知道顶好没顶好？

答：那得问他。

工段长叫我抽出胳膊（手中还捏着顶铁）。

以下是莫名其妙的、互不理解的、绕口令般的问和答：

团长问：你连看都不看，就顶，你怎么知道顶得合格不合格？

答：合格不合格主要不是我决定的，是对面师傅铆枪决定的。

问：对面师傅看不见你顶的情况，怎么决定？

答：他控制铆枪的进气量和打击次数，就能生成合格的镦头。

问：你起什么作用？

答：我只是捏着顶铁，贴靠着铆钉杆，就行了。

问：你胳膊伸进那么长，怎么使劲呢？

答：我不使劲，只管捏住顶铁，使它贴住顶杆，不脱手，就行。

问：不使劲怎么使钉杆变形？

答：顶铁随铆枪的打击而振动，我用手捏住顶铁，使顶铁紧靠钉杆不改变位置，顶铁振动过程就使钉杆变形，生成镦头。

问：你怎么保证顶铁不改变位置？

答：这是师傅教的。（手指陆师傅）

开始三人对话。

团长问陆师傅：你是他的师傅，你怎么教他？

陆答：我和高师傅搭配，我原来干这个活儿，小温是高师傅的徒弟，我们仨一起干活儿，高师傅安排小温干我这个活儿，我就一点儿一点儿教给他，他就会干了。

团长问：你干这个活儿多久了？

（陆师傅当时回答了，我现在忘了）

团长问旁边的车间领导，这两位师傅是几级工，对方说，一个是六级工，一个是四级工。

团长笑着对我说：你是四级工了！

我赶忙说：不，不对。我现在干的这个活儿是四级工的活儿，但我可不是四级工。

团长问：干四级工干的活儿，不就是四级工吗？

我答：不对！干四级工干的“这个”活儿，不等于自己就能干四级工的活儿。

团长问：怎么不等于呢？

代表团团员之间、团长和团员之间在议论。然后，在周围众多工段长、检验员、师傅们面前，团长对陪同的厂、车间领导们说：我们这批在工厂劳动的学生，结束前，都要在工厂按程序考工、评级并颁发考工证书。凭考工级别，回校制造飞机时，安排相应的工作。

此后，带同学的师傅们更放手了，要求更严了，谁都希望自己带的徒弟得到好的成绩，给自己争气，也有“面子”。

转眼到了结束时间，学校指示这批同学回校。于是各车间组成评级小组，看着一个个同学操作，最后评级。印象中，似乎是有一个油印的纸片小证书。为了鼓励，为了这几个月喜气洋洋地结尾，铆接车间的同学都被评为"三级铆工"或"四级铆工"。我观察：师傅是几级，徒弟就被评为几级。我的师傅是六级，但我干的是四级工陆师傅的活儿，所以也被评为"四级铆工"。同学们谁也不在意这个级，在意的是所经历的这段时日、这段岁月，并对之十分珍惜，十分怀念！

离别前，各工段全体师傅们、有关车间的领导和全体师徒们、师徒二人、师徒三人，组成各种各样的组合到照相馆摄影留念，我现在还保存着机翼车间领导与部分同学的合影，见照片1。

在拍完机翼车间全体同学合影后，大家议论：应该在照片上方留下一行

照片1 革命友谊为"北航一号"。从左至右前排：尹志敏、机翼装配车间技术副主任、车间主任兼支部书记、李华英、耿丽霞；后排：董善政、程奋林、韩云台、温文彪、张家顺、龚定一、徐南荣

照片 2　在沈阳飞机制造厂的机翼车间（32 车间）学铆工的 58 届

字，以纪念这段难忘的经历。留下什么字呢？大家起哄，叫我出词儿。我连想都没想，猛然冒出一句词儿，一句那个年代，也只有那个年代，也只有在为"北京一号"而奋斗的北航学子们，把制造"北京一号"当作一场必胜的伟大战争，把提前学会掌握操作技能当作一场战役，在三四个月的日日夜夜（白班、夜班）共同学习、互相交流、互相琢磨、互相鼓励的同学们已成为共同事业的战友，才能发出的豪迈语言，并永远留在照片上："松陵之役战友留念"！见照片 2（沈阳飞机制造厂当时对外名称是"松陵机械厂"）。

王幼复

1935年9月生，1958月10月北航飞机工艺专业毕业。

1958年年初赴沈阳112厂当工人

进入1958年，全国"大跃进"的形势热火朝天，后来北航在这一年竟然造了一架飞机。说起来要造一架飞机，谈何容易！技术难度之高，不言而喻。我们虽然是1958年当年即将毕业的飞机制造专业的学生，但是仅仅作为一介学生，不可能光凭热情就变成熟练技术工人承担如此重任。可后来我们这批学生的确成了制造"北京一号"飞机的主力工人，这是怎么回事呢？

20世纪50年代我们北航依照苏联莫斯科航空学院的模式，为五年学制，非常注重实践，除了一、二年级在校内的附属工厂安排各种实习之外，还有三次必须到外地的航空工厂去实习，这就是三年级的见识实习、四年级的专业实习以及五年级的毕业实习。

1958年年初春节刚过，飞机工艺专业3107班即分别前往沈阳112厂和南昌320厂去进行毕业实习，我被分配去112厂，确定实习一个月，然后回学校正式进行毕业设计。

我们飞机工艺专业当时设置"压延"和"装配"两个专门化，同学一般认为钣金压延有系统的理论，涉及弹性变形、塑性变形等固体力学理论，我选的是"压延"。因此实习内容是结合工厂刚刚从苏联进口的一台大型自动液压旋压机进行，工厂方面还不会用，也没有人专门来研究它，已成为工厂方面要解

决的重大问题。给我们带队的是胡世光老师，安排我的毕业实习内容就是：（1）
根据厚厚的一本俄文说明书，翻译并编写中文的说明书；（2）把整个这台大型
自动液压旋压设备运转起来；（3）经过试验运行、投入试行制造、生产。任
务相当重，整个机器有一间屋子之大，占地有五六十平方米，电控液压系统，
是生产飞机机头罩、发动机罩必不可少的半自动化设备，说明书全是俄文的，
112 厂对北航寄予很大希望。记得 1956 年在南昌 320 厂实习的时候，曾经体
验过在车床上旋压零件的操作体会，车床上固定模具，人工用木杠顶压钣金，
一点点旋压钣材，愣使厚厚的铝合金钣材逐渐变形。需要的力量很大，难度极
高，而效率极低，而且还只能生产小型零件，工人很苦。

　　我正在按部就班紧张工作时，3 月初的一天，北航来电报，向全北航的实
习师生传达北航党委关于由本校自己设计、制造一架"北航一号"飞机的决定。
并且紧急通知，停止一切毕业实习，学生全都改为实习工人，在车间按专业
分别学习钣金工、部件装配工，三个月内要求达到三级工的水平……听到这
一消息群情振奋，纷纷表态，立即转换岗位。

　　钣金车间指定了水平较高、各方面都不错的师傅指导我们，我、周迈、
徐冰清、陈星煌，四个人被安排在四车间，我和周迈在一个小组，指导我的

1958 年在沈阳火车站苏军纪念塔前（王幼复为前排右一）

1958 年年初刚刚到沈阳

是于师傅，指导周迈的是韩师傅。学校要求我们都必须正式拜师，每天在车间全心全意做徒弟，跟师傅一起干，车间领导也对师傅布置相应的任务。起初师傅们有顾虑，既担心我们不行，怕我们最后达不到三级工水平，同时又担心为了教我们，耽误了他们的生产，他们是计件工资，每天每月要完成的任务不少，奖金占的比例也很大。

钣金工既要体力，又要脑力，金属的变形、流动，钣材的硬化、回弹，如何控制厚度、开裂，怎样选择变形先后，如何选料，余量裁剪多少，什么情况用木榔头，什么情况用铝榔头，重击还是轻敲……非常复杂。木榔头挥舞一整天，在大风扇下依然挥汗如雨，经常晚上加班加点，一天下来精疲力竭。但是满腔的热情，尽快学成技术的积极性，促使我们克服重重困难，于是身体渐渐适应了，钣金工的技术也熟练起来了，师傅们也高兴起来，对我们也开始放手了。除了个别难度高的钣金件之外，我们甚至可以单独做活，

1958 年 5 月 30 日告别师傅（后左为王幼复，后右为周迈）

1958 年年底和于师傅在颐和园

与师傅们同台操作，师傅们渐渐发现我们能给他们帮不少忙，我们不但没有影响他们完成任务，而且到后来还给他们增加了不少产量，师徒关系也越来越亲密，师傅们的月工资也多了，非常高兴。五一劳动节放假一天，于师傅特地邀请我到沈阳市内逛一逛，拉我去照相馆，合影留念。后来我毕业留校，在 104 教研室工作，我和于师傅还通信联系，1958 年年底于师傅特地从沈阳112 厂来北京看我，我带他到颐和园。

待到 5 月底，北航急电，招呼我们即刻返回北京，投入"北京一号"飞机的实体制造。行前师徒恋恋不舍，虽然时间非常紧迫，但是于师傅、韩师傅提议一定与我和周迈四人到照相馆，拍个合影纪念。

告别师傅，告别车间工段长，大队人马匆匆赶回北京。

2018 年 6 月

袁冬林

1933 年 12 月生，1958 年 9 月北航飞机工艺专业毕业。

我是"北京一号"机身的铆接装配工

我是 1958 年飞机工艺专业的毕业生，毕业前参加了"北京一号"的研制。

当年学制是五年，教育计划有 3 次去飞机工厂实习（三、四年级后各一次及毕业实习）。当党中央提出"教育要与生产劳动相结合"的教育方针后，我校决定由师生共同研制轻型飞机"北京一号"。我们的毕业实习和毕业设计就是先去飞机工厂生产实习学技术，然后回校研制"北京一号"。

记得 1958 年刚过完春节，我与部分同学就到了南昌 320 飞机工厂，公开名叫"洪都机械厂"，我被分配在 AH-2（俄文）飞机机身装配车间，拜了谢广师傅为师。铆接装配工的特点是两人要默契地配合工作，一个人拿铆枪打铆钉，另一个人拿着顶铁顶铆钉形成镦头，把零件装配在一起。当装配件形成了封闭空间，则一人在机身外打，另一人在机身内顶，默契工作的重要可想而知。谢师傅对我们严格要求，手把手地言传身教。我则虚心学习，细心观察师傅的工作习惯和特点，如打铆钉时手的轻重、打的时间长短、打几下等，经过几个月的劳动，学生要进行正式的考工。

我的考工内容是在规定的时间内，两人（以我为主）要完成 AH-2 机身一个框的铆接装配，且经检验合格。我完成了，由工厂给我发了正式的四级铆接装配工的证件。毕业实习结束，6 月底启程返京，记得 7 月 1 日是在上海转回京的车，我在车站还吃了碗阳春面。

回校后同学们即投入紧张的生产，校体育馆已被改造成铆接装配车间，我被分配在机身部件工作，成了一名"北京一号"机身的铆接装配工。

在生产中，我特别重视产品的质量。我们经过三次的下厂实习，学习了不同工种的技术，都是"真刀真枪"地干活，接受了深刻的"军工产品质量第一"的教育。上天的飞机，一定要严格保证产品质量，因此我在铆接装配工作中，特别细心，严格按照工艺规程工作，如每个孔都要注意孔的边距，打的每个铆钉都要合格。大家干劲很足，记得每到晚上11时，食堂大师傅就会送来可口的夜餐，同学们大多是吃完夜餐继续工作，有时则一夜不眠地工作。在近3个月中我与同学们共同努力顺利地完成了"北京一号"机身的装配。

我还记得装配车间有112厂的师傅支援，可我却记不起谁与我配对工作，只记得我曾带过低年级的同学铆接。我对担任总检验师的张汉镔老师印象最深刻，他在车间的时间多，总教育学生要一丝不苟地工作，不致因质量问题出事故，我与张老师思想合拍。我还记得党办的焦定禄同志是装配车间的党支部书记，生产后期焦定禄因工作需要被调走后，我继任了党支部书记，直到毕业。

这些事过去已60年，我对生产中的细节已淡忘，只能写下以上亲历，留下些历史痕迹吧！

2018年9月25日

陈
孝
戴

1936年7月生，1958年10月北航飞机工艺专业毕业。

从研制"北京一号"的实战中学习飞机制造

65年前的1953年，全国高校统考统招，我从大西南的重庆考入了北京航空学院的飞机工艺（现在的飞行器制造）专业。

北航是1952年10月建立的，我们进入校园时，是一大片空旷的土地，有几栋三层楼的学生宿舍和教工住宅，再加上很多工棚。教室、实验室等教学设施正在大规模建设，我们上课也是在工棚里。那时一间学生宿舍是4个上下铺的床，住7个人。

当时学制是五年制。5年来，北航日新月异，我们与学校一起成长。转眼就到了1958年，我们即将毕业了。飞机工艺专业就是学习"造飞机"，我们虽然已经系统地学习了很多基础课、技术基础课、专业课，并且经历了生产实习、课程设计等实践性教学环节的训练，但对怎么造飞机还是心中无底！1958年北航开展教学与科学研究的大辩论，其中给我印象最深的是，毛主席在《中国革命战争的战略问题》中说："读书是学习，使用也是学习，而且是更重要的学习。从战争学习战争——这是我们的主要方法。没有进学校机会的人仍然可以学习战争，就是从战争中学习。革命战争是民众的事，常常不是先学好了再干，而是干起来再学习，干就是学习。"学校党委决定，1958年飞机工艺专业毕业班最后一年的学习就是参与研制"北京一号"。由此开始了

图为当时作者同宿舍的七个人，意气风发地从宿舍走到工棚去上课（左起第二人为本文作者）

我们"从战争学习战争"的全新学习模式。

　　造飞机主要有零件制造和装配两大类工作。零件制造中最有特点、数量也最大的是钣金零件的制造。装配中最有特点、数量也最大的是铆接装配。于是我们被分成两大拨儿，一拨儿先学习当铆工，另一拨先学习当钣金工。我被分配到南昌320厂学习当钣金工。

从大学生变成钣金工

　　飞机的钣金件可分为蒙皮、型材、小钣金（隔框、翼肋等）、落锤件等几类，每一类又按制造的困难程度分成若干级。当时320厂钣金车间实行计件制，难度越高的零件，做完每一件的报酬就越多，单件报酬乘完成的件数就是总报酬，但是如果在制造过程中把零件报废了，你得包赔，所以要有"金刚钻"

图为试飞前夕，我们十个瘦、黑、疲惫又充满自豪的"学生＋钣金工＋技术员"在"北京一号"前的合影（后排右三穿白衬衣的人为本文作者）

的师傅才敢去揽"瓷器活"。车间里每一类零件都有一个大拿的权威师傅，我们是一个人跟一个这样的权威师傅当学徒。我是跟小钣金的宗金水师傅当学徒。跟权威师傅学徒好处是能够学到真本事，不好之处是他们都是拿高难度、高报酬的活儿，做好了报酬高，做报废了赔得也高，学徒就很难上得了手。宗师傅是车间顶级权威之一，以"艺高、胆大、难合作"出名。宗师傅对我要在3个月左右的时间里掌握他的技术、回学校能够挑起完成小钣金件的制造任务，深表怀疑。

南昌的天气非常热，在席子上睡一觉起来，席子上就会留下一个人体的平面投影。我们成长的第一步是上班早来、下班晚走，把工位周围打扫得干干净净。第二步是细心观察师傅的操作，以便能在适当的时候给他递上适当的工具。第三步是给师傅剪了毛边的零件打毛刺。第四步是给师傅成型好的零件、按照他画的线剪毛边。第五步是师傅完成主要成型后，继续完成剩余

图为 50 周年校庆时同宿舍欢聚合影（右二为本文作者）

的成型工作。第六步是这样，一般一批飞机投产例如 15 架，那同样的零件一批就有 15 个。因为我前面五步都认真细致，没有出现过纰漏，又因为师傅艺高人胆大，如果我万一出现了什么纰漏，他有能力补救回来，所以他就在做好 14 个后，让我在他的指导下做第 15 个。这一个做得很好，下一批就从第 10 个由我做。一直到第二个就由我做。第七步是叫我去车间领想学做的零件，回来第一个就教我怎么做。第八步就是我全权代表他去车间领零件、交零件，出问题他负全责。至此我变成了一个得到车间承认的高级钣金工。由此宗师傅完成的工作量和相应的报酬也明显提高，我们师徒也成了好朋友。他常常下班后就带我去喝冰镇绿豆汤，发工资后去喝冰镇啤酒。我们结束学习回学校时，他还特意到景德镇去定制了两个瓷茶杯，送给我做纪念。我问他为什么送两个啊？他说第二个是你师母送给你将来的媳妇的。

从钣金工变成钣金车间技术员

在飞机工厂钣金车间当钣金工，只需要按照工艺规程、用已有的工艺装备（模具等）和设备、靠操作技术做出合格零件。而我们学校里没有钣金车间，我们面临的任务是把"飞机工艺实验室"改造成为"钣金车间"。这就是技术员的活儿。

钣金车间必须有操作工人、模具等工艺装备、机床等设备。我们自己就是操作工人，困难在于需要添置很多必要的工艺装备和机床设备。

在工艺装备方面缺很多东西，例如，做钣金零件一般都需要模具，在飞机工厂一批飞机十几架，每年都要生产十几批，因此同样的零件总共会生产几百个，为这个零件制造一个金属模具花费的成本，分摊到每一个零件上就很少。而"北京一号"就只生产一架，为一个零件制造一个金属模具显然成本太高。我们只好用木质模具来替代金属模具，这样使操作的困难大大增加。类似这样的重大问题，我们解决了很多！

在机床设备方面也缺很多东西，例如，飞机钣金零件大多数都是铝合金的，大多数飞行器用铝合金有一个特点，就是退火状态时塑性好而强度低，淬火状态时强度高而塑性差。所以我们都是在退火状态时成型到要求的形状，然后拿去淬火，得到要求的强度。但是这种薄壁零件淬火时常常引起很大的变形，淬火后都必须人工整修。淬火后由软变硬大约3小时，这段时间叫作"时效期"，也就是说必须在"时效期"内完成整修。所以飞机工厂的钣金车间里都有一个"铝合金的热处理"工段。铝合金热处理需要用硝盐槽加热，而硝盐很容易爆炸，何况还在加热状态。这是一个高危险必须严管理的"专用设备"。所以开始时我们也没有敢自制这个专用设备，而是把退火状态做好的零件，用汽车拉到南苑七机部的工厂热处理，再用汽车拉回学校整修。由于路程很长、路况复杂，常常保证不了"时效期"。最后我们还是下定决心添置了这个高危险的专用设备，由于我们深知它的厉害，所以精心添置、严格管理，始终没有出任何问题。

通过很多这类困难的磨炼，我们成长为经过生产考验的合格的车间技术员。

大战 100 天后，我们保质、保量、保进度地完成了"北京一号"钣金零件的制造任务，保证了"北京一号"的按时试飞。

毕业后，我们各奔东西，大部分都去了祖国各个新建立的飞机制造厂。

毕业 50 周年后的 2008 年校庆，很多校友克服很多困难回到了母校，我们同宿舍的 7 人回来了 5 人。

我们感恩母校的培养，感恩母校的教育改革，觉得特别应与学弟、学妹分享的是以下两点：

1. 除了系统的课堂学习外，还一定要重视实战的学习。"从战争学习战争"——这是我们的主要方法。现在大力提倡创新、创业，要在"创新"的实战中去学习"创新"，在"创业"的实战中去学习"创业"！

2. 在实战中学习，但不是实战就等于学习。在实战中学习与在课堂上学习一样，也有学习态度和学习方法问题。要主动，要思考，要虚心，要进取！

2018 年 7 月

王家林

1932 年 2 月生，1958 年 10 月航发工艺专业毕业。当年参加型号研制工作时的身份：学生。任务："北京一号"飞机机翼接头加工计划任务，编制工艺规程。

给"北京一号"插上翅膀

1953年10月通过全国统一招生考试进入北京航空学院的900余名青年精英，从五湖四海会集北航——"未来航空工程师之家"

分班后，就在校园席地而坐开小班会，大家纷纷畅谈感想、讲理想、立志愿、说希望：

将自己与 1953 年，国家第一个五年计划开始实行、我国开始改变工业落后面貌及为社会主义工业化奠定基础紧密结合起来！立志，以"航空救国""航空报国""服务国家重大战略需求"为己任。

为国家兴衰求学，刻苦攻读五年，国家实行五年计划，我们同步五年攻读！终于迎来 1958 年之光辉时刻！

1958 年，正值"北京一号"（二号、五号）研制任务的实施，且作为北航58 届毕业献礼项目，于是有相当部分应届生直接参加研制项目任务，另一部分应届生到实习基地进行毕业实习、毕业设计，也接受由国家研制计划的任务和完成毕业设计论文。当年 7 月初返回北航，待命！

"北京一号"部分零部件加工任务，交给北航实习工厂，当7月份任务设计图下达给实习工厂工艺室（7月初扩建，增加我等二人）时，见到有部分飞机机翼接头等，在我们"设计、工艺、工人三结合"的讨论会上，大家深感任务之艰巨而繁重

分析：机翼接头关键件设计常采用锻造件，产品技术性能要求高，是承受剪切力、弯曲、拉、压、扭曲、振动往复力的重要受力件；任务急、周期短（几乎没有做二级工具时间），要求在8月中旬前完工交付产品，供组装装配；虽然实习工厂设备简陋，但"我们北航人就有北航精神"！这正是考验技术水平和能力的关键时刻！

"国防科研任务重中之重"，"任务就是命令"，我们责无旁贷，知难而进，勇于担当！我等担当工艺员，在编制工艺规程中，克服工厂设备简陋，没有精密坐标镗床，没有万能铣床，攻克种种难关。工艺规程编制这里，必须重点考虑形状、位置精度，当下，确定利用立式铣床等，精密虎钳及其配件，加上万能通用测量设备：千分表、正弦尺、块规，即采用"万能方法"加工：规定每道工序，工件在设备上进行三检（检验、工艺、工人三检），至成品检验，达到设计图要求。

经大家实干加巧干，顺利完成飞机接头加工计划任务，于8月初提交零部件产品，供"北京一号"组装装配。在组装装配中，进展顺利，确保总安装稳定牢固、蒙皮型面完整、曲线圆滑流畅，完成总装，给"北京一号"插上了翅膀！

"北京一号"（等）上天，让我们共享毕业的喜悦

北航58届同学和老师们共同研制的"北京一号"首飞成功，震惊中国、震惊世界，也郑重宣告我们58届毕业生胜利完成毕业设计研制计划任务。让我们共同尽享人生中最幸福的时刻！

回顾60年前，中国有了首架自行研制的飞机！又经历了一个接着一个奇迹的诞生！大家一起齐心协力、团结奋进，在振兴中华、强国惠民的大道上阔步迈开崭新步伐，这是多么振奋人心！

夏璿若 | 1933 年 11 月生，1956 年 9 月北航飞机工艺专业毕业。

材料员手记

1958 年北航决定自行设计制造飞机，我所在的飞机工艺教研室理所当然地承担了飞机制造的任务，同时 58 届应届毕业生的毕业设计改为参与设计"北京一号"，于是老师们带领应届毕业生一起干。开始，我和教研室其他同事一起参加飞机设计方案讨论、飞机结构工艺性审查等有关工作，不久，教研室就安排我去沈阳飞机制造厂采购飞机生产所需的材料。当年，为了"北京一号"，组织上任何时候安排自己做什么，都百分之百地执行，于是我又成了一名采购员，另一个应届女毕业生李佩玲和我一起工作，我们两个人配合得很好，后来成了好朋友。

为了弄材料，我们先去见了沈飞总工艺师陆颂善，他表示支持，并打了电话给材料库，要他们尽量支援，接着我们就找到了材料库主任，开始了工作。

从学校我们带去了几张材料明细表，分别交给了有色金属库和黑色金属库的负责人，他们一看就皱着眉头说："你们怎么每种材料就要这么一点点？（沈飞大厂材料库的进出都是大批量）直径 1 毫米的弹簧钢丝，我怎么给你们称 2 米的重量？给你们半公斤行不行？"我连忙解释说我们经费少，只有 10 万元，只好精打细算，用多少要多少，麻烦你们了。接着我们分别在有色材料库和黑色材料库一项一项地和他们一起找材料、过秤，最后包装。好在有专列开到材料库门前，直接送上车就行了。

沈飞材料库是为他们的生产服务的，当时他们正在大批量生产歼-6飞机，平时工作很忙，只有在他们有空的时候才能顾及我们的需要。另外，有些规格的材料他们没有，该用什么代替，要由我们说了算。因此，我们只能整天待在材料库。晚上在宿舍整理计划，看看完成了多少。

经常是，当前一份材料清单还没有完成的时候，下一份清单又从学校寄到了，学校为了加快速度，随着设计进行，随时发出材料清单，我们就立即接着去办。有时，同样的材料又要不同的重量，譬如：还是那种直径1毫米的弹簧钢丝，这回的计划要的却是1公斤，我都有些不好意思去要了，心想库里还可能说我们是"毫无计划"呢！只好去了库房先道歉，再要材料，人家看我们也是白天黑夜为公家办事，而且有厂校领导预先的谈判支援协议，也没有怎么为难我们。

有一天我又接到了一份材料清单，并附了一封信，我一看信，不禁吓了一大跳，信中要求我一定要弄到30CrMnSiNiA(30铬锰锡镍)的材料，原因是在设计机翼与机身的对接接头时，计算发生了错误，致使对接螺栓的直径算小了。现在机身机翼的对接接头都已经加工了，如果加大螺栓孔，则孔的边距就不够了，同样强度通不过。唯一的办法是原设计什么都不动，提高对接螺栓的强度就可以了。对接螺栓原用材料为30CrMnSiA（30铬锰锡），要提高它的强度，唯一的可能是改用30CrMnSiNiA。

我很清楚地知道沈飞材料库里根本没有这种材料，在一阵慌乱之后，我理出了有关的几条现状：

● 当时我国是缺Ni（镍）的国家，简单的证明就是市面上见不到任何不锈钢制品。

● 我国要进口1吨镍，需要用8吨对虾去换。

● 沈飞当时生产的歼-6上，有4个零件用30CrMnSiNiA：左右两个主起落架外筒、机翼骨架上左右共两个短梁。它们都是苏联以零件毛坯（锻件）

的形式供应的。沈飞在加工成零件的过程中所产生的切屑，都必须全部收集起，寄还给苏联。

● 江西飞机工厂制造的飞机速度低，设计得早，不会用这种材料，哈飞恐怕也差不多。

● 结论：只能由我们想办法解决。

可是我们的办法在哪里呢？找总工艺师？如果他们的确一个毛坯都不多余，怎么能给我们？或许他们有废品，可切屑都要回收，废品更不会不回收。

有生以来20多年，我第一次失眠了。

为了能入睡，我改想一些别的事。

每次我们带学生下厂实习，都要为学生组织一些讲座，由厂里的先进人物讲他们的事迹。我印象最深的是一个苏联试飞员，40多岁了，由于飞机的问题，他扔掉了飞机跳伞，被迎面风吹瞎了一只眼睛，即使这样，他仍干着这一行。还有一个车工，在将一个实心的圆柱体加工成薄壁圆筒时，自己设计了一种"套料刀"，在圆棒的中心先掏出一个圆柱体，再将外套精加工到设计的尺寸。这时我忽然想起，这个零件不就是主起落架的外筒吗？有救了。

第二天一上班，我就去找那位车间主任，请他给我找4个主起落架外筒被掏出的芯子，该算多少钱请他告诉我。他说"有"，我请求允许我拿着4个芯子，到工厂中心实验室，请实验室化验材料的成分和各自组分，并开出合格证，然后送到材料库，称重计价后，运回了学校。

当我接到通知说材料采购任务已经完成，可以回学校时，我手中的材料单还有20多项没有完成。估计在其他工厂的北航材料员已完成了。

王人骅

1932 年 8 月生，1957 年 7 月北航飞机工艺专业毕业。

我在"北京一号"做的两件事

一、钢筋水泥型架立柱和大梁的研制与实验

为说明这个研制和实验，必须用图形简单介绍一点飞机装配的术语：

图 1：飞机由多个部件组成。

图 2：机翼部件同样由许多元件组成。

图 3：机身部件又由多个元件组成。

在飞机部件装配中，为保证部件本身的准确度和部件之间的协调性，必须在准确度极高的部件型架中进行零件与零件、零件与组合件的连接。

图 4 和图 5 是飞机机身的装配型架。在这个型架中，按次序装配、连接图 3 中的全部元件。

图 6 是飞机机翼的装配型架。在这个型架中，按次序装配、连接图 2 中的全部元件。

飞机机身和飞机机翼中的元件，不仅仅是零件，还有许多是装配件，即已经提前装配好的装配件进入机身、机翼部件装配。

图 7 是机翼壁板装配型架，在这个壁板装配型架中，预先把部分机翼蒙

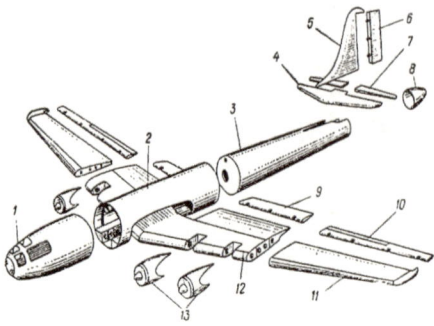

图 1

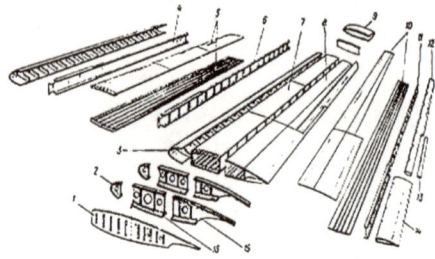

图 2

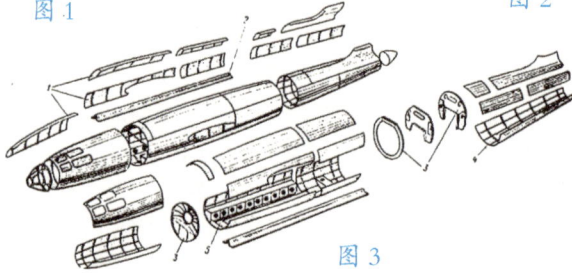

图 3

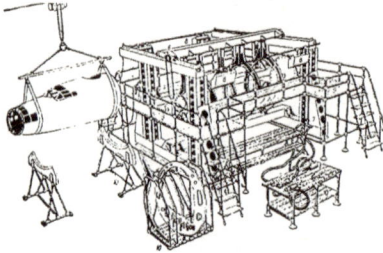

图 4

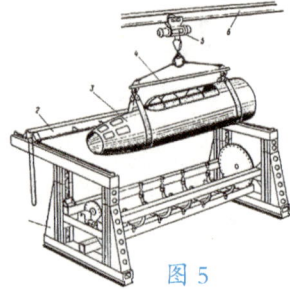

图 5

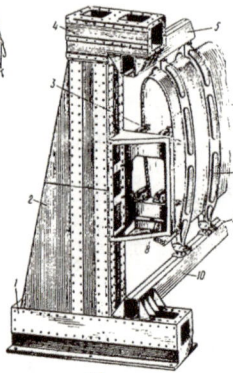

图 6

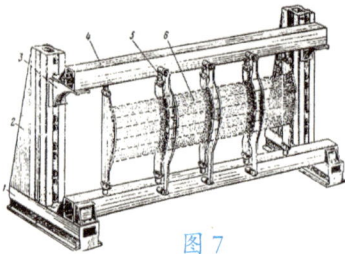

图 7

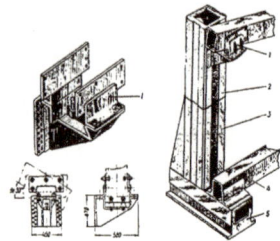

图 8

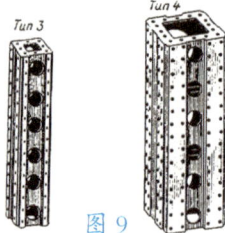

图 9

皮和机翼骨架，如异型长桁组装、连接完毕，然后进入机翼的装配。

所有这些型架都必须有坚固的骨架承载着型架本身的许多零部件及飞机部件的重量，型架骨架主要是两侧的立柱和纵向的上、下。立柱和地基相连。根据飞机和飞机部件的尺寸大小不同，立柱和上下梁的长度和截面积不等，其形状、尺寸和使用情况参见于图4～9。当年苏联和中国飞机制造厂的部件装配车间都使用这种结构的装配型架，而且型架上的骨架和其他构件都是不同尺寸的、大量的、可重复使用的标准件。

在学校有限的条件下制造飞机，显然不能采用这种结构，必须自己想办法另辟蹊径。

在"北京一号"中，我的第一项任务就是参与生产准备工作。生产准备工作就是在生产飞机之前，先要完成的设计、制造技术工作，装配型架设计与制造就是生产准备的重要工作之一。

我们的设想是研制钢筋水泥型架支柱和大梁。最后下决心自己研制水泥标准块。我们先向哈尔滨飞机制造厂购买立柱和大梁图纸做参考，学习水泥和钢筋水泥的专业文献资料，根据"北京一号"设计资料中的部件重量和装配型架本身结构的重量，设计计算钢筋水泥立柱的横断面面积、尺寸大小和长宽比例，在此基础上，设计钢筋水泥立柱和大梁图纸。

学校有明确的教育方针，飞机工艺教研室的教师和本专业的58届学生，以"北京一号"的研制作为"真刀真枪"的毕业设计，所以上述一切，都是我和我带的学生们一起完成。

设计之后开始制造立柱和大梁，各道工序都是自己亲手完成，从钢筋加工、水泥浇注到制成成品，在我校静、动力实验室做立柱等抗压试验和刚度测试等工作。实验证明：设计、制造的钢筋水泥标准块满足了装配型架设计的技术要求，可以替代钢铁标准块作为装配型架骨架元件使用。所制成型架完成了"北京一号"各个部件的装配。

图10是在我校静、动力实验室对钢筋水泥装配型架立柱做抗压刚度测试。

图 10（左：58 届学生吴宝鑫；右：指导教师，即本文作者）

二、厂校合作的协调人

我在"北京一号"做的第二件事，是做厂校合作的协调人。

"北京一号"试制品生产受到中央领导的重视，也得到一些航空工厂的支持与帮助。可以说，"北京一号"是大协作的产物。我经历和参与过的工作是：钣金零件在加工过程中，需要热处理和表面处理，可是我校实习工厂的铝合金热处理槽和表面处理槽尺寸小，只能用于教学实验，不能满足"北京一号"上的大尺寸铝合金件处理，为此必须寻找协作方。而飞机工厂都在外地，无法实现零件处理后在规定的时间内完成矫正加工。所以我只好向本市南苑东高地"首都机械厂"（归属第七机械工业部）求援。当时我校马文副院长带着我找该厂领导谈支援一事，得到厂方大力支持。

问题是，首都机械厂是航天厂，对进入该厂的生产区人员政审严格，即使通过了航空工厂的政审条件，也不能进入该厂的生产区，仍须经航天工厂政审合格，才能进入该厂生产区。当时我作为"驻厂代表"，每日接送从学校运来的钣金件，到该厂生产区内相关的车间处理。由于我没有进生产区的有效证件，于是要想特殊办法。当年北航六系的有关师生办理了进入生产区、车间的有效证件，并在该厂实习，我和他们取得了联系，说明了情况，并请求予以帮助，他们知道是学校的型号生产，热情答应。我每天接学校用汽车运来的加工件到厂区门口，从厂区门口搬到生产区门口，在门口交给火箭系的教师转送到车间（我办有进厂区的证，没有盖进生产区的章）。加工处理后的零件，六系教师到车间领取后送至生产区门口，再由我接后送出厂区，搬上学校的汽车运回学校。这个工作一直延续到钣金车间制造出热处理的装置。

耿文章

1936 年 2 月生，1956 年 7 月哈尔滨航专毕业，1966 年北航航空电气设备专业毕业。执行"北京一号"任务时，是飞机结构强度实验主管之一、技术员。

忠孝两难全

——一件难以忘怀的往事

新研制的各种型号的飞行器（飞机、导弹、卫星、飞船……）在试飞前必须经过全机的静、动力实验，合格后才能允许飞行，"北京一号"也不例外。

强度试验室的设备比较简单，数量有限，要承担一项全机强度试验任务是极其困难的。1958 年，为了完成"北京一号"大干 100 天的"航空梦"，我们必须克服各种困难，在飞行前去解决实验中遇到的各种难题和障碍。为了模拟各种飞行状态（如 A、A'、B、C……），如何把飞行器在空中所承受的各种分布载荷转化为集中载荷，并在实验中实现，需要组装出多台液压加载设备，这个艰巨的任务就由我带领部分学生完成。在昼夜加班加点埋头苦干工作的期间，我突然接到家中的一封加急电报，告知母亲病危。当时的型号总指挥王敬明副院长看了我的电报后说：你是一名共产党员，在此关键时刻，你考虑一下，你能离开此岗位吗？我难过了许久，慢慢地把眼泪吞下去，默默地回到实验室。没过多久我又接到了一封电报，说母亲病逝了。我是独生子，没有见到母亲最后一面，极为悲痛，我大哭了一场，后又默默去工作了。为了党的事业和保证"北京一号"十一国庆节顺利飞向蓝天，我克服了各种困难，圆满地完成了"北京一号"的全部强度试验任务。

冯厚植

1931 年 9 月生，1956 年 4 月北航飞机工艺专业毕业。

实践出真知

1958 年，是北航建院 6 年来不寻常的一年。那一年在党和国家大政方针指引下，学校以三个型号为主，力求把教学和生产劳动、科学研究紧密结合起来，以提高人才培养质量。全体师生员工热情澎湃，齐心协力，不分日夜，大干苦干，终于在年内完成了三个型号的研制，使"北京一号"轻型旅客机、"北京二号"高空探测火箭、"北京五号"无人驾驶控制系统试飞成功（由于保密原因，只有"北京一号"做了公开报道）。这在当年是震动全国的大事，也是下面我想说的小故事的背景。

当时的"北京一号"飞机，是学校先设立了生产指挥部，负责建立组织，拟定周期进度表、培训工人、进行工艺审查、确定工艺方案、筹建车间等事项。其间在筹建车间时，我被任命为钣金车间主任。那时我刚毕业不足两年，一直在实验室工作。虽然在学生时期下过两次工厂进行实习，但多是定点劳动做些辅助工作，或参观实习。如何筹建学校钣金车间，心中无底，不知该如何下手。所幸在此之前，指挥部已派出一部分师生到工厂培训，以备回校后充当钣金工和工艺人员。他们以饱满的热情，十足的干劲，在不到三个月的时间内，达到了三级、四级钣金工的水平，熟悉了生产流程和组织结构，加上在校学习过的相关理论，能更好担当起工艺性审查和制造的任务。正是这个队伍的建立，使学校内钣金车间的生产任务能保质保量地顺利完成。在这些工作中，有一项任务是较独特的，那就是在工厂中本不属于钣金车间的热处理用的硝盐炉的设计制造和使用。

学校内的工厂有热处理车间，但没有处理铝合金的硝盐炉，整个北京市也只有一个属于国防部门的工厂有这个设备，地处南苑，离校甚远。最初想把成型好的零件用汽车拉到那里，在处理完后拉回学校，校形修正，但试了后认为不行，原因是铝合金不同于碳钢，热处理淬火后，立即变硬定型，而铝合金淬火后整个时效期，淬火后不立即变硬，且因薄板铝合金件淬火后变形大，需在两小时内校形修正，否则不易复原。而由北航去南苑，汽车大致需一小时，加上处理后搬运装车，两小时时效期快到了，再强行校正，效果不佳，且拖延零件生产周期，难以保质保量。最后决定组织突击队，承担硝盐炉的设计、制造和开炉的全过程工作。

硝盐槽安置地址就选在作为钣金车间的原实验室的一个小库房内，可以容纳下一个长宽高为1500×800×1200厘米的小型硝盐槽，可以解决绝大多数本飞机钣金件的热处理问题，也方便零件的往复递送交接。设计和制造完全由突击队负责，我也没有做太多干预，他们结合学校能提供的材料状况及学校其他具体状况，参考工厂用硝盐槽的图纸资料，做了不少改变，用两周的时间完成了设计、制造和安装工作。此时，我因从未接触过此项工作，专门找了一些有关开炉的资料学习，学习中发现了一个问题：有资料介绍，开炉时加入硝盐时水量不能超过0.5%（或者5%，记不清了），否则会发生爆炸，因此应该先把硝盐烘干。但我们购入的硝盐含水量很大，仅凭人的手感，也是大大超标的。拿到有烘干设备的工厂去烘干，他们说需一至两星期才能交货，而我们却等不起。

当时我脑海中对爆炸这个概念，只有从小说或电影中看到的炸碉堡、炸军火库及地雷战的场景，还有就是放鞭炮时的连环炸响。重则毁物伤人，轻则人身局部受伤。对于硝盐槽开炉时发生的爆炸是什么样子，会有多严重，心中无底。万一发生如炸药爆炸那样的事故，会造成房毁人亡，且对生产进度影响也不仅仅是一两周的时间，问题要严重得多。因此，我请教了不少校内从事热处理的专家，他们对于铝合金为什么要用高温硝酸盐加热后淬火，以及淬火后时效期的问题比我要了解的那点知识更深更细，但也都没有参与过硝盐槽开炉的实际操作，对不烘干就开炉和我同样担心，也说不清一旦发生爆炸的后果有多严重。正好这时指挥部为我们请来了一位在南苑那家工厂从事硝盐槽操作的经验丰富的老工人，帮助和指导硝盐炉的开炉工作，我和他做了一次长谈，告诉他我的担心，以及敢不敢和能不能把含水量超标的硝盐直接投入炉中，他笑着回答说问题不大，大可放心。我把他的回答简略概括如下，虽不是他的原话，但意思差不了多少。

他说：关于硝盐含水超标爆炸的问题我先打个比喻，你大概也见过家里做饭炒菜，锅里油热了，把含水的菜倒入油锅，会发出嗞啦嗞啦的响声，那就是在油温不太高的情况下，水蒸气急速蒸发而发出的声音。只是油锅加热，温度再高一些，加入一两点水，水会因骤热形成气泡，带着油冲出油面，水泡因压力减低爆破，发出噼啪的声音，带油溅出锅外。要是水再多一些，油温也更高些，因水多油热，会发出更大且连续的爆裂声，油向四处飞溅，不小心会伤及皮肤和眼睛。硝盐槽内硝盐含水量超标的爆炸，大体类似这样的爆炸，不会像炸药那样出现重大事故。不过由于溶化了的硝盐，温度较高，需达到400多摄氏度近500摄氏度，而在使用过程中，硝盐会耗损，需补充加入，这时如果不降低温度，且将超出技术规范的硝盐成块投入，由于硝盐槽容积很大，大到可溶解数吨硝盐，其向外飞溅的程度会很大，是有可能伤人毁物的。因为我们一般都在操作时严格执行技术规范，这种情况还没发生过，所以话也不能说得太绝，还需结合实际情况认真对待。

第二个问题是能不能直接将购入的硝盐置放于硝盐槽中开炉，省掉烘干工序。当然，用技术标准规定的硝盐入炉最安全省事。但现在时间不等人，我的想法是，现在这个做好了的硝盐槽是个还没有硝盐溶液的空容器，在低温加热时就等于是个烘干箱，咱们可以在空槽状态下，打开温度控制器，预热烘箱，使它内部温度趋于均匀，同时再把含水的硝盐打碎，以利盐中水分的蒸发，此后再把硝盐置入槽中，铺洒均匀，先少放，后增多，待下层熔化将至表层，再加硝盐，结合在炉内手工搅拌，配合间断的炉温升降，以利硝盐中水分尽量快地平稳蒸发，如此分层多次反复，直至硝盐全部溶化。这样反复不间断地操作，都是为了避免水分因遇骤热而出现的爆炸危险。因此估计出不了什么大事故，到时我会和老师同学们一起去完成这个工作。

老师傅的一席话使我茅塞顿开，心中一块石头落了地，下了照此办理的决心。此后，我们用了3天时间，其中连续工作了42小时，顺利地完成了开炉工作。这件事对我的思想触动很大，使"群众是真正的英雄"这个观点深入我脑中。工人们大多主要从事体力劳动，但在劳动中很注意自身注意力、观察力、思维力的提高，善于通过联想、类比等思维方法，联系其他事物，探求问题原因，发现其规律和发生问题的关键所在，抓住主要矛盾，使问题得到解决。这也使我对认识来源于实践有了更深刻的体会。在以后的工作中，遇到问题和难题，我习惯于向别人请教，和他们讨论，或者从中找到办法，或者由此触发自己的灵感，大多获益良多，同时也逐步开始重视对学生思维能力和思维方法的培养训练，通过任务紧密联系实际，提升创造能力的养成。由于主客观原因方面多种因素的限制，在这方面虽小有成果，但不足之处仍然多多。

"北京一号"的生产，于今已是60年前的历史。此文既是回忆怀旧，也是为激励自己继续坚持信念。因为在我看来，它是北航解放思想、勇敢地迎接教育改革而率先走出的第一步，是值得纪念的！

2018 年 7 月 5 日

赵敬世

1931 年 7 月生，1957 年 7 月北航金相热处理专业毕业。

形势逼人，创造条件也要上！

——记"北京一号"零件热处理生产中的故事

1958 年 5 月，中国共产党八大二次会议召开，会议根据毛主席提议，通过了"鼓足干劲，力争上游，多快好省地建设社会主义"的总路线。会后，北京航空学院于 6 月 29 日召开"北航一号""十一"上天誓师大会，提出"大干 100 天要把飞机送上天"的豪言壮语，为此成立了以王敬明同志为首的"北京一号"（原来的"北航一号"）生产指挥部。根据要求我们航空材料系金属材料与热处理教研室负责飞机零件的热处理生产任务。当时我是教研室该专业研究生之一，又曾受过苏联专家的毕业设计指导，所以领导就任命我为热处理生产方面的负责人。面对制造飞机，实事求是地讲，开始时我脑子里没有思想准备，顾虑很多，因为我到过航空工厂实习，当时的航空工厂虽然不够先进，但与我们的实验室设备相比，我们的设备大部分像玩具模样：形状差不多，规格却太小，大电炉的功率也只有 15 千瓦，小的箱式电炉只是加热实验棒的。至于技术人员和工人更谈不上了，我们当中真正有点热处理经验的人很少，只有少数师生到过工厂实习热处理工艺和操作，且时间也不长。但当时形势下，任务下来了，形势逼人，没有条件，创造条件也要上。后来听说发动机是引进的，不用生产，具体任务下来后信心就足了一点。当时分给我们的任务是负责钢铁零件的热处理与检验，还有就是铝合金和镁合金的锻件和铸件的热处理。而飞机的铝合金钣金件则由当时的飞机系工艺车间负责热处理，我们教研室的樊天正老师协助其设计一台硝盐槽。

生产工作开始之前，学校还从航空工厂借来了部分热处理工艺卡等，这应该是厂校合作的好现象。

系楼（现在的 4 号楼）101 号房间从热处理实验室改为热处理车间的主体，100 号房间的渗碳炉也兼职为轻合金锻铸件的热处理炉。金相室、硬度计室和仪表室也把相应的工作承担起来。参加生产的人员也颇为壮观，除了我们教研室和实验室的教师和实验员外，还有从航空经济系高年级学生中调过来充当调度员的。记得还从一个工厂（不是航空工厂）借来一位师傅，指导学生热处理工艺操作。那时 4 号楼夜间灯火通明，师生挑灯夜战。楼内的 101 房间门口设有调度台，对零件任务进行分配。在当时条件下大家干劲十足，三班倒，人随零件走；副院长王大昌亲自抓后勤，晚上有夜宵，随便吃，宣传活动热烈紧张，"插红旗""拔白旗"时常让大家处于兴奋状态。我们更多时间还是想办法解决生产中遇到的难题。例如，飞机上有一些细长的杆状或管状的零件要淬火，电炉实在放不进去，怎么办？最后还是用土法解决它：依靠在电炉外通电加热，30CrMnSi（Ni）结构钢零件装上电极，多次试验后根据零件颜色就能判断其温度是否达到工艺要求了，然后油淬，当然就合格了。铝镁合金锻铸件的淬火温度在 500℃以下，退火温度更低，而渗碳炉适宜的加热温度为 900℃，温度低时很难精确控制，但炉子有风扇，可使炉温更均匀些，这又是它的优点，有利于铝镁合金的热处理，这个难题最后通过更改控温仪表量程也解决了。比较棘手的问题是：工艺规程规定零件重新热处理不能超过一定次数的，如果检验员几次打硬度 HRC 还不合格，则零件必须报废，这种情况也时有发生，因此常常为零件热处理是否合格而发生争论，当时因为要赶任务，时间紧，往往就要我拍板决定了。上天的东西，一定要确保质量，做出是否合格的决定，自己就要付出辛苦承担责任。记得当时工厂里流传着一个口号，叫"蚂蚁啃骨头"，意思是用小设备生产大零件，很像我们当时的样子。

1958 年 9 月"北京一号"试飞成功，而且从北京飞到上海又飞回来。当我听到这个好消息时，心潮澎湃！正是依靠大家的努力和科学相结合，100 个日日夜夜苦干加巧干，终于保质保量完成了数以千计热处理零件的任务。关于钣金件热处理的硝盐槽还可以再说几句：这台设备到 20 世纪 60 年代北航工厂建立热处理车间时，我们曾把它送到相应工厂进行清理后运回学校仍然工作了许多年，足以说明其质量很不错。现在回过头来看，在那个年代，尤其是后期，确实有粗糙蛮干的地方。但是，结合当时的国际国内情况，举国上下为了摆脱一穷二白的面貌，发展自己的航空工业，大家的奋斗精神是应当充分肯定的。今天我们已经走进了社会主义新时代，更需要这种敢为人先的创新奋斗精神，去实现中华民族伟大复兴的中国梦！

潘国定

1915年5月生，飞行专家，中航一等一级飞行员。1956年成功开辟"成都—拉萨"航线。"北京一号"试飞员。

一次试飞工作的回忆

——忆参加"北京一号"试飞工作过程中碰到的技术问题

北京的秋天是美丽的，蔚蓝色的天空，天高云淡，碧空万里，正是飞行员们最喜欢的季节。就在1958年的秋天，我们经历了一次愉快而有意义的试飞实践。

接受试飞任务

1958年8月间，我和王来泉同志接受了试飞"北京一号"的任务，心情非常激动。我从1935年开始飞行，二十几年来，所飞的都是外国制造的飞机，而这一次，却要试飞我们自己设计制造的飞机，怎么能不感到高兴！

"北京一号"飞机，是由北京航空学院师生在许多有关方面的大力支持和协作下设计并创造出来的。它的诞生，是教育与生产劳动相结合的成果。因此，我们感到试飞的任务很艰巨，也很光荣。我们下定决心，试飞只能成功，不能失败！

正是抱着这样又高兴又担心的心情，我们在8月底就到北京航空学院进行试飞前的准备工作。

我们到北航的时候，"北京一号"总装配工作还没有结束。但是它已经进行过风洞的吹风试验和全机的静力试验。在二十几天的时间里，我们一方面请设计人员详细地介绍飞机的性能和结构特点，另一方面我们整天坐在飞机的座舱里，熟悉舱里的仪表布置和各种系统的操纵。

这些日子对我们来说是一个紧张的学习过程。我们不但要把新飞机的许多技术特点弄懂，而且还要背下大量的数据，例如，飞机的起飞着陆、爬升、巡航、下降速度、发动机各种不同的使用数据等。在座舱里，不仅要弄清各种开关、手柄的用途，而且还要把它们摸熟，做到闭着眼睛也能找出来。

经过一段时间的了解和熟悉，我们大致对飞机有了比较深刻的印象，但是真正的认识，还需要经过上天的实际飞行。

9月中旬，制造完工的"北京一号"被送到北京东郊的首都机场，准备进行试飞。

起飞前的挫折

试飞的日子一天天地接近了。"北京一号"在首都机场上完成了最后装配测试的工作。

这一天，飞机上的各种设备、系统都经过了一系列的检查，飞机上的两台发动机也经过了运转试车，一切都很正常。大家兴高采烈，准备第二天进行新飞机的初次升空试飞。

"北京一号"是一架外形美观的飞机。它有着闪闪发光的银白色全金属结构，细长的前三点式起落架托着下单翼的流线型机体，给人以轻盈矫健的印象。这架飞机的全长为12.4米，翼展16.3米，起落架比较长，因此使全机高达4.6米。

当一切检查工作都进行完毕以后，大家围坐在一起休息。有人领头唱起了革命歌曲，豪迈的歌声飞扬在机场的上空。

突然，"轰"的一响打断了歌声，大家急忙朝飞机望去，只见飞机上能收放的起落架左轮不知为什么忽然自动向前收了起来，飞机失去了平衡，向左侧倾倒下去，左机翼和装在机翼上的左发动机触地，刚才的响声，就是机翼和发动机触地时发出的声音。

这下可把大家急坏了。第二天就要试飞，要是飞机砸坏了可怎么办？大家过去仔细检查了一下触地的情况。发动机和螺旋桨幸好没有损伤。这架飞机选用的是一种星形气冷活塞式发动机，使用两叶螺旋桨，当机翼触地的时候，这两叶螺旋桨正好是处在水平的位置，因此桨叶没有和地面相撞，机翼受了一些影响。左翼尖触地以后，左翼上表面的铝质蒙皮，有的地方已经看得出有些压皱了。但是总的来说，飞机受伤并不重。

于是大家一起动手，小心翼翼地把受伤的左翼轻轻地托了起来，重新把起落架的左轮放下，使飞机恢复平衡。当飞机扶起来以后，仔细做了一次检查，却看到原来被压皱了的左翼上表面的蒙皮，由于翼尖已经离开地面，去掉了压力，居然自动展平，恢复了原状。这真是大出我的意料。这说明这架飞机的结构是相当结实的，有足够的强度，因此也增强了我们试飞的信心。

修理飞机的战斗立即开始了。为了保证"北京一号"在国庆节以前上天，作为向党的献礼，大家决心不改变原定计划，明天仍然要进行试飞。

那天晚上，维修飞机的同志干了一个通宵。不到24小时，终于把飞机全部修复，只等待试飞了。

这一次事故的原因，据后来的分析，是起落架放下后的锁紧装置设计上有缺点，没能保证起落架放下以后可靠地锁紧，因此起落架放下后又自动地收了回去。

空中的一场虚惊

"北京一号"的试飞工作大致可以分成两个阶段。第一阶段的中心任务是要把停在地面上的新飞机送上天去。只要飞机上了天，就可以对飞机进行初步的考察，并且把飞行中出现的故障排除掉。因此在第一阶段只要求试飞员能把新飞机安全地送上天去，做一段平稳的飞行，然后顺利地着陆，并不要求做很多复杂的飞行动作。至于对飞机进行各种使用条件下的全面考察，那就是第二阶段试飞的任务了。

当时按照我们的计划，第一阶段的试飞任务要在 9 月 24 日以前完成，以便迎接试飞典礼。第二阶段的试飞任务，则安排在试飞典礼和国庆节以后用比较长的时间来完成。

就在发生"起落架事故"的第二天，开始了第一阶段的试飞工作。

"北京一号"被拖到机场的停机坪上。当时摆在大家面前的问题是它到底能不能上天？上了天，飞得平稳不平稳？在天上听不听飞行员的操纵？飞机上的动力装置、仪表、无线电及其他各种设备会不会出现什么问题？一连串的问号，都要求试飞员通过亲身的实践来解答。

试飞是在小心谨慎的情况下开始的。一开始，不是马上让飞机飞起来。我和王来泉同志先驾驶着飞机在机场跑道上用各种速度进行地面滑行，检查飞行的刹车、拐弯，看看飞机各部分工作是否平稳；同时再一次进行了全面的机械检查。一切情况良好。接着就要进行第一次起飞试验了。这时候，机场上的人都紧张起来，首都机场的调度员已经停止了机场上其他飞机的飞行活动，并检查了跑道和其他地面设备。指挥车、救护车、消防车都开到跑道的尽头，停在跑道的左侧，准备指挥飞机和在发生事故的时候进行紧急抢救。

机场的地面指挥员用无线电通知"北京一号"可以滑进跑道准备起飞。我们把飞机慢慢地滑进跑道，把机头对正跑道的方向，并再做了一次发动机试车和驾驶舱检查，然后向指挥员报告一切正常并请求起飞，指挥员通知我们当时的风向、风速、气压、气温，并同意起飞。

我松开了刹车，把两台发动机的油门操纵柄柔和地推到起飞位置。飞机加速得非常迅速。由于"北京一号"是前三点起落架装置，所以给飞行员提供了优良的视野，同时飞机直线滑跑的性能也很好。不一会儿，飞机平稳地离开了地面转入爬升状态，我和王来泉同志互相看了一眼，都露出了欣慰的笑容：第一关已经顺利地闯过了。

随着飞机高度的增加，我们突然感觉到飞机产生了抖动，我先观察了两台发动机，发动机转动正常并发出平稳的声音，因此证明并不是发动机抖动，我再察看了发动机仪表，发现两台发动机的滑油温度同时逐步上升，85℃，90℃，95℃，100℃，105℃，已经超过了安全的范围（正常的滑油温度为75℃）。我知道是发动机过热，便立即降低了发动机的功率，使发热降低，同时把飞机改为平飞状态，增加飞行速度，使发动机得到更好的冷却，因为这台发动机是星形气冷式的活塞发动机，加大飞行速度，迎面风速增加，可以改善发动机的冷却情况。

就在这时，王来泉同志忽然喊起来："客舱里冒烟了！"只见一股浓烟已经由后面的客舱冒进驾驶舱里来。王来泉同志马上离座，拿了手提灭火器就到客舱去灭火。一股股的浓烟使我连仪表都看不清楚了。我赶快把舷窗打开，使浓烟从舷窗排到舱外去，这才能看清前方，继续维持飞行。同时我把所发生的情况立即通知地面指挥员，并请求紧急降落，要求救护车和消防车做好准备。

王来泉同志回到驾驶舱里来对我说："客舱里只有烟，没有火！"

我说："再看看，有火就灭！"

我把飞机转入最小的起落航线，争取时间尽快着陆，并且使发动机的功率进一步降低。于是飞机由150米的高度急速下降，安全地进入了跑道。我立即关闭了飞机上的磁电机油路开关和电瓶开关，防止飞机触地时发生事故、引起火灾。

飞机刚刚停住，地面的人员、车辆就蜂拥而至。这时飞机内的浓烟已经逐渐消散，幸未发生火灾，大家这才把一颗悬着的心放了下来。

经过详细检查，发现飞机产生抖动的原因是升降舵调整片的螺丝松脱，使得调整片在空中抖动，而调整片的抖动又引起了升降舵和机尾抖动。找到故障的原因，维修的同志拧紧了螺丝并加强了水平安定面的装置以后，飞机在空中抖动的故障就被排除了。冒烟的原因是由于滑油温度过高，滑油受热膨胀后由油箱外溢，滴到排气管上受热冒烟，结果浓烟从操纵钢索通过机身到副翼的小洞冒进客舱里来。而滑油温度过高，是滑油散热器的面积太小引起的。当时就更换了一个大面积的滑油散热器，这样，滑油温度过高的故障也得到了排除。

第一阶段的试飞，就是这样一面飞行、一面排除故障。在试飞中出现这样那样的故障，可以说是很难免的。因为在飞机设计和制造的时候，虽然根据了前人的经验进行过分析、计算，甚至很多问题进行过专门的实验，但是这些计算、实验都是在一定的"假设"条件下进行的，都是把复杂的客观实际加以必要的简化，再加上制造过程中一些难以避免的误差，就造成了飞机设计者的"设想"和真飞机造出以后"实际情况"的差异。有些差异就可能在飞行中产生某些故障，因此，我们可以在飞机设计和制造过程中要求人们的认识尽量符合客观实际，但是认识是否正确，还要通过"试飞"这个实践过程来验证，使认识得到进一步的提高，以便进一步修改和完善原来的设计。

通过第一阶段试飞的考验，大家怀着紧张兴奋的心情迎接试飞典礼的到来。

在试飞典礼上

9月24日，是举行"北京一号"命名起飞典礼的日子。

命名起飞典礼在北京东郊的首都机场举行。我们本想利用典礼之前的一点时间，在早上7点钟的时候再飞一次，但是来不及了。这天清晨，天刚刚亮，北京航空学院的一千多名师生就来到了机场，他们载歌载舞，怀着欢乐激动的心情等待着起飞时刻的到来。赶来参观试飞的还有许多机关、学校的代表和师生。在首都机场平坦宽阔的平行滑行道旁，一共聚集了三千多名参观的群众。

这一天，"北京一号"被更加精心地打扮起来："北京-1"几个紫红色大字被漆在银白色的机头和机翼下，像一道紫红色的闪电掠向机尾，使这只新生的银鹰显得更加矫健美丽。在金黄色的朝阳照耀下，它的银色机身和机翼都在闪闪发光。

我和王来泉同志驾驶着飞机从机库徐徐滑到参观人群的旁边，停在停机坪上。

九点二十分，命名起飞典礼在一片军乐声中开始了。北京航空学院的负责同志向参加典礼的群众介绍了"北京一号"飞机的设计制造过程及飞机的一般情况。

国务院第二办公室主任林枫、教育部部长杨秀峰、空军司令员刘亚楼等有关方面的领导同志参加了这次命名起飞典礼。杨秀峰部长和刘亚楼司令员还先后在会上讲了话。

九点五十分，我和王来泉同志登机进入驾驶舱。在热烈的掌声中，林枫主任为即将起飞的"北京一号"剪了彩。

在机场上一片锣鼓声和歌声中，我们启动了发动机，驾驶飞机滑入跑道，经过二三十秒钟的滑跑，飞机轻盈地昂首离地，升向淡蓝色的天空。飞机的起落架虽然在不久前曾经出过故障，但是经过修理以后，这一次收得很利落。我心里感到十分兴奋。于是，我们就按照原定计划驾驶飞机继续爬高。

飞到天空之后，一切都很正常。我们绕着机场飞了一圈，可以看见地面上挥手欢腾的人群。我们对这架飞机具有了充分的信心，就决心做一次高速低空掠地飞行。我们让飞机保持相当高的速度，以离地10米左右的高度掠过主席台的前方。当低空通过的时候，我瞥了一眼速度表，指针正指在每小时270公里的数值上。

我们在机场上空做了20分钟的飞行，然后慢慢地放下了起落架，对准跑道安全着陆。飞机慢慢滑到人群前面停了下来。发动机的螺旋桨还没有停止转动，欢呼着的人群就向飞机拥了过来。我们走下机舱以后，周围群众都关心地问我们对这次试飞的印象和飞机的性能。我们当即向大家报告了试飞的结果："北京一号"性能良好。许多为这架飞机诞生而艰苦劳动的人们，听到这句话时，那种高兴和兴奋的表情，到现在还令人难忘。飞行结束以后，首长和来宾们还登机参观了"北京一号"的内部布置和各种设备。

试飞继续进行

在试飞典礼以后，我们又开始了"北京一号"的第二阶段试飞工作。

第二阶段的试飞任务，是要在各种使用条件下对飞机进行全面考察，因此这一阶段的工作比较多，在地面和空中都要进行许多测量工作。例如，要测量出飞机在不同高度上的最大平飞速度、爬升速度、升限、航程、耗油量、操纵性能、失速性能、起飞着陆性能等。

在进行这些试飞项目中，也还会出现一些新的故障，发现一些新的问题。

记得有一次在进行飞机的单发性能试验中，就几乎发生了一个事故。所谓单发性能试验，就是假定飞机的两台发动机中有一台损坏了，只剩下一台发动机，看飞机是否还能继续保持飞行，它的飞行性能怎么样。

这一次，飞机起飞爬升到 1500 米的高度，改为平飞状态。这时，我逐渐加大油门，使发动机的功率增加到额定数值（220 马力）。发动机功率增加，飞机的速度也随之加快。这次试飞的目的是要看一看当右发动机"损坏"时，飞机性能怎么样。于是，我就把右发动机的油门拉回（关小），再把螺旋桨的变距手柄拉回（大距），这样使失掉马力的发动机的螺旋桨阻力减小。但是这时右螺旋桨变距并没有起作用，给飞机前进造成很大的右面阻力，飞机急剧向右偏转。我使用了全左舵和副翼才能勉强保持飞机直线飞行。我感觉到这样飞下去不行，于是又把右发动机的油门手柄向前推，希望恢复右发动机的功率，做正常飞行。但是，这时螺旋桨变距机构已经不能控制桨距，稍加油门，转速就达到 2800 多转，造成螺旋桨飞转故障，无法恢复双发动机的正常飞行。螺旋桨在小距位置疯转，使飞机阻力大为增加，要保持飞行速度就必须下滑。于是我们的飞机高度迅速往下掉，1500 米，1200 米，900 米……急剧下降。我们不得已只好将飞机转入起落航线，向地面指挥员请求紧急降落。

在降落的时候，由于飞机阻力大，高度低，一台发动机的功率不够用，我们不能在正常的高度把起落架放下，因为如果放下起落架，阻力再增加，飞机就可能飞不到机场着陆。我只能耐心地等待飞机对准了跑道，判断当时高度已经足够进入跑道着陆，才将放下起落架的开关打开，开始慢慢地放下起落架。

飞机高度越来越低，跑道越来越近，但是起落架下放的速度也越来越慢。这个耐心等待的时刻真有一秒如十年的感觉！如果起落架还没有放好，飞机碰到跑道，后果就可能非常严重。最后，两个主轮的放下指示绿灯终于亮了，但前轮还未完全放下，飞机已经进入跑道，我们只能来做一次没有前轮的故障着陆。可是，当我拉起机头，两个主轮刚刚触地，前轮放下指示绿灯突然大放光明。"北京一号"又安全地滑回到停机坪去了！

这一次单发故障表明，像我们采用的这样不能顺桨的发动机，同时使用离心配重机械变大距的变距机构，对于单发飞行的安全是不利的。要保证双发动机的安全，最好采用有顺桨的油压或电动变距机构的发动机。因为在顺桨的情况下，不会过多地增加飞机的迎面阻力，对单发安全飞行是有利的。

上面这些试飞项目，都是以同一个机场为基地来进行的，称为"本场飞行"。在本场飞行的科目都进行完了以后，证明"北京一号"的结构强度很好，各种仪表、无线电等特种设备的工作都是正常的。

北京航空学院的师生希望"北京一号"能够飞到学校上空让大家看一看。北京近郊上空本来是禁止飞机通过的，但是这一次经过有关方面特别批准，我们驾驶着飞机飞临北航校园上空，散发了一些传单，并且表演了收放起落架、大转弯、小转弯等项目，满足了北航师生的心愿。

本场试飞以后，为了在长途飞行中对飞机做进一步的考验，"北京一号"又进行了一次航线试飞。

往返北京上海之间

这一次航线飞行，我们选的是从北京到上海，单程 1250 公里，中途在济南、徐州、南京降落，来回共 2500 公里。

我们从北京出发，一路上飞行都比较顺利。由于人手较少的缘故，我一个人又管驾驶又管领航，在飞行途中，由于飞机飞行状况稳定，我可以把调整片调好就放开驾驶盘去搞航线计算，过一会儿检查一下，航线保持还很稳定。通信联络设备与沿途的各个航站都能联络得上，工作比较正常。

在往返飞行途中，"北京一号"经历了多种气候条件的考验，证明飞机的性能基本上符合设计的要求。

回到北京后，"北京一号"的试飞工作就暂告一个段落了。经过几十天的试飞工作，我们不仅感到了完成任务的喜悦，而且也受到了深刻的教育。

对于一架新飞机来说，如果要正式使用，还需要做许多的工作。单以试飞来说，"北京一号"所经历的试飞项目，也还不够完整。造出一两架飞机，远远不是全部设计工作的结束。新机设计需要经过实际飞行的试验，找出问题，进行修改，然后再试飞，再修改。如此经过多次反复，才能臻于完善。我们这次所完成的试飞任务，可以说只不过是在这个认识过程中前进了一步而已。

张汉镔

1926 年 11 月生，1951 年 8 月清华大学航空工程专业毕业；"北京一号"总检验师，航线试飞时担任试飞组长。

"北京一号"试飞简史

　　"北京一号"为双发动机下单翼全金属的轻型旅客机，是我院于 1958 年自主设计和制造的。从接到任务到 1958 年 9 月 24 日第一次上天飞行仅用了一百天时间。直接参加设计和试制工作的师生员工达 1800 人。在工作中得到了上级有关部门的支持和有关各工厂、部队、学校及民航局的大力协助。

　　"北京一号"生产了两架。一架用于静动力试验，另一架作为试飞用。它在学院内总装车间（机库）总装完成后即称重心，并分解成机身和机翼两大部分由大型载重汽车运送到北京东郊机场。在机场重新组装，进行全面检查和地面发动机试车。通过试车检查了发动机各种工作情况和飞机的电气、无线电系统及座舱仪表的工作状态。在这段时间内试飞员也进一步熟悉飞机座舱，为以后的试飞工作打下基础。

　　由于"北京一号"是自主设计的新机种，所以试飞工作严格按照试飞委员会批准的试飞大纲进行。试飞的目的是考查飞机的飞行质量、飞机性能，并检查飞机各系统的工作情况。

　　为了确保安全"上天"，先在跑道上进行：小速度滑跑，快速滑跑，抬前轮滑跑和假起飞（即飞机离地 1 ~ 1.5 米以检查飞机悬空稳定性）。上述试验中，证明飞机工作状况良好并经地面维修人员对飞机全面检查后，再决定进行下一步升空飞行。

1958年9月24日上午在北京东郊机场举行"北京一号"试飞典礼。国务院第二办公室主任林枫同志剪彩。试飞员为民航局的潘国定同志和空军王来泉同志。他们驾驶"北京一号"从停机坪经滑行道轻盈地滑向跑道起点停下，再一次检查飞机各系统的工作状况。在确认一切工作正常后，向试飞指挥台请求起飞。潘国定同志在指挥台命令起飞后将油门推到最大，开始滑跑，加速，飞机离地升空。当时在机场参加试飞典礼的师生员工代表们齐声欢呼，庆祝在一百天内胜利完成"上天"任务。飞机上天飞行完成规定动作后，还以10米左右高度超低空飞过主席台上方，以示敬意。

10月开始全面进行试飞。第一阶段是在机场空域进行。首先是飞机升空，在空中检查收放起落架对飞机稳定性的影响。转弯飞行，检查在20°、30°、45°倾斜转弯时的飞行状态。然后校正空速表，测定飞机各项性能，其中包括在各高度上的爬升速度、最大平飞速度、实用升限、失速性能、起飞着陆性能和单发飞行性能，试飞中在飞机上安装的测试仪表有：速度自动记录器CC-7、高度自动记录器C-74、单向过载自动记录器C-11、航向偏度自动记录器CY-14、驾驶杆自动记录器CH-13、脉冲接触自动记时电钟（自制）和汽缸头温度计2TYT-1-4。

在试飞中发现的问题有：在单发飞行性能试飞中，在单发顺桨后飞机急速下降高度，无法改出顺桨状态。幸好此时已对准跑道，所以即刻放下起落架，但是起落架是电动收放，时间较长，直至离地前短时间才亮出起落架放下的信号。当时我们在飞机上比较着急怕出事故，由于当时无合适的螺旋桨而是选配了低速螺旋桨，使气动力性能受到影响，因而在时间紧迫的情况下无法更改，因此"北京一号"的单发性能未试出来。另一个问题是发动机滑油温度过高，几次试飞都出现此问题，最高时达85℃。经检查是原设计滑油散热器换热面积小，换热效率低。经多次研究后增加蜂窝散热器，这样才使滑油温度一直保持在规定的50℃范围内。在该次飞行中，也发现爬升时飞机出现抖动现象。另外还发现有汽缸头温度较低、滑油泄漏等问题，均经反复研究后排故消除。

经过这一阶段试飞证明该机操纵性和稳定性良好，飞行状况良好符合设计要求。因此接着进行航线飞行。航线飞行的目的是全面考查飞机性能，测定续航力和耗油量。选择的目标是"北京—上海—北京"航线。为了保证上述任务的顺利进行，先做飞回北京航空学院上空和北京到天津的往返飞行作为长途飞行的准备工作。

经向军委申报并取得批准后，"北京一号"由东郊机场起飞绕过北京城区飞临西北郊的学院区，在北京航空学院上空低飞绕行一圈。当时学院全体师生员工拥向户外，我们从机上向下观看，见到万众欢呼的动人场面，真是十分感动。当时从机上撒下彩色传单，并在主楼和锅炉房烟囱之间超低空20米飞过。然后返回东郊机场。此次飞行进行了低飞、俯冲等项目，测量了耗油量和检验了远离机场条件下的无线电通信能力。不久又进行了一次北京—天津往返航线飞行。我们在天津机场稍事停留检查后即行返回北京。这两次离机场飞行的顺利完成，证明了"北京一号"可以进入远距离航线试飞。

北京—上海—北京远距离航线飞行是对"北京一号"的全面综合考查。经院领导研究确定了飞行计划和试飞组人员，试飞员为潘国定同志。试飞组长张汉镖同志，组员有何述章同志、方一苍同志。并由常荣福同志带领地勤组乘火车先往南京、上海，等飞机到场后进行维护检查。

起飞当天有较大侧风。起飞前发现飞机上无国旗标志，又临时喷刷国旗标志。起飞情况良好，一路顺风飞抵济南机场。停机检查后接着飞行。飞行高度为1500米，飞越泰山时与泰山顶峰相平。到徐州再次着陆检查。徐州起飞后不久，过长江在夕阳中飞抵南京大校场机场。第二天由南京飞上海，飞过无锡市区上空后有低云，当时穿云而过。抵达上海龙华机场后对飞机进行相当于100小时定期工作的检查，未发现任何不正常情况。在上海停留几天后飞回北京。中间在南京停留2小时，有南京航空学院数百名师生登机参观。

在徐州降落进行检查后直飞北京。北京航空学院武光院长、马文副院长等到机场欢迎。此次航线飞行证明，飞机性能良好，各系统工作正常。试飞员潘国定表示，他飞了那么多的外国飞机，此次飞我国师生员工自主设计和制造的国产飞机，感到非常高兴。同时他认为飞机是好的，操纵灵活，具有良好的操纵性和稳定性。

"北京一号"试飞，累计30小时飞行时间和46次起落，对飞机性能进行了全面考查。证明该机性能基本符合设计要求，飞行中旅客在机内走动不致引起驾驶员操纵方面有较大的变化。飞机有足够的强度，80°大坡度盘旋后结构正常，失速性能良好。经过北京—上海航线往返远航考验，飞行全面情况良好。飞机还可以进行3500公斤超载飞行。

"北京一号"是在1958年"大跃进"形势下的产物，是在设计、研制、生产全过程中没有国家计划或生产订货的保证情况下进行的，因此在试飞工作取得一定成绩后，没有能持续进行下去完成全面试飞计划。例如单发性能就没有飞出来。在试制过程中，由于进度要求过急而使用了大量代用材料，从而使飞机重量增大。这些问题，应该在试飞中取得系列数据来为今后降低飞机重量创造条件。同时试飞工作不是由专业试飞单位为主来进行的，是由院内各单位和民航局临时组成，工作时间一长就难以继续下去。当然，这些都已是后话了。

方一苍

1936年4月生，1958年10月北航飞机工艺专业毕业，校友。"北京一号"航线试飞时，担任副驾驶。

"北京一号"试飞的故事

　　早在总体设计会议开始之前，我们一行五位同学带着学校的任务与嘱托前往沈阳飞机制造厂进行毕业实习，在总装车间学习无线电、电器仪表的安装、调试及在试飞车间了解试飞的全过程。没有基础、没有参考，面临所有设计人员都不得不面对的巨大压力，我此行的关键，就是要弄懂弄会自己的工作任务，以及回到北京拟定一份合适的试飞大纲。

　　作为特设组学生组组长，我的身体素质非常的好——这得益于在担任摩托车队队长期间的实践和艰苦的训练。这是一项国防体育，当时，学校为培养学生的综合能力，给予我所在的摩托车队以很大支持和帮助。我的团队使用有机玻璃整流罩和对发动机的改造，一举超过清华等老牌强队拿下冠军。这些锻炼为我后来在"北京一号"的艰苦工作中创造了一个非常好的条件，那就是为了完成任务，不管遇到多大困难，再苦再累也要干。不仅仅是我，在"北京一号"一定要"十一"上天的氛围中，周围所有的人干劲十足，实在太困就到水龙头下用冷水冲头，再不行就用钣金锤砸自己的手，就算是开会时间也不能太长以防出现全体睡着的尴尬局面。所有的部门和环节也都充分地运作起来。除了58届的毕业生作为第一线的设计人员和工艺人员，低年级的同学负责宣传和后勤工作，食堂加班加点做好饮食保障工作，学院领导班子统筹各方面的工作——每一个人都为达到这一伟大的目标做出了自己应有的贡献，同时也远远超出了自己分内任务要求。

试飞前一天，前起落架锁紧机构出了问题，发生了机翼损坏事故，但北航人很快连夜修理好了，真是奇迹！起落架修好后，限于当时条件不能再做收放试验，加上起落架收放系统又采用电动系统，收放时间较长，飞机降落时存在着安全隐患。试飞员潘国定同志心里很明白，这是有危险的。但作为试飞正驾驶员，在试飞典礼上正式试飞时，敢于担当、敢于承担责任，毅然走进驾驶舱，充分展现了一位英雄试飞员的气概。作为试飞组成员，我也把自己的生命置之度外，参加了试飞典礼及后来一个接一个试飞的项目。

整个试飞中，遇到的最危险的一个试飞项目，就是单发停车试验，现在回想起来还记忆犹新。这个试验，要求飞机在1500米高度关停一台发动机的同时，仍能保持飞机可靠的飞行和操控。然而，当飞机在东郊机场正上空关停一台发动机时，发现飞机的操纵性能严重失调，更加危险的是，被关停的发动机也无法在空中重新启动。飞机陷入了疯狂的抖动，同时由于速度失控，飞机开始快速下降；另一面，左右发动机连接油箱的油管要穿过客舱，而这时又发生了油管断裂漏出了汽油，汽油雾气弥漫客舱，任何的火花都有可能引起飞机的爆炸，更让人担心的是，襟翼和起落架的控制全部都是电动的，很容易出现火花。

在这种危机状况下，我们心里却没有丝毫的恐惧，即使和飞机一同解体牺牲，那也是无上光荣的事。而主驾驶潘国定在此时展现了非常强的驾驶能力，在这种紧急情况下迅速将飞机对准跑道降落，同时冷静地判断出飞机状况没有释放襟翼，及时按下起落架释放按钮。由于电动系统放下时间慢，而飞机离地面越来越近，可起落架指示灯就是不亮，直到着地前最后3秒，指示灯亮了！两位试飞员在那一刻，才得以平安落地，真是生死一搏！

在这之后，"北京一号"在两位试飞员的驾驶下从北京飞到济南，再到南京、上海后原路返回，仅仅在太湖上空出现过一次共振的问题，降落后由上海的地面维修人员进行修理，简单处理后也解决了问题。这不仅仅代表"北京一号"飞到过这些地方，更意味着这架凝聚着所有人心血的飞机经受住了考验——安全的长途飞行说明飞机的每一个环节的精心调试与制造都是合格的，在设计和工艺上基本通过了考验。不仅仅是飞机，这一届所有的同学都经受住了考验；教育与生产劳动相结合、理论与实践相结合的教育模式经受住了检验。

2018 年 7 月

何述章

1930 年 11 月生，1950 年 11 月四川大学外语专业肆业。"北京一号"航线试飞时，担任机务员。

一次难忘的试飞

2017 年 5 月 5 日，具有完全自主知识产权的国产 C919 大型客机飞上蓝天，消息传来令人振奋，听说许多北航校友和老师参加了该机研制工作，更是令人高兴。抚今追昔，不禁想起半个多世纪以前的一次试飞，我校"北京一号"飞机的试飞，作为试飞组的一名成员，我参加了试飞工作的全过程。

"北京一号"曾进行过短途航线（北京至天津）试飞和长途航线（北京至上海）试飞，又几次满员乘载 8 名乘客，在首都上空进行观光游览飞行，还曾经飞往校园上空抛撒传单。"北京一号"虽未定型，应该说是一架地地道道的轻型多用途飞机，也可以说是新中国轻型飞机研制工作的先声。"北京一号"还在国产"运 –11"飞机的研制工作中发挥过重要作用。1958 年，为贯彻教育与生产实践相结合的方针，北航决定结合飞机专业的毕业设计，真刀真枪设计一架轻型旅客机，研制工作得到周恩来总理的关心与支持，周总理亲自批准并拨给研制费用，当时的北京市市长彭真将飞机命名为"北京一号"。

"北京一号"是一架 10 座（包括两名驾驶员）轻型旅客机，经改装后也可用于货运、摄影、救护、空中游览。最大设计时速 312 公里，升限 4000 米，航程 700 公里，起飞重量 3000 公斤，有效载荷为 1200 公斤，动力装置为 2台阿伊 –14 活塞式发动机，功率为 2 × 191 千瓦。飞机采用双发下单翼布局，在当时是较先进的气动布局。

经过大约100天的日夜苦干，到1958年9月中旬，"北京一号"完成了校内组装对接工作，又顺利通过了风洞、强度等几项重大测试和实验，随即移师首都机场，开始试飞阶段工作，通过多次地面试车，1958年9月23日下午，试飞员潘国定开始做地面滑跑实验，当飞机在跑道上来回滑跑几次后，潘国定感到很顺手，就势一带驾驶杆，飞机腾空而起，绕场飞行一周后稳稳降落在跑道上。当飞机滑回停机坪，大家兴高采烈，没想到"北京一号"这么快就上天了，校方当即决定第二天举行试飞典礼。可就在这时，一件想不到的事情发生了，由于在起落架上的一根紧固弹簧张力不够，在停机坪的飞机突然向左倾斜，左机翼下翼面被放在地面的灭火器戳了一个大洞，所幸没有伤及内部构件。大家一时紧张起来，以为第二天的试飞典礼要告吹，现场指挥决定立即组织抢修，学校的铆装师傅带上材料与工具紧急赶来抢修，到次日凌晨1点抢修完成，起落架也重新加固，试飞典礼又能如期举行了。

9月24日，天气晴好，装扮一新的"北京一号"一早就被停到起飞线上，上午9时正，试飞典礼开始，由国务院第二办公室主任林枫剪彩，高教部部长杨秀峰和空军司令员刘亚楼发表了热情洋溢的讲话，试飞员潘国定和他的助手王来泉登上飞机，发动机启动后，飞机缓缓滑进跑道，随着塔台一声令下飞机腾空而起，机场上欢呼声四起。飞机进行了两次低空通场飞行，顿时锣鼓喧天，身着节日盛装的学生队伍载歌载舞，飞机绕场一周后平稳落地，试飞员报告飞机飞行情况正常，来宾们纷纷向北航院长武光表示祝贺。次日，《人民日报》和首都其他各大报纸都在头版头条位置报道了"北京一号"试飞的消息，一时间国内外报纸竞相转载，中央人民广播电台也多次播报有关"北京一号"的消息。排除故障以后一段时间，"北京一号"在首都机场继续试飞，在试飞过程中发现两项故障，一是润滑油温度过高，二是水平尾翼有轻微颤振现象。解决的方法是在两台发动机短舱上面各加装一个蜂窝式散热器，以降低滑油温度（原来的板式小散热器降温性能较差）；拧紧了水平尾翼调整片上松动的螺帽，解决了平尾的颤振问题。在此期间，又进行了一次北京至天津的短途航线试飞，我和副总设计师张克明半蹲半坐在穿过机身的机翼主梁上，心中未免有些忐忑不安，大约40分钟后飞抵张贵庄机场安全降落，至此我们心里对"北京一号"算是初步有底了，稍事休息后，补充一点燃油和压缩空气，我们又飞回首都机场。此时已是10月下旬，应该做去上海航线试飞的准备工作了。远征上海试飞的第一件事是组成试飞小组，试飞小组由7人组成，总检验师张汉镔担任试飞组组长，又分为空勤和地勤两个小组，空勤除张汉镔和机长潘国定外，飞机工艺专业的应届毕业生方一苍在副驾驶位置上协助机长工作，我被指派为空中机务员；地勤组由飞机工艺专业教师董士尧和技术工人陈绍荣、季国钧3人组成，他们的任务很艰巨，要携带必要的工具乘火车追赶飞机，到站后要参加检修工作。

航线试飞日期定在10月28日，地勤组的同志于27日先期出发。28日一大早，我们空勤组人员来到停机坪进行起飞前准备，我首先按照检查路线检查了飞机，又从低压燃油系统中放掉沉淀水，在场的一位负责保卫的同志感到奇怪，他问："为什么飞机要起飞了还要往外放油呢？"我告诉他这不是放油，是放掉燃油系统中的沉淀水，否则发动机启动有困难，他这才"哦"的一声明白了。一切准备就绪，马文副院长把我们几个人叫到附近一间小屋中去，叮嘱我们工作中一定要"仔细把稳点，遇事要沉着"。9时10分，飞机滑进跑道等待起飞命令，10点正塔台一声令下，机长加大油门，"北京一号"迎着灿烂的阳光腾空飞起，转眼间下面的首都机场越来越小，飞机进入航线向南进发。

飞机起飞后，我一直站在操纵台的后面紧紧盯着仪表盘，因为当时的"北京一号"还未进行过单发测试，心中未免有几分紧张。当看到发动机指示器和其他相关系统仪表的指针一直指在正常读数范围内，再听到发动机有规律的轰鸣声，我感到踏实了。我还要不时走到后舱去查看，因为那里有临时加装的副油箱。当我走回驾驶舱时，机长对我说："你每次走到前舱来，不用看，我都知道。"潘国定同志是我国著名的老飞行员,有着很丰富的飞行经验,飞机重心的轻微变化他都能感觉出来,二战期间潘国定曾在"驼峰航线"运送抗战物资,1956年他又驾机开辟北京至拉萨的航线,此次接受试飞"北京一号"的任务,他感到无比荣幸,这是第一次试飞我们自己设计制造的飞机啊。早在"北京一号"木质样机造好后,他就经常到学校来熟悉飞机座舱的位置安排,有时在座舱内一坐就是半天,航行中他说过一段感人至深的话:"我们飞行员早就把生死置之度外,如果牺牲在工作岗位上也算是恪尽职守了。"他对此次试飞满怀信心,从他驾机时那种泰然自若的神情可以看出来。坐在副驾驶座上的方一苍是飞机工艺专业的毕业班学生,在"北京一号"总装阶段,他负责全部座舱设备仪表的安装调试,曾经七天七夜没有离开过飞机,实在困极了就歪在驾驶座上打一个盹,此刻他正在帮助机长看地图计算里程。

经过一个多小时的航行,上午11时飞机在济南机场降落,我抓紧时间检查飞机和加油充气。吃过午饭后又匆匆起飞,据机长说上午飞行由于是顺风,飞行时速达到300公里,下午3时30分在徐州机场着陆,预定计划中本来没有徐州机场这一站的,但因为当时对耗油量掌握不准,怕到南京的油量不够,才临时决定在徐州着陆加油,为了节省时间,决定在起飞线不停车加油。我顶着螺旋桨的滑流,蹲在机翼上打开油箱盖,看见油面离加油口还很近呢。加油车开过来补充一点燃油后,继续南飞,又经过一个多小时的飞行,"北京一号"飞临南京上空,开始降低高度盘旋,美丽的玄武湖和巍峨的中山陵尽收眼底。顷刻间飞机稳稳降落在明故宫机场,此时地勤组的同志也赶到了,机场场长热情接待我们,并安排好食宿,听说飞行员爱吃螃蟹还派人到城里去买。

当时的明故宫机场是军民合用。第二天一大早我们就被战鹰的轰鸣吵醒,早饭后登机启程,9点正到达目的地上海龙华机场,任务算是完成了一半,大家都松了一口气。事后听家里人说,当天晚上学校派人来告知飞机已平安到达上海。第二天和乘火车赶来的地勤组同志一道,对"北京一号"进行了仔细检查,发现除左发动机排气管卡箍的一个螺帽有些松动外,其他一切正常,说明"北京一号"经住了考验。我们在上海的住地是离龙华机场不远的民航招待所，完成检修后，大家怀着轻松的心情去市内游览购物。在上海的两天，天气晴好。10月31日，潘国定同志突然提出天气可能要变，必须及时飞返北京，否则随时有被滞留的危险，经与试飞组组长商量决定，第二天下午启程飞返，当天仍宿南京，第二天也就是11月2日全天时间飞返首都机场。11月1日下午2时，在龙华场站同志的关照下，"北京一号"按时起飞，约3时到达明故宫机场，南京航空学院的师生分乘两辆大轿车来参观"北京一号"，他们用内行的眼光看看这里摸摸那里，各自发表不同的意见，但共同的看法是："北航搞出这架飞机来真不简单"。不久，他们研制的飞行器也上天了。

　　在第二天的返程飞行中，原有的一点紧张心情烟消云散，大家满怀信心。这天仍是晴天，阳光透进机舱让人感到暖洋洋的，发动机的声音催人入睡，为了驱赶睡意，我拿着身边的一本书看了起来。不知不觉到了济南，午饭后继续北飞，下午4点到达首都机场时，云层很低，好像快要下雨的样子，大家都很佩服试飞员的经验丰富，使我们免遭滞留他乡之苦。飞机缓缓滑进停机坪，停稳后我拉开机舱门，看见武光院长和其他几位领导同志已等候在飞机下面了。

赵庸

1932 年 6 月生，1957 年 7 月北航飞机设计专业毕业，担任"北京一号"尾翼组组长。

试飞过程中一件意想不到的事

　　这是件意想不到的事，就发生在首都机场"北京一号"试飞典礼前一天，新飞机正在机场进行第一阶段首次上天飞行。据试飞员讲，滑跑、起飞、空中飞行都很顺利，但也出现了一些严重问题。其中之一就是：当飞行高度增加时，飞机发生了抖动，直接影响飞行安全，希望找出原因，尽快解决。领导找到我谈话，说明情况，要我到机场去，就地解决，不解决不回校！可能跟我当时担任飞机垂直尾翼组组长有关。

　　我接到任务时真是一头雾水，不知道从何入手，于是一头扎到驾驶舱里，坐在里面好长时间，想呀，想呀，想了好半天，也不知道问题出在哪里。后来边想边检查，飞机高度增加时，是通过操纵水平尾翼来实现的，驾驶杆和脚蹬是通过钢索与水平尾翼和垂直尾翼相连并操纵升降舵与方向舵的。驾驶舱内的我操纵驾驶杆和脚蹬，查了老半天，没问题呀！问题出在哪里？于是，我走出飞机，爬到尾翼上去看，不看不知道，一看吓一跳。事情很简单，你们想不到这是升降舵上固定调整片的螺帽松开了，螺栓插反了——从下往上！螺帽还未完全脱开，真要松开，螺栓掉了麻烦就大了。原来是由于调整片松动而引起空中抖动，导致水平尾翼和飞机的抖动。随即我拔出螺栓，从上往下插且拧紧螺帽，问题迎刃而解！

别看这只是小问题，不解决会酿成大祸呀！现在飞机上安装一个螺栓，有严格规定：必须从上往下，不能倒过来插！还要加防松垫圈。

赵庸　口述

徐扬禾　整理

2018 年 8 月 10 日

张吉臣
俞公沼

张吉臣：1927年7月生，1954年7月北航飞机设计专业毕业，1956年7月研究生结业，"北京一号"副总设计师（后期）。

俞公沼：1927年10月生，1950年北洋大学航空系毕业，"北京一号"副总设计师（前期）。

缅怀"北京一号"总设计师徐鑫福老师

适逢校庆66周年之际，也迎来了"北京一号"试飞成功60周年。在这"双喜临门"的日子里，回想往事感慨万千，彼时的情景历历在目，犹如就发生在昨天。然而，当年的总设计师徐鑫福老师以93岁高龄已于2008年2月仙逝，令人不胜惋惜。

徐鑫福老师是江苏省灌县人，1940年毕业于重庆中央大学航空工程系（原学建筑工程专业，1937年"七七事变"后转入航空工程系），曾留学美国密歇根大学后被选派到英美两国飞机制造工厂参加喷气式飞机设计等工作。1950年由华东航空署调入华北大学工学院。院校调整后他来到北航飞机系，担任首任飞机设计教研室主任。

当党中央提出"教育必须为无产阶级政治服务、必须与生产劳动相结合"的教育方针后，作为飞机设计教研室主任，为了不折不扣地认真贯彻党的教育方针，徐鑫福先后走访了卫生部、林业部、农业部及民用航空事业管理局等领导机关，经过周密思考、广泛调研，大胆地提出，"改变纸上谈兵式的毕业设计为真刀真枪地搞毕业设计，试制适合我国国民经济建设需要的轻型多用途飞机。这种飞机既可用于护林、防火、喷药，又可用于紧急救护，更可以作为短途航线的旅客机"。对此，各个领导部门都很支持，特别是民航局，不仅答应订购这种飞机，并免费提供发动机作为"北京一号"的动力之用。

当教研室把这一想法分别向系、院领导汇报后，很快就得到了两级领导的肯定与支持。

1958年2月，院领导在参加中央召开的座谈会的时候，向敬爱的周恩来总理汇报了我院计划结合教学、科研，设计、制造一架多用途飞机的想法，并提出需得到经费资助的要求，总理很关心，当即表示说"好"，并指示教育部部长拨经费给北航。同年6月周总理批准我院试制多用途飞机的报告，由上级拨来经费15万元（20世纪50年代初抗美援朝为志愿军捐献飞机大炮时，一架先进的米格-15歼击机的价格是15亿元。之后人民币做过一次调整，将一万元变为一元。也就是说，总理批下的研制经费相当于一架米格-15歼击机的价钱）。在获得中央批准北航自行试制"北京一号"飞机后，院系领导亲自参加了具体的组织领导工作。

武光院长认真贯彻教育与生产劳动相结合的方针，组织和发动全校师生艰苦奋斗、敢于创新、敢为人先，号召全院师生苦战一百天，将三个型号送上天。马文副院长为"北京一号"从各工厂请来老师傅做指导，王大昌副院长坐镇沈阳112厂招待所为"北京一号"解决材料、设备等问题。系领导、总支书记王敬明任"北京一号"领导小组总指挥，组员共有4人，即总设计师徐鑫福、主管设计师张克明、总工艺师常荣福和总检验师吴云书。在"北京一号"从设计到制造试飞的过程中，所有问题，特别是重大问题，都提交到这个小组去解决。

由于我国没有设计研制过飞机，因而当时研制"北京一号"毫无经验可借鉴，更无系统的资料可选用。特别是由一所高等学校自行设计研制飞机，更是困难重重，工作十分繁杂，问题比比皆是，如设计中资料不全、实验设备仪器不全，生产制造除通用机械外，专用设备极少，经常出现一些尖锐的矛盾。但是，矛盾再多、困难再大，经过领导小组的研究、讨论，乃至争论后，总能被克服、解决，使作为国庆节献礼项目的"北京一号"终于在1958年9月24日在东郊机场（现首都国际机场）试飞成功了。这是上级领导支持和本校师生员工共同奋斗的结晶。徐鑫福老师作为总设计师不仅是领导小组的一员，应该说是相当重要的一员，在整个研制期间，他付出了极大的心血。高度的责任感使他吃不好、睡不着，最后连眉毛头发都脱光了。

回忆往事，对徐老师印象最突出的一件事是"北京一号"是否要由多用途飞机改为轻型客机的大辩论。那时，所有参加"北京一号"工作的老师、学生、工人师傅们，全都主张改轻型客机，唯独徐老师一人坚持"多用途"。是什么原因使徐老师不惜与众人对立而要坚持"多用途"呢？是为了面子吗？是因为"多用途"是他首先提出来的，或者是因为民航局已经答应订购8架才坚持"多用途"吗？大家有疑虑。我们当时的想法是：民航局需要8架多用途飞机是事实，可是将来县与县通航以后所需的轻型旅客机岂止需要8架，很可能是几十架几百架。因此，当时我们也是站在主张改型的这一边的。后来我们才理解他，不是因为这些原因坚持不改型的，而是他认为设计制造多用途飞机，更符合我国国情，更有用武之地。

徐鑫福老师因为坚持主张设计试制多用途飞机，当时受到了不公正的待遇，不仅影响工作安排，而且也被影射为"资产阶级学术权威"受到批判。甚至后来在东郊机场举行"北京一号"试飞典礼也未让他参加，他只得自行乘车去机场，在铁丝网外观看"北京一号"试飞。

之后徐鑫福老师仍努力为设计新型飞机出力。1966年在他的领导下，由袁奇苏带领师生完成了"丰收四型农业机"的主要设计。

1973年学校成立飞机液压与操纵系统教研室，他担任操纵专业组负责人。1986年8月徐鑫福老师被批准离休。

离休后，他仍非常热爱和关心飞机设计和专业人才问题。2001—2002年，他已八十六七岁了，觉得自己来日不多，他要把毕生的教学科研经验写出来，为此他先后写了《你会设计飞机吗》《教会你设计飞机——原准机法》（属工程论文，为飞机设计专业学生而写）、《飞机设计专业》（叙述飞机设计专业及其教研室的重要性），由于当时患眼病疾，不能看书、报纸和过去的笔记，只能凭自己的记忆口述，请人代为执笔，自费复印。由此也可看出徐鑫福老师热爱飞机设计及对人才培养的渴望，2002年8月校科技处曾编印他写的《飞机设计的原准机法》，作为内部交流的科技资料。在该书前言《编者的话》中写道："我们要奉献给大家的是一位87岁高龄老人积数十年的心血和汗水总结出来的非常宝贵的经验，字里行间充满了这位老人对航空事业的执着，对高水平飞机设计师培养的祈盼，也充满了老一辈科技工作者对新一代工程师们所寄予的无限希望。徐老师虽已属耄耋之年，在身体条件极为不便的情况下，仍以坚强的毅力写下了这份总结。……但作为中国飞机设计专业的奠基人之一，从编写第一本《飞机构造专业设计》教材开始，徐老师留给我们的又岂止是他个人的身份和名誉呢？"前言还叙述了他的简历和与师生们奋力拼搏、研制诞生"北京一号"的业绩，对徐老做出了实事求是的评价。

今天回顾60年前的往事，总觉得还是有一些遗憾。特别是在航空航天博物馆，看到60年前师生们艰苦奋斗的结晶——"北京一号"停在一堆供人们参赏的飞机中，颇令人遗憾。如果那时不改成轻型旅客机，仍然是多用途飞机的话，那么今天翱翔在祖国蓝天上的"北京一号"就不仅仅是8架。因为1958年底和1959年初，我院老师参加全国交通会议期间，民航局的代表再次提出"如果北航能够将旅客机改回'多用途'，我们可以订购10架"。可惜，当时因种种原因，此事未能如愿。

如今，当我们漫步在教学区老主楼前，见到那座"北京一号"的雕塑时，不禁想起当年"北京一号"在北航校园上空撒传单的情景：我们在一系楼房顶上欣赏"北京一号"飞行的雄姿，看着它在校园上空盘旋并投下五彩缤纷的传单，心里乐开了花。如果当时我们不改型，恐怕就能不止一次看到"北京一号"在蓝天的雄姿了。如果不改型，徐老师的愿望也就实现了，他在九泉之下也会开怀欢笑的。

徐鑫福老师千古，学生们深深地怀念着您！

王幼复 温文彪

温文彪：1933 年 11 月生，1958 年 10 月北航飞机工艺专业毕业。

王幼复：1935 年 9 月生，1958 年 10 月北航飞机工艺专业毕业。

怀念"北京一号"总工艺师常荣福先生

提起"北京一号"，人们印象最深的一句响亮口号，就是"大干一百天，十一飞上天"。这一百天指的就是 1958 年 6 月中开始动工、试制、生产，10 月 1 日"北京一号"要飞上天。而只要提到"北京一号"真刀真枪的试制、生产，我们就必须提到"北京一号"的总工艺师，我们敬爱的常荣福先生！

（一）调动集体的智慧

1957 年 6 月，飞机构造与设计教研室的老师们向飞机系和院领导提出："在毕业设计时，教师与应届毕业生应该亲自设计一架真的飞机。"院系领导经过研究后，同意、支持这个设想。

飞机工艺教研室主任常荣福教授首先在系内得到这个消息，根据他的学识和性格，按照以往的做法，他一定会立即表态："飞机工艺教研室的师生们也一定要把这架飞机在校内制造出来。"然而这次他没有这样做，他把这个消息先传达给教研室全体老师，听听大家的意见。

教研室的老师们一听，有的立即回答：飞机设计专业能把飞机设计出来，飞机工艺专业就能把它制造出来……常先生接着问："那咱们专业有什么条件，能够把它建造出来？"教师们一个个列出教研室的技术条件如何如何。常先生又追问道："你们说的都是咱们带着图纸到工厂，以我们的技术、工艺把它制造出来，那当然可以。现在是要在学校里就把它制造出来，行吗？"常先生这一问，问到了关键。于是大家为难地说：那需要许多生产车间啊！在哪儿建立这许多车间？这时，常先生胸有成竹、坚定地回答："就在学校建！就由你们这些讲师、助教指导着学生们建，你们就是总工艺师，总检验师，生产长，各个车间的主任、副主任……"

大家沉默了，在思考。过不多久，在常先生的感召下相继说话了："学校除了我们，还能找谁？责无旁贷啊！""没什么了不起的！""干了！"……

常先生又一再提醒："这可是有人驾驶飞上天啊！"大家说："一切都知道！向院系提出申请吧！我们保证把它制造出来，平安飞在天上！"

最后，常先生坚定地说："那就这么定了！向系、院领导申请！"

院领导立即上报第二机械工业部和高教部，请求审批，因为这和在图纸上设计、计算、实验不同，而是需要更全面地考量，尤其是需要不少的经费才能把飞机制造出来呀！

常先生在开始阶段的这种先让集体深入分析、思考，然后再下决心的做法，从根本上保证了飞机工艺专业的师生们，能够自始至终坚持到底，誓把"北京一号"制造出来的坚定恒心！

（二）坚持培养学生是第一位

由于1958年是打破惯例，以研制"北京一号"作为同学的毕业设计，所以在整个研制飞机的各个环节上，常先生一直反复强调，要求老师们坚决贯彻以培养学生为主的意识。例如：学生们曾学习过《工厂设计》的课程，但学生们并没有真正实践过工厂的车间设计，于是教师就带领学生们一起，进行了 102 实验室改造性的车间设计。同时许多试验，则由老师和学生一起，共同商定试验方案，一起完成实验过程，一起写出实验报告，从而学生们在教师的带领下，从实践中学到了不少难得的知识。

尽管学生们以前实践基础不足，专业学识欠缺，但常先生仍坚持让学生们一起参加"总工艺方案的设计"。而且直到"北京一号"试飞成功后，国防工业出版社决定出版《轻型旅客机"北京一号"工艺问题》一书时，决定由学生们写初稿、老师们审定的办法定稿出版，这也都是常先生的决策。

（三）关键时刻亲自带头闯关

作为"北京一号"的总工艺师，在热火朝天的各个现场，一旦哪里发生问题，常先生的身影立即就出现在哪里，身先士卒、现场处理问题是常先生几十年的一贯作风。我们仅举两个小故事：

其一：硝盐槽的制造与试炉

"北京一号"机体使用大量硬铝合金钣材零件，这些零件在冷压成型过程中需要退火，而成型后又需要淬火，在淬火后还必须在两个小时之内再次矫形。我校当时没有这种热处理的硝盐槽。"北京一号"这项生产工作开始时，只好由驻南苑航天部工厂协调员设法用汽车快速送往南苑，马不停蹄，迅速在该厂进行热处理，然后再快速返校。然而随着生产进行，需要热处理的工件越来越多，这种办法已经不可能胜任，必须尽快在校内自己动手，在北航校内建立起这种硝盐槽了。要知道，热处理时必须使用危险性极高的硝酸钾和硝酸钠，两者都是爆炸性的化合物。为此，学校专门成立了一个实验突击队解决这个问题。而这个突击队就是由飞机工艺教研室主任——"北京一号"总工艺师常荣福先生亲自指挥，并邀请了航天部南苑工厂热处理车间几位工人师傅参与。硝盐槽是由 20mm 厚的钢板焊接而成的，当时国内能够完成这种焊接的工人很少，突击队又请来了该厂的两位高级焊工试焊，经 X 光检验合格后再进行。于是常先生和突击队员们一起，连续不停焊接了三天三夜，终于将硝盐槽安装就位。接着开始试炉，通电加温，突击队全体成员都一直守在炉边，最后达到设计要求的 500±5℃。从方案设计到淬火出合格的零件仅仅用了 8 天，真是不可想象，而常先生在这 8 天始终不离现场，坚守指挥重任。这个硝盐槽此后被使用了 8 年，真正是制造工艺的一个创举！

其二：登机试飞

"北京一号"由学校转到机场后，就是所谓的"机场车间工作"，即试飞前的一切工作，机场车间有机场车间主任（飞机制造厂术语），校内各车间的任何人员必须随叫随到。在这紧要关头，作为总工艺师的常先生亲自驻在机场，以便观察一切可能的事态发展，得以及时处理。

机场工作结束，要进入试飞阶段，在试飞典礼之前，按照科目，必须进行一系列试飞，试飞员是特聘的，有关的检验人员允许登机观察。常先生首先提出要登机观察，大家一致认为"不可以"（因为首次试飞，任何问题都有可能出现）！试飞员是国内著名的经验丰富的潘国定试飞员，他总是说："试飞没问题。"常先生由此说："试飞员都说没问题，你们怕什么？"最后经过研究，还是决定第一次试飞不要让常先生参加，常先生坚决不同意："我是负责把飞机制造出来的，飞机试飞过程情况我不能不知道，这不合道理、不合情理……"大家说："后面试飞科目，一定请您参加，第一次只几位关键的操作师傅参加。"在后面的试飞中，常先生登机仔细、多方面、多角度参与了"北京一号"的试飞过程，并提供了一些很好的建议，了却了他的一桩心愿！

这就是 1958 年我们敬爱的常荣福先生，他的动人故事还有很多……

2018 年 8 月 12 日

"北京一号"制造系统主要工作人员名单

总工艺师：常荣福

副总工艺师：王云渤、汪一彭

总检验师：吴云书

副总检验师：张汉镔

生产长：许建钺

飞机总装配车间主任：王云渤（兼）

飞机生产准备车间主任：冯宗律

飞机冷冲压车间主任：冯厚植

飞机部件装配车间主任：吴骏恒

模线样板室主任：王云渤（兼）

"北京二号"

曹传钧

1922 年 3 月生，1945 年毕业于西南联大航空工程专业。1982—1988 年先后任北京航空学院院长，北京航空航天大学校长。参与型号时的身份：教师、教研室主任，"北京二号"火箭发动机总设计师。

"我们要造探空火箭——'北京二号'"

一所大学里面教师水平的提高，开展科学研究是重要手段之一。建校初期，在学习苏联进行教学改革、明确培养目标、建立正常的教学秩序，以及在教师基本掌握各个教学环节以后，学校就开始认真抓科学研究工作了。特别是 1958 年，党和政府号召工业、农业各方面都要"大跃进"，在这种形势下，北航首先是飞机系的师生提出来"要自己制造飞机"，后来试制成功"北京一号"，是一个轻型的旅客机。还有一件事情，就是我们国家在 1956 年制定了一个 12 年的关于科学技术发展的规划，由于苏联成功发射了人造地球卫星，对全世界都有很大的影响，所以我们国家也要迅速发展航天事业，研发火箭。在这种氛围下，学校在 1957 年设立了两个专业，一个是火箭导弹专业，另一个是火箭发动机专业。当时就把我调到了火箭发动机专业的教研室当主任。那个时候火箭系刚刚成立，但当我们大家听说飞机系要造飞机之后，系里提出来："我们要造探空火箭。"因为探空火箭实际上是火箭中比较简单的一种，后来我们就设计了"北京二号"。我在"北京二号"火箭发动机设计工作中投入了很大的精力。当时造这些飞机、火箭时，整个学校都处在日夜奋战的氛围中，除了教师外，当时四、五年级的学生也纷纷参与其中。这些学生都正在学习专业课或专业基础课，学得差不多了，就动手参加这些科研试制的工作。当时我们火箭系因为刚刚成立，实验室还没有建立好，为了造出火箭发动机，必须要有实验，所以当时的教师一方面要带着同学一起设计实验设备，另一方面还要设计火箭和火箭发动机，工作量是非常大的，可以说是日夜奋战，克服了很多困难。后来到了1958年的9月份，"北京二号"在吉林白城子进行了发射，成功了！这是我们国家也是全亚洲发射成功的第一枚现代火箭。到1958年国庆节以前，学校的这些项目中能够试飞、发射成功的有3个，包括"北京一号""北京二号""北京五号"，这是当时北航在科学研究方面取得的成绩，与此同时也提高了广大教师的教学与科学研究水平。

　　1958年年底，北航在国防部举行了一个展览，这些科学研究的成就都被摆了出来。这个展览，周恩来总理看过，当时的国防部部长彭德怀看过，我们国家的10个元帅中有6个都看过，其中4位元帅还亲自题词，给予了很高的赞扬。北航自1958至1960年，总共开展了10个型号的科研试制工作，总结起来的话，对学校里教师的成长、学生的培养及对新专业的建设起了很大的作用。大批毕业生出去以后，非常受工作单位的欢迎。用当时武光院长的话说："北航要争的是一面教学科研的红旗。"从此北航一直保持着武光院长提出的"勇于创新，敢为人先"的传统。

李成忠

1928 年 7 月生，1957 年 7 月研究生毕业于北航飞机设计专业。参与型号时的身份：教师。

回忆"北京二号"的研制

根据 1955 年中共中央关于建立我国第一个导弹研究机构（即当时的国防部第五研究院）并同时在北航建立相应的系和新专业的决定，我校先后成立了有关的教研室，并有专业面齐全的一整套苏联专家来校指导工作，至 1958 年正式组建了火箭系（六系），由当时院党委副书记潘梁担任系主任，刁震川为党总支书记。

1958 年春有关专业教师（主要是六系的，设计后又有别系的工艺专业参加）及部分毕业班学生在全校的支持和苏联专家的帮助下开始研制探空火箭，原取名"北航二号"，后改名为"北京二号"，同年国庆期间在东北白城子靶场发射成功。这是中国首次发射成功的近代火箭，在亚洲也是首次，当时只有日本在研制非常小的"铅笔"火箭，不能与"北京二号"相比。

一、"北京二号"的设计

"北京二号"分两种型号：一种采用固体推进剂，另一种采用液体推进剂（过氧化氢和煤油）。二者都有固体推进剂火箭加速器，因此也都可以称为二级火箭，都装载气象测控仪表和发报机，弹道垂直地面。液体推进剂型号的仪器舱在火箭飞达最高点后可与主体自动分离，由降落伞分别将二者送回地面，固体推进剂型号只回收仪器舱。

1957年4月邀请的苏联火箭各专业的专家到校，我校火箭专业的教师（绝大部分是青年教师）开始全面系统地学习火箭技术。1958年春，仅仅学习了半年多火箭技术的青年教师，在全国解放思想气氛影响下，大胆设想设计中国自己的火箭，向国庆献礼，初步定为设计小型探空火箭。这个想法得到院领导和苏联专家的支持与帮助，当时导弹设计教研室和火箭发动机教研室都按使用推进剂的类型不同，划分液体火箭和固体火箭两组进行"北京二号"的研制、设计工作，涉及的面是很广的，许多方面对我们来说是生疏的，原设想在第二年（1959年）发射，后一再压缩时间，最后定在1958年国庆发射上天。时间短任务新，工作紧张程度是可以想象的。

在设计阶段，工作主要是由导弹设计教研室（主任：何庆芝）和火箭发动机设计教研室（主任：曹传钧）的教师承担，并有少量学生和其他专业的教师参加工作，发射装置的设计及以后的安装都由教师与毕业班部分学生承担，在各自教研室主任的带领下，参加具体技术工作。其人员及设计工作分工情况如下：

1．"液体"型号（主管设计：李成忠）

总体参数：李成忠

头锥：李成忠

伞舱：叶冠玉

分离爆炸螺栓：叶冠玉、黄祖蔚（学生）、赵淑珍（学生）

钟表机构：朱开轩、周伯生

高压气瓶及气瓶舱：李成忠

推进剂贮箱、推进剂输送系统：潘天敏

部位安排：朱凤驳（进修教师）、潘天敏

尾壳：郭兴宗

尾翼：张宁

2. "固体"型号（主管设计：赵惠如）

赵惠如、李振达、朱东明

飞行稳定性计算：李成忠、章国栋（学生）、苗万容（学生）

（"液体""固体"两型）顾问：赵世诚

强度计算：夏人伟、周孝宽（学生）

3. 发动机设计

①液体火箭发动机设计：

壮忠、冯文澜、尚义（进修教师）等

②固体火箭发动机设计与试验：

李宜敏、蔡峨、池长青（学生）等

"北京二号"有关参数如下：

（1）北京二号"液体"

①起飞重量 G_0= 271.8kg（液体火箭重量为 183.8kg）（带加速器）

②加速器推力 P_0=1866kg

③液体发动机推力 P=260kg

④最大飞行高度 H_{max}=45.5km（计算值）

（2）北京二号"固体"

①起飞重量 $G_0 \approx$ 145kg（带加速器）

②加速器推力 P_0=1865kg

③第二级推力 P=766kg

④最大飞行高度 H_{max}=74km（计算值）

4. 发射架的设计

何惠田、马成栋、殷遇春（学生）等

在设计工作阶段，得到了院领导的主动关心、支持和有力的领导，也经常得到苏联专家在技术上的指导。1958 年 7 月 1 日设计图纸初步完成，之后在经过各种试验和施工过程中，又做了一些修改。

二、试验

火箭的尺寸虽小，但试验项目繁多，有的难度还比较大，特别是火箭发动机的试验，几经失败才获得成功。

这些试验主要有：

1. 静力强度试验：夏人伟负责，周孝宽参加。
2. 风洞试验：委托空气动力学教研室风洞试验室负责。
3. 爆炸螺栓试验：叶冠玉负责，黄祖蔚（学生）参加。
4. 钟表机构试验：朱开轩（学生）、周伯生（学生）负责。
5. 气瓶高压强度试验：委托外单位进行。
6. 液体火箭发动机试验。
7. 固体火箭发动机试验。
8. 固体火箭发动机燃烧室内压强度试验：朱东明等。

这些试验中工作量最大的就是发动机试验和静力强度试验了，而液体火箭发动机的试验尤为艰苦，在日夜进行，它的成败成为全局的关键，经过几次失败，终于取得成功。

在研制过程中我们坚持科学的求是态度，一切必要的试验按规定严格要求，不能省略，这是一个艰苦的过程，但却保证了发射的成功。

三、制造

设计还在进行中，火箭制造的准备工作已经开始了，主要负责人是杨文龙，还有张关康、龚定一、邹僖、任仲贵（学生）、徐冰清（学生）等，总装车间就设在机库西半部。

制造是最紧张的工作阶段了，因为时间紧迫，各种工作还在交叉进行，例如这期间还要进行一些试验，在制造过程中发现了问题还需修改设计。大家不分昼夜通宵达旦地工作，每个人每天的工作时间都很长，连续两天两夜甚至三天三夜不睡觉的情况也是经常的，大家都很疲劳，随便倒在哪里或者坐在哪里都能睡着，这一切都是因为有一共同的信念支持着，就是一定要使"北京二号"在"十一"上天。火箭终于在国庆节前被制造出来，准备运往东北白城子靶场发射了。

四、发射

还在火箭制造阶段，学校就派401教研室教师邱宗佚外出寻找发射场，首先到内蒙古各地，所到各处都得到当地公安部门和人民的热烈支持，最后将发射地点选在东北白城子炮兵靶场（距驻地20多公里的巨岭山区），这是一片大草原，黄羊、蚊子、老鼠和蛇都很多。

8月份发射装置组的同志们冒着酷暑进入靶场安装发射架，9月，火箭及相应的设备被陆续运进靶场，解放军日夜负责保卫工作，发射时有雷达兵部队，布置了雷达车以观测火箭飞行。为了使雷达能捕捉目标，采取高射炮射击，进行多次演练。在靶场按发射前要求进行推进剂和高压气充填，火箭装进发射架并沿导轨井进行试滑行检测能否正常飞行，发射人员及操作人员安全保卫等工作都进行了程序性的安排。院党委副书记、系主任潘梁，总支书记刁震川和曹传钧、何庆芝等都在现场指挥、指导。参加各种技术工作的有李宜敏、朱东明、徐绍敏、何惠田、殷遇春、孙鸣燕、蔡颜玲、姚岫臣、周伯生、李成忠、张儒度、潘天敏等。武光院长也曾亲临发射场视察，给大家很大鼓舞，跟武光院长一起去视察的还有臧伯平第二书记。我校几位苏联专家也到现场参观。

同时在靶场发射火箭的还有其他两家，但都没发射成功。"北京二号"发射成功是上下共同努力按科学规律办事的结果。

国庆节前后共发射了 4 枚"固体"型号火箭，其中最先发射的一枚是试验火箭，只用第一级火箭发动机，其上载有相应重物，每枚的飞行和分离情况都很好，发射很成功。"液体"型号火箭共发射两枚，一枚是 9 月 28 日发射的，第一级固体火箭工作正常，分离也正常，第二级液体火箭发动机工作情况不够正常，当时有风，火箭具有静稳定性，因而使火箭逆风向飞去，弹道没按设计的情况垂直地面。第二枚液体火箭是在 10 月 3 日发射的。飞行、分离一切正常，发射成功。由于飞行高度很高，工作后的载有探测仪器的头部和第二级液体火箭壳体落在何处当时未曾找到，但半年后，东北公安部门的人员带着这个火箭降落伞走遍全国各地查询，最后来到北航，经我们证实是"北京二号"的降落伞，来人谈了现场情况，证明降落伞已打开，工作情况正常，可惜当时我们又进入了更大的新的火箭设计，无暇去东北实地察看。

在发射过程中，由于火箭飞行速度快，雷达未能抓住目标，火箭上的发报机未能正常工作，但火箭技术本身通过发射证明是成功的。

李宜敏

1926 年 12 月生，1950 年毕业于清华大学。参与型号时的身份：教师。

"北京二号"两级固体火箭研制情况的回忆

"北京二号"是我院在 1958 年进行的教学与科研、生产劳动相结合的一次有益的尝试，是我院在建立火箭导弹专业过程中一次全面的实战演习，也是我国自行设计、研制和发射成功的第一批探空火箭。"北京二号"的研制实践对于我国火箭导弹类专业的建立和发展，对于培养我国第一批火箭技术的高级工程技术人才，对我国火箭事业的开创，都有重要的意义。虽然已经事隔三十余年，仍值得将这一段往事回忆，以供有关人士参考，笔者作为这一事情的直接参与者，特别是主持两级固体火箭发动机的设计、研究与试验，又是发射现场的技术责任者之一，主要的过程都亲临其境，也有责任把这一段经历追记下来，以供北航校史编辑的同志录用。

（一）

早在 1956 年，我国正式制订"12 年科学发展远景规划"以后，我院就抽调部分教师筹备建立火箭专业，开始组织学习有关的专业内容。1957 年我们迎来了第一批苏联的火箭技术专家，正式创建了火箭发动机、导弹设计等专业，成立我国第一个火箭系，培养火箭技术方面的学生。1958 年 5 月，在当时形势的影响下，在武光院长的倡导下，系领导决定要研制一种火箭型号。通过这一研制工作的实践，促进新专业的建设与师资的成长。后来又吸收毕业班的同学参加，使教学与科研、生产劳动相结合，有效地培养出我国第一批火箭专业的大学生。

选定什么样的火箭型号作为研制目标？考虑到专业初建和国内技术条件的可能，当时选定研制一种垂直发射的探空火箭。设想可以作为气象或其他目的的高空探测。设计射高为60公里，应能运载10公斤的有效载荷。为了使有关的专业队伍都能得到锻炼，分别采用固体火箭发动机和液体火箭发动机两个方案。经过分析和相应的弹道计算，对两个方案运载火箭的大体要求分述于下：

一是两级固体火箭的方案。一级发动机推力为1850千克力，工作时间是6秒，二级发动机推力为760千克力，工作时间也是6秒。在一级发动机工作结束以后，经过7秒的无动力飞行，二级发动机开始点火、工作，并将一级分离、抛掉。二级工作结束以后，依靠已经获得的上升速度继续升空到最大设计高度。

二是一级液体火箭发动机和一级固体火箭发动机的方案。将前一方案的一级固体火箭作为本方案的一级助推器，第二级为用过氧化氢加煤油的双组元推进剂的液体火箭发动机。其工作程序大体与前一方案相仿，但液体发动机的工作时间则比固体的要长得多，推力也相应要小得多。

当时院领导提出的任务是大战一百天，争取"十一"上天。这样，我们火箭发动机专业的任务就是要在3个月左右的时间内研制出两台固体火箭发动机和一台液体火箭发动机。这是一个相当困难的任务。首先，我们的教师队伍进入专业的时间还不长，尤其缺乏实际经验。虽有几位苏联专家可以请教，但他们也没有研制型号的具体经验，所以一切工作全得靠我们自己去想办法完成，研制中有问题还要靠我们自己去解决。其次，我们还没有必要的试验条件。实验室的土建工程尚未完成交工，试验设备很不完善，也没有安装，人们都知道，不经过充分的地面试验是难以研制出可靠的上天用的发动机来的。此外，从国内条件来看，我们才刚刚开始建立火箭导弹工业，有关的工业基础也比较薄弱，我们研制工作中所需求的各种材料、设备，很难得到保证供应，学校内部的加工条件也很有限。特别是要求时间很紧，没有多少回旋余地。但是，人们的决心很大，大家都还有一股年轻人的锐气，一心要为我国的尖端技术贡献力量。既看到困难，也看到完成任务的有利条件。首先是院领导的支持，用全院的人力物力来支持型号的研制，其次是我们的队伍还是有相当的技术基础的。经过一两年的学习、研究，对火箭技术还是有一定的掌握，通过努力，是可以实现研制目标的。大多数人都期望通过这一次实践把专业建设推进一步。就是在这种情况下，开始了"北京二号"的研制。

（二）

实际开始研制工作的时间大约是 1958 年 3 月。当时火箭发动机教研室内分工搞固体火箭的只有蔡峨、张儒度和我三个人。张儒度分工负责发动机试验中的参数测量、点火控制等整个测试系统的工作。蔡峨负责试验发动机和试验台的建立，并和我一道考虑整个发动机的研制工作。到研制试验工作的后期，才调来 58 届毕业班的同学参加，作为他们的毕业设计，教师在其中负责组织领导，使教学、科研与生产劳动相结合，既保证了研制工作所需的人力，又使学生得到了真刀真枪的实战锻炼。

固体发动机中首先要解决的问题，是采用何种推进剂药柱来达到 6 秒的工作时间。当时国内能够生产的双基推进剂代号为 ΦCr-2（后定名为双石 -2）。它的性能比较稳定，但药柱的尺寸较小，直径 43 毫米，长 500 毫米。这种药柱通常沿径向燃烧，工作时间只有 1 秒左右，难以满足"北京二号"的要求。我们曾设想将这种药柱的外圆包覆阻燃，使其沿长度方向燃烧以延长工作时间到 6 秒。但试验表明，由于当时包覆材料和包覆技术不过关，未能实现。而且这种方案在结构上也不合理。唯一的出路是争取火药厂的协作，试制大尺寸的药柱。根据我们的计算，为了达到 6 秒的工作时间，药柱的外径要求 210 毫米。按照推力的要求，一级发动机的药柱长 1030 毫米，重达 56 公斤，而火药厂以前只生产过 1 公斤重量的小尺寸药柱，一下子要搞那么大的药柱，设备和技术上都有很多困难。经我们一再联系，并为他们厂领导和技术人员讲授有关火箭推进的课程，动员了他们支持火箭技术的积极性，厂领导下定决心试制大尺寸药柱，动员全厂为试制工作大开绿灯。例如，试制中需要一个大型钢铸件，这已经超出了火药厂自己的生产能力，当时的王耀灵厂长还亲自和我一道去邻厂联系协作加工，经过火药厂的工作，在 8 月中旬试制出了第一批大直径药柱，使我们在 8 月下旬能够开始用这种药柱进行各项地面试验。由于是初次试制，药柱的质量还难以全面保证，特别是表面上还有相当数量的陷坑和气泡，会影响药柱的正常燃烧。但经过采取相应的补救措施，最后还是达到了发动机正常燃烧的要求。

6 秒的工作时间，对当时的固体火箭发动机来说是一个比较长的时间。当时国内使用的固体火箭发动机最长的工作时间是 1 秒。要使工作时间达到 6 秒，不仅需要大直径的药柱，还要求发动机的各个部件都能在承受高温高压的条件下坚持 6 秒，这在当时是一个相当困难的技术课题。

为了保证 6 秒内发动机工作可靠，一个重要的问题是承压燃烧室壳体的热防护能力。由于我们采用的燃烧室是钢质薄壳结构，如果没有热防护措施，在高温高压燃气的作用下会迅速受热而使强度急剧下降，以致不能承受高压而失效破裂。因此要采用耐高温的涂料来保护燃烧室内壁和所有与燃气接触的零件表面，当时，我们只有一个隔热涂料的配方及其工艺的简要说明，这种涂料涂到零件表面以后，要在高温下烘烤。我们没有涂烤隔热涂料的实际经验，没有相应的设备。至于这种涂料的隔热性能如何，能不能胜任，隔垫涂层要多厚才能保证 6 秒钟可靠工作，都需要进一步研究与试验。我们成立了一个涂料小组，由几位毕业班的同学组成。他们借来了球磨机，自己研磨配方，用成套筛网筛选，自己用电炉丝制成大尺寸的高温烤炉。从喷涂烤制试片开始，到涂烤各种零件和燃烧室内壁，经过多次试制和试验，逐步掌握了一套自己研究出来的工艺方法，达到了必要的涂层厚度，保证了薄壁燃烧室可靠工作。

喷管是固体发动机的一个重要部件。它的工作条件最恶劣，要经受高温、高压、高速燃气流的强力冲刷。采用何种结构和材料才能经受住较长时间的工作和保证推力性能，是研制中需要解决的另一个重要问题。有关喷管性能的试验工作也是试验工作量最大的。起初，我们曾经设想采用陶瓷材料，并提出提供设计图纸请电瓷厂试制一些陶瓷喷管。为了此事，当时武光院长还通过中央工业交通部的李雪峰部长去电瓷厂请予支持。只是后来在试验中这种陶瓷喷管未能获得成功，即使采用该厂当时最好的陶瓷材料也难以承受喷管中那样强烈的热冲击。后来，经过在结构设计上的改进，又采取了一定的热防护措施，还是采用以金属材料为主的喷管，通过了6秒的工作时间的考验。

发动机的研制成功，除了合理的设计、计算以外，必须通过地面试验的验证与考验，这需要更多物质技术条件，是一个困难更多但又必不可少的工作。当时，火箭发动机试验技术在我院还是一个空白。实验室的土建工程是当年7月才交工的，而我们在6月就开始了小型发动机的点火试验，测试设备还不齐全，一台苏式的八线示波器还是借来的，所用的压力和推力传感器是自行设计、加工制作的。在开始试验的时候，经常出差错，有时甚至点不着火，或者出现漏测。经过测试组同志的有效工作，这些问题都逐一得到解决，使我们的测试系统很快就能比较可靠地满足试验的要求，顺利地完成发动机的点火试车。

为了进行"北京二号"大发动机的试车，我们还缺少大尺寸的厚壁的试验发动机。这种发动机壁厚达100毫米，重约1吨，需要大型铸钢件的毛胚，还要进行比较精密的加工，这在几十天之内要完成是有困难的。当时此事由蔡峨同志负责，首先通过协作取得了大型铸钢件，然后利用学校现有的加工设备，扩充其加工能力，终于制造出几个厚壁试验发动机。

整个二号固体发动机的地面试验，是一个紧张而又繁忙的过程。所有设计中的各种设想能否实现都在这时见分晓。实现不了就得有另外的方案来代替。而试验中又会出现一些原来没有想到的问题，也得寻找解决的办法。在这段时间内，我们负责固体发动机的十来个人可以说是夜以继日地工作。在试验的后期，几乎每一次试验以后都会提出一些新问题，然后分工去解决，尽快准备好下一次试验。从8月初开始直到9月中旬，我们进行了30余次各种目的的试验，其中使用火药柱燃烧的试验就有14次。在试验中，不仅验证和改进了发动机设计，使其达到了比较稳定的性能，而且还改进了试验方法。例如，根据试验目的的不同，我们采用1/7长的短药柱来代替全长药柱，节约了不少药柱。这在当时药柱供应紧张的情况下，也为争取时间创造了条件。总之，在地面试验阶段我们付出了紧张的劳动。但是，真正保证火箭研制、发射成功的，真正使人们得到锻炼的，是这一阶段的地面试验工作，也是最值得称道的。

（三）

"北京二号"的发射选定在白城子草原上的一个炮兵靶场上进行。早在当年的6月，我就和其他几位同志到这里做过一些调查。当时，我国还没有建立起探空火箭的发射基地，只有这个靶场比较有条件，它有一大片宽阔的草原可以在其中发射火箭，但要修建一个发射架来发射探空火箭。这个任务已由发射装置专业的同志在9月中旬以前完成了。而我们参加发射试验的大队人员和器材是9月中旬以后才陆续开赴现场。

我是9月19日第一批到达发射场的，它离部队驻地的市镇约有一个多小时的汽车行程。这里是一片广阔的草原，举目四望，看不到一所房屋和任何村落，只有一座高约 20 米的发射架竖立在一片平坦地面的中央，不远处还有一个帐篷供修建发射架的人员居住，这就是当时能看到的仅有的建筑。我们先来的这十来个人原来是来进行发射试验前的技术准备的，但首先必须解决必要的生活设施，那就是搭帐篷，建厨房，让人们能在草原上生活。随后是修半地下式的控制指挥所，挖观察用的安全壕沟。后来，发射工作人员陆续来到，我就只管技术方面的准备工作了。首先是检验火箭在发射架导轨上的协同动作，校正发射架。其次是安装发射用的仪表和点火控制线路。工作量最大的是发动机及整个火箭在帐篷内的现场装配。由于远离学校实验室，一些大一点的设备无法带来，因而还要在现场赶制些简易的组装夹具。这又增添了工作上的麻烦。

第一次发射是 9 月 22 日进行的，编号为"101"号的火箭，按计划这一次主要试验第一级固体火箭发动机。第二级是假发动机，不装药柱，用配重代替。有效载荷也是配以相应的重量，由于这是首次发射，它是最大的固体发动机，又是两个方案的第一级，因而是整个发射试验成功的关键所在。我们在准备工作中也都特别仔细认真。从 21 日下午开始组装发动机，22 日上午就将整个火箭在发射架导轨上试运行。下午四点半从火药库取来大型药柱，进行发动机的最后装配。原先预计可以在太阳下山以前进行发射，但由于是首次发射，临时发现需要处理的问题多一些，一直到下午六点，火箭才挂在发射架上，准备好发射。人们都隐蔽到各自的壕沟中去，等候关键时刻的到来。在连接好发射点火线路和进行最后检查以后，我是最后一个进入控制指挥所的。当时张儒度已经将整个控制系统准备好，只等我的口令他就可以按下按钮，发射火箭了。6 点 20 分，火箭发动机点火，随着轰轰巨响，整个火箭稳稳上升，顺利地离开发射架的顶端，拖着一条长长的火焰，直上空中。虽然太阳刚刚下山，但草原上的天空还是亮的，可以清楚地看到火箭升空的路线。6 秒钟后，发动机工作结束，轰轰声停止，但火箭仍在上升，直到最后消失在空中，几分钟后，突然传来"咚"的一声巨响，这是火箭落地的撞击声。

整个过程表明火箭发射各个阶段的工作正常，第一次发射宣告成功。

9 月 24 日，第二次发射的是"102"号火箭。这一次是试验两级固体火箭发动机的工作情况，而且还请来了雷达遥测车，准备试测火箭的射高。下午 5 点 10 分，火箭顺利起飞，当时可以清楚地看到第一级发动机工作结束后，经过几秒钟，二级发动机开始点火工作。第二级发动机停止工作后一段时间，先后听到一级发动机和二级发动机着地的响声。两级固体发动机和整个火箭工作正常。但是，遥测车因限于距离和操作上的原因，未能抓住火箭的弹道及其最高点。

9 月 28 日，第三次发射的是"202"号火箭。这一次试验是第二方案，一级用固体助推器，二级是液体发动机。这是液体火箭发动机第一次在高空点火的试验。整个火箭顺利起飞，一级固体发动机工作正常，成功地将第二级的液体发动机和有效载荷送上了高空。

9 月 29 日，第四次发射的是"103"号火箭。两级都是固体发动机。这一次还请来气象局的同志在有效载荷的舱位中装上了测量仪器，试测高空的气压和温度。发射正常，两级发动机工作稳定。

10 月 3 日，上午第五次发射，"203"号火箭。一级固体发动机，二级液体发动机。这是第二次试验液体发动机在高空的工作。同以前各次一样，一级发动正常工作，将二级发动机送到高空。当时天空晴朗，又值正午时分，可以清楚地看到液体发动机在空中点火，喷出火焰，液体发动机开始工作了。

同日下午，第六次发射的是"104"号火箭，这是最后一次发射，用两级固体发动机。它们都再一次以正常可靠的工作，将火箭送到了高空，胜利地完成了整个发射试验，实现了院领导提出的"十一"上天的要求。

从 6 次发射试验的情况来看，整个试验取得了圆满的成功。特别是固体火箭发动机，每一次发射都毫无例外地实现了正常可靠的工作，将整个火箭成功地送上高空。当时有人称赞固体火箭发动机的工作像钟表一样准确。这话可能说得过分了，但也说明了一点儿情况，这是我国第一批成功发射我们自己设计、研制的探空火箭。就在我们发射几次以后，就在那同一个靶场，甚至就在我们的发射架附近，先后还有另外两个单位（一个飞机工厂、一个工业学院）在进行发射试验，但都没有成功。相比之下，我们的发射成功是难能可贵的。这比后来五院研制发射的第一代气象火箭要早两年。

1990 年 9 月

王震华

1931 年 2 月生，1952 年军委民航局干训班毕业。参与型号时的身份：苏联专家专职翻译。

"北京二号"的诞生

1958 年，组织大学生到工厂和农村去参加生产劳动形成热潮。武院长认为学生脱离原定的专业教育，就无法完成党中央交给的培养合格的航空和航天工程师的任务。但是教育与生产劳动相结合的方针又必须认真贯彻，于是提出三个型号上天的任务，让高年级学生与教师一起设计、研制和试飞航空和航天型号。这个办学思想受到中央支持，也对今后办好北航具有重要作用。

促进教学

当时正好六系结束了苏联专家的理论课教学。武院长向航天专家组组长佘鲁新教授介绍了我院研制上天型号的决策，得到他的高度赞同。因为佘鲁新教授就是在第二次世界大战的战场上研制和改进"喀秋莎"火箭炮中完成了他的研究生学业，他亲身体会到在实战中学习的好处，他决定导弹专家组全力以赴支持"北京二号"试制和发射工作，并且派导弹控制系统专家聂杰尔科参加五系的无人驾驶飞机"北京五号"的研制工作。后来他们甚至在暑假期间放弃到北戴河休养，回北京全程参加我们的"北京二号"工作，只要研制工作需要，随叫随到。最后还随我们去靶场，参加"北京二号"发射。

佘鲁新教授还带领全组专家到机场见证了"北京五号"无人驾驶飞行成功。

此时六系也正好进展到实验室建设阶段，结合"北京二号"的研制，把液体燃料火箭发动机和固体燃料火箭发动机的教学实验室与研制基地同时建设起来，大大加快了专业实验室的建设。

设计阶段

当时决定"北京二号"由两级探空火箭组成，下面一级（助推器）都用固体燃料火箭发动机，上面一级分别用液体燃料火箭发动机和固体燃料火箭发动机的两种型号。液体燃料火箭发动机的液体燃料采用过氧化氢和煤油，因而设计液体燃料火箭发动机及其试验台必须先行。这项任务由曹传钧教授领导 603 教研室完成。火箭的结构问题请苏联专家把关。

固体燃料火箭发动机的实验室和上天的发动机，由李宜敏领导 605 教研室完成，当时中国没有这方面的基础，由佘鲁新教授指导。605 教研室蔡峨和 601 教研室赵慧如负责整体设计。

"北京二号"整体设计由何庆芝教授带领 601 教研室的教师完成。具体负责人是李成忠。

当时生产总指挥是王大昌副院长，"北京二号"生产分指挥为系主任潘梁。

试制阶段

液体燃料火箭发动机有航空喷气发动机的工业基础，研制问题不大。

固体燃料火箭发动机就大不一样，首先是固体燃料装药的问题，我国根本不了解，也不知如何配方，因为这在世界各国都是绝密的。再就是国内没有生产厂，只能请教佘鲁新教授指导。如果不解决固体燃料的装药，整个"北京二号"都成泡影。

这时武光院长亲自利用他的关系找到太原制造炮弹装药的工厂，经他介绍，我陪佘鲁新教授去考察。此工厂生产的装药直径很小，而我们的固体燃料火箭发动机的工作时间长（6秒），装药的外径大，原设计是210厘米，比他们生产过的装药大好几倍，工厂的压药机压力太小。工厂领导是老军工，有革命加拼命的精神，表示愿意接受这个任务。佘鲁新教授即拿出火箭固体燃料的配方（配方是绝密的，它最大的特点是加了石墨，提高了燃料的热值），工厂认为原料能配齐，配制没有问题，佘鲁新教授让我留下监制。压制药柱时，我在控制室，压药机真是拼老命，超负荷运行，厂房都在颤抖，够吓人的。我深为工厂领导的拼命精神所感动，这是革命老区军工为了战争的胜利敢于牺牲的革命传统精神，要知道这可是冒着厂毁人亡的危险的。

可惜压出来的装药，表面出现严重皱皮，绝对不能用。我打电话请示佘鲁新教授，他在苏联卫国战争中研制火箭炮有丰富的经验。他让我把装药装上车床，把皱皮车掉，但是吃刀量要小，走刀要慢，还要用冷水浇刀头，防止过热起火。工厂再次支持这样干，找来老师傅，调出一台大车床，放在空旷的地方，把有皱皮的药柱装在车床上，他开动车床，吃好刀，调好走刀速度，让我抱着大水壶浇刀头后，他就走了。工人知道这是非常危险的活，而且我还要吸入大量挥发出来的硝酸甘油，晚上我的头好像要裂开，头疼难忍。从此我体内积存大量硝酸甘油，"文革"后得冠心病，却不能服含硝酸甘油的西药，只能以中药代之。

最后总算把皱皮车掉，外径大于200厘米，对发动机工作时间影响不太大。终于用这玩命的办法制造了所需的火箭装药药柱。佘鲁新教授来验收，通过探伤检测，装药内部没有问题，证明合格。我利用与佘鲁新教授坐软卧的机会，把装药带回北京，又雇了三轮车拉回学校。显然这是违法的，但是在当时，要赶时间，不得已而为之。后来都是按规矩由军车押运。

至于作为固体火箭燃料，必须知道燃速公式，否则无法进行火箭发动机的内弹道设计，佘鲁新教授告诉了我们这种火箭燃料的燃速公式，开始进行火箭发动机的内弹道设计。接着就是解决如何控制装药的燃烧面，因此还要找到控制燃烧面的阻燃覆盖层。佘鲁新教授在制药厂找到了可用的材料，由我带回来。

这时实验室已经建成（我印象中，这个实验室是由专门设计防爆实验室的设计单位按国家技术安全规范设计和建成的），可以开展实验。首先实验在工厂找到限制燃烧的覆盖层，通过实验证明能够按内弹道设计有效地控制装药的燃烧面，因此总算解决了固体火箭的装药问题。

这时实验发动机壳体已经做成，是用火炮钢锭镗出来的，是我院实习工厂的老师傅艰苦劳动抠出来的杰作。喷管有两种：外地定制的陶瓷喷管和实习工厂用耐热合金制造的钢喷管。实验结果是：陶瓷喷管表面不规则易爆裂，不能用；钢喷管虽有烧蚀，但是不太严重。由于发动机工作时间短，对推力的影响不太大，所以采用钢喷管。点火装置是用胶片缠电阻丝，包在发火药包里，通电就能点火。测量推力的仪器则是利用我院制造的应变仪，试制出来的。整个实验室的测试工作和实验工作由张儒度完成。当时还有外教研室的教师支援，我记得有朱东明，因为他和我是实验室的壮劳力。

当我们准备好试车时已经半夜，我打电话告诉佘鲁新教授，他马上赶到，亲自参加试车。我们在实验室里的工作是连轴转，食堂师傅把夜宵送到实验室，我们吃饱了继续干。有人实在顶不住了，可以回去眯一会儿，再回来。最后我们试车成功，等待发射。

发射架

火箭要发射，必须有发射架，这任务由发射装置教研室赵承庆负责（当时是六系604教研室负责人。后来全室调至北京工业学院），他们也没有经验，也由佘鲁新教授指导，尤其如滑轨游隙选多大要正确设计，小了卡弹，大了晃荡，会影响火箭飞行轨迹。这是经验数据，只有设计过火箭发射架的佘鲁新教授心中有数，他给出数据，保证了在靶场的顺利发射。

靶场发射

1958 年国庆节前夕，我们全体人马开到白城子靶场，露宿在荒无人烟的大草原上，条件非常艰苦，草原的蚊子咬人是打死也不松口的，有人被咬得满头都是包。我和苏联专家也去了，住在靶场苏联顾问楼里。据说东北军区首长也去观战了。

我们的两种火箭都发射成功了，可惜靶场用来测试火炮的测量仪器太落后，他们的跟踪仪跟不上我们火箭的速度，没有测到我们火箭的飞行轨迹，也就无法判断飞行高度，只能通过从发射到落地的时间来估算飞行高度。落地的火箭都被回收。"北京二号"的发射圆满成功。

靶场情深

靶场指挥部对北航师生在如此艰苦的条件下缺衣少食，深表同情。他们派来一位军官，带上自动步枪和带拖斗的吉普车，邀请我和苏联专家去打黄羊。我们开车到大草原，那里有上千只的黄羊，挤在一起奔跑。军官把自动步枪给我，要我打，我把自动步枪交给佘鲁新教授，让他过过瘾。自动步枪一梭子就打倒不少黄羊。放了几枪，就捡了一拖斗。我们就开车到我们北航的营地，让炊事班收拾，煮成一碗一碗的大块炖羊肉，全体师生美美地吃了一顿饱餐。当时在北京也不可能这样大碗吃羊肉的。当然我们在拖斗里也留了一些给靶场送去，表示感谢。

成果辉煌

六系成立不到一年，刚学完理论，就开始研制"北京二号"，理论与实践衔接得非常紧密，还顺势建立了教学和科研两用的实验室，能开展研制工作，而且培养出了一批能文能武的年轻教师。这是惊人的速度，给北航的航天教育打下了坚实基础。

"北京二号"发射成功后，气象局曾经与我们联系过，想把"北京二号"设计成他们需要的气象火箭。可惜当时还不知道研制成果要推广应用。这种现象当时普遍存在。

再就是在这次革命加拼命，分秒必争的生产高潮中，激发出来参与"北京二号"的年轻人的忘我革命热情，成为他们终身受益的精神财富。在此过程中所体现出来的那种全心全意为增强我国国防实力的强烈愿望，也成为北航人代代相传的优良传统。

遗憾

由于佘鲁新教授全力支持我院上天型号，得罪了苏联政府。"北京二号"发射成功回到北京不久，苏联政府就提前一年多把他召回国，这给北航带来无法弥补的损失。但是我国政府高度评价他的功绩，国务院授予他友谊奖章，给了他很大的安慰。

蔡峨

1932 年 7 月生，1956 年 7 月毕业于北航航空发动机工艺专业。参与型号时的身份：教师。

"北京二号"固体火箭助推器实验发动机的研发

　　火箭成功发射升空的一刹那，其可靠性是源于大量地面工作的积累，各项试验和实验结果是主要的保证。地面试验阶段问题考虑得越细致周密，发射成功率应该就越高。所以"北京二号"火箭研制的绝大部分工作都是在实验室完成的，这其中当然就必不可少地需要一台 1：1 比例的全尺寸固体火箭发动机。

　　"北京二号"双级固体火箭发动机第一级助推器推力大，药柱重量就有一百多公斤，长度超过 1.3m，作为地面实验的发动机，其内径应该是与真实发动机相同的（大约 300mm），而从安全考虑，壁厚应该加大，外径需要 400mm——这样大尺寸、大壁厚的钢筒到哪里去找呢？查遍资料无可寻，当时最主要的还是时间紧迫，因为"十一"要上天！这就是任务，这就是命令！当时齐心协力跑酷暑的场景记忆尤深。经过多种分析研究唯一可能是铸造，然而浇铸这样大体积的物件如何解决呢？当时我校铸工车间根本用不着去问，因为铸工车间仅供同学们实习，用的浇铸设备尚不齐全，怎么办呢？正在焦头烂额无计可施之际，王大昌副院长的电话来了，说要带我去北京钢厂求援——真是喜出望外。第二天上午我随他到了那里，该厂厂长热情接待（该厂厂长在抗战期间曾是王副院长部下，所以这次见面谈话是很亲切和热情

159

的），当即叫来主管浇铸项目的技术员和我沟通具体要求，我当场画了铸件草图和尺寸要求，该技术员同志立即返回车间落实生产。仅仅经过了一天，第三天的上午，他们就打电话通知我们去取件，真是太神奇了！我知道铸造的过程还是比较复杂的，首先得要设计出可拆卸和易于装配的木模，有了木模才能翻砂、浇铸。而根据我们实验发动机的大体积——一炉钢水是远远不够的，这其中的过程我都记不清楚了，很可能是当时人家钢厂的同志派车送过来的。

接着问题就到了机械加工（实际是在北京重型机器厂），要把这个大铸件毛胚加工成可用的发动机壳体，这就更加困难了。不仅需要加工钢筒的内、外表面，还要在两端车出螺纹、密封槽等，并且同样要满足一定的精度上的要求。当时保证型号上天的任务就是命令，在这个大前提下就不该有什么可以被难倒的问题。工厂的师傅在这种精神的感召之下，奇迹又出现了。他们在已有的车床上，进行了改装，搬掉了尾架，设计了中间支撑装置，就这样使得这个笨重的大铸件筒体在机床上转了起来，师傅的超级技艺真正令人佩服！较慢的转速，调得恰到好处的车刀，非常均匀的切削过程，使人看得惊喜万分！当然作为旁观者并没有忘记帮助师傅随时清理机床周边的切屑。

通过"北京二号"火箭助推器实验发动机的研发，充分体现了坚强意志和百折不挠精神的重要性，为了共同的奋斗目标，就可以众志成城，就可以创造奇迹。今天，习主席提出新时代、新要求和新作为，就是要我们行动起来，为实现我们伟大复兴的中国梦同心同德。大家撸起袖子，加油干——向着全面建成小康社会的奋斗目标进发。

王
普
光

1933 年 6 月生，1952 年考入北航航空发动机设计专业，后调入火箭发动机设计专业，1958年毕业。当时正在进行毕业设计，为学生。

使命

——忆"北京二号"药柱生产运输的日日夜夜

"北京二号"有两个方案：一个是两级都是固体火箭发动机；一个是一级固体火箭助推器，第二级是液体火箭发动机。这两种方案均需要固体火箭助推器，而它的主要部件是固体药柱。如果固体药柱不能按计划完成，则两个方案都无法在"十一"献礼。

一天下午，我正在做毕业设计，曹传钧老师通知我到太原出差。临走前武光院长交给我一封给山西省委某领导的信。就这样我肩负着这个使命，当晚上了去太原的火车。到太原 245 厂后，我了解到试制药柱首要的任务是把模具加工出来。由于"北京二号"药柱尺寸之大是国内从没有过的，所需的模具本厂加工不了，需与太原重型机器厂协作。其中主要部件是压延用的装料缸，是个大的铸件。为了争取时间，我又到了太原重型机器厂，这时毛坯刚出来。由于是协作任务，当时又不能如实向他们说明任务的重要性，因此他们没有特别重视，进度很慢。后来经我与车间领导、工人共同劳动，帮助他们解决加工中出现的问题，进度加快了。有时还需要跨车间去解决问题，例如这个"缸"要求内表面不能有缺陷，如砂眼、微坑等，出现时应修补、抛光等处理。最后，一个个问题都得到了解决。在那些日日夜夜，我很少回招待所，一直和他们共同劳动，晚上也是在办公室内休息。后来工人们都在等待上面工序，只要零件到了马上加工。很快我们完成任务，把这个关键部件送到了245厂。

下面的任务是药柱的试制，245厂领导及主管工程人员都较重视。在完成模具的配套部件加工后，进入试制阶段。药柱的加工有许多工序，配料、混合、预压等，每个工序我都参与了。这些车间的温度、湿度都较高，药味很重，一天下来，什么东西也不想吃了。经过各方面准备之后，进入最后工序。压伸工作是在一个特定车间进行，一边是压伸机，一边是操作间，中间有道隔墙。装料越多，意味着危险性越大。"北京二号"用药量在当时国内是最多的。在操作间有工人、厂工程师及我。试制在一个晚上进行，经过精心准备及检查，试制开始，试制过程很顺利，产品终于压制出来。一夜的疲劳被无限的喜悦驱散，离开车间时东方已泛白。

第一批药柱出来后，我以"铺地胶板"的名义发送回京，第二天就为地面试验提供了药柱。没有地面的认真实验，"北京二号"就不可能顺利上天。在当时条件下，我校进行了各种试验。

最后一批药柱，大约共九根，压伸完后，经过尺寸加工，即可送回北京。当时有两个办法：一个是包架飞机空运；一个是火车货运。我考虑时间还来得及，为了省点儿钱，采用了火车货运。由于是危险品，同时为了在路上不误时间，我随货车押运。在阳泉火车编组时，为了不误时间，我找到站长、军代表帮忙，药柱一路顺利被运到丰台车站。到校后，距"十一"献礼已没有多少天了。

几天后，又要进入发射场。所有试验用器件、试件及药柱被装在一个车皮内，领导又把这个使命交给了我和朱东明老师。押送货物的车，停在何地，何时开，我们都无法知道。一天晚上为了弄点吃的，朱老师下车去找吃的，但没回来车即开了，第二天他才追上。

火箭发射场距白城子不远，是一个炮兵靶场，一片大草原，除了吃人血的蚊子外，其他东西不多，只有我校准备的发射架。经过准备，首次试飞终于成功，一条火龙直冲云霄，实现了"十一"前献礼。其后几次实验也均获得成功。

40年过去了，但那段时间的日日夜夜，每一桩事，都还记忆犹新。"北京二号"是众多师生及协作单位的领导、工人、工程技术人员共同劳动、共同奋战的结果。这是历史，这是事实。

（摘自《北航》1998年10月1日第三版）

董哲善

1932年7月生，1957年7月毕业于北航航空发动机专业。参与型号时的身份：教师。董哲善从讨论试验方案，经设计、试验到发射，参加全部过程。荣幸代表"北京二号"探空火箭发动机系统，得到唯一的"红旗奖章"。

"北京二号"液体火箭发动机第一次试验

——无知·无惧·无畏

"北京二号"液体探空火箭，1958年3月提出设计，6月试验加工，9月各项工作相继完成，运往靶场发射成功。口号是"奋战一百天，'北京二号'上天"。

"北京二号"液体火箭发动机设计开始就在讨论试验方案。有人提出应当按部就班，从易到难，从简到繁，一步一步来。发动机由过氧化氢氧化剂与燃烧剂在燃烧室充分混合，而发火燃烧产生推力，推动"北京二号"升空。充分燃烧的条件是过氧化氢氧化剂分解出大量氧气再与燃烧剂以合适比例配合（配比）。为找到合适的配比，必须用少量燃料，小配比，逐步增加剂量，以保证试验的安全。有人问："每步增加多少能保证试验的安全？"在当时争分夺秒、只争朝夕的形势下，经过热烈争论，通过了"一步到位"试验方案。由"北京二号"发动机总指挥曹传钧带领少量青年教师和大批学生进行设计、加工、安装、调试试验设备。这些人吃、住、工作都在试验室，无任务时在铺有稻草的水泥地上休息。有的青年教师坚持在试验室工作四十多天没回宿舍，随时待命投入工作。

试验设备，有燃烧室及其安装架、过氧化氢存储罐、燃烧剂存储罐、供给存储罐的氮气瓶；有指挥操纵台，试验房间与试验时指挥操纵观察等房间隔墙上的安全观察窗；测试仪表及许多气管、水管、过氧化氢管、燃烧剂管、氮气管，电线等及各种液、气、电等。

"北京二号"液体火箭发动机第一次试验准备完成，火箭发动机总指挥曹传钧，副操作手金如山等就位。院长武光、副院长沈元、教务长张锡圣、院党委副书记兼火箭系主任潘梁等到燃烧室试验现场观察见证。大批参加发动机研制的有关人员在后面观看。

该型号第一次燃烧室试验是开创性、突破性的，是我国现代火箭技术领域的第一次。武光院长题写："'北京二号'是国家在火箭技术方面的头一炮。"火箭发动机总指挥曹传钧下令："'北京二号'第一次燃烧室试验开始，全场肃静，操作手点火。"副操作手金如山立即按"一步到位"操作程序，全力快速打开过氧化氢操作阀门，透过安全观察窗看见燃烧室尾喷管喷出浓浓的白烟，接着主操作手董哲善按"一步到位"操作程序，打开燃烧剂操作阀门，燃烧剂进入燃烧室，按理应当如此：燃烧喷火，产生推力，并测量出要求的所有数据，试验成功。但打开燃烧剂操作阀门，燃烧剂进入燃烧室后，却听到一声爆炸，安全观察窗玻璃破裂，什么也看不见了，什么也听不到了，现场一片寂静。

"北京二号"液体火箭发动机第一次试验没有成功，"一步到位"操作程序是第一次试验的尝试，失败了。这是因为我们不懂发动机工作规律，对火箭发动机还是无知，但大家不惧失败，静下心来，从各个方面思考，提出建议。经过群策群力、激烈争论、取长补短，一致认为过氧化氢在高锰酸钾"触酶"作用下没有"充分分解"是试验未成功的第一原因。于是，我们确定了新的工作方向。

高锰酸钾可以被做成液体，放在存储罐，以单一管路导入燃烧室，这相应地增加了一条系统。燃烧室由过氧化氢与燃烧剂两条系统变为三条系统。这样会增加发动机重量，降低可靠性，不可取。

作为过氧化氢的"触酶"的高锰酸钾，可由多孔材料吸附，放在燃烧室中，作为燃烧室的组成。过氧化氢喷入燃烧室通过这些吸附高锰酸钾的多孔材料，分解出有活性的氧气，与燃烧剂混合燃烧，产生高速气流喷出燃烧室，推动发动机带动火箭升空。我们在寻找吸附高锰酸钾的多孔材料的过程中，用过特制的小水泥块、矿渣棉、煤焦块等。经多次小规模试验后，才在燃烧室上开车试验。这些试验过程中也出现过一些事故，但没大的爆炸。这些试验工作参加人员，除青年教师与学生外，曹传钧、潘梁、张锡圣等老师及领导也日日夜夜陪伴我们，出主意、想办法、鼓劲头，甚至直接动手操作，又给我们请来搞化学的老师，参加工作。化学老师首先了解我们的工作内容与要求，搜集资料，在化学试验室做高锰酸钾"触酶"分解过氧化氢的试验，确定过氧化氢分解的充分性条件、分解好坏的标准及过氧化氢与高锰酸钾的配比、高锰酸钾的纯度与制备，然后进入燃烧室试验室，做多孔材料吸附高锰酸钾的工作。

有了分解过氧化氢的"触酶"，又开始在燃烧室点火试车。从较少的燃料、较小配比着手，逐步提高。也做了不同"触酶"型式、不同"触酶"用量的试验。对可能影响燃烧室正常工作的因素，都做了考虑判断，如果认为需要，则通过试验确定。

我们经历了无知、无惧、无畏，抱着科学的态度，小心认真地试验，失败、再试验……直至成功。最后"北京二号"固体和液体两种发动机类型探空火箭，终于在全体师生的努力下，在"十一"前成功发射上天！

武光院长题字："奇迹是人创造，同志们努力"。

2018 年 7 月 2 日

曹永明

1935 年生，1953 年考入北京航空学院发动机系，1958 年毕业于液体火箭发动机专业。

"北京二号"发射成功

1958 年，大家响应党的号召，大炼钢铁。北航领导并没有随波逐流，而是搞航空工业，真刀真枪地搞轻型旅客飞机、无人驾驶飞机、火箭等来响应党的号召，于是生产出了"北京一号""北京二号"。"北京二号"是我国首枚自行研制的火箭，它是一枚高空探测火箭。

1958 年我们是毕业班，本来应该做毕业设计——纸上谈兵，最后把毕业设计改为研制高空探测火箭（开始并没有命名，后来才称为"北京二号"）。1957 年 4 月，苏联派来了莫斯科航空学院专家、教授帮助北航建立了火箭专业。他们带来了教材、资料，并为我们的老师讲课、培训（北航的机库里还有一枚苏联赠送的 V-2 导弹——第二次世界大战时德国研制成功并打到英国）。我们在研制"北京二号"的过程中，借鉴了他们带来的图纸和资料，否则我们不可能在较短时间内研制成功。

火箭主要由壳体和发动机两大部分组成，发动机有固体火箭发动机和液体火箭发动机。固体火箭发动机的结构比较简单，由圆柱形外壳（内装装药即火药柱）和尾喷管组成。液体火箭发动机比较复杂，圆柱形外壳内包含有燃料贮箱、氧化剂贮箱、燃料氧化剂的输送系统和燃烧室（包括尾喷管）。

当时教研室领导决定（当时还没成立系），"北京二号"由两级火箭组成，第一级为固体助推器，第二级为液体火箭发动机。当第一级助推器工作结束后，第二级开始工作把有效载荷（气象设备）送到预定高度。

"北京二号"的研制过程大致为：根据有效载荷的重量、火箭重量和预定高度等因素计算出所需总推力，由此再分解出固体助推器推力和工作时间、液体发动机的推力和工作时间。第一级固体助推器的推力和工作时间确定以后就可计算出固体装药的直径、长度和喷管尺寸。

第二级液体火箭发动机相对比较复杂。液体火箭发动机有双推进剂（燃料和氧化剂）、单推进剂（一般为强氧化剂，如过氧化氢 H_2O_2）两类。当然单推进剂的比较简单，"北京二号"是教研室师生第一次研制，所以选择了单推进剂的。"北京二号"采用的是强氧化剂——过氧化氢（H_2O_2），催化剂为固体高锰酸钾（$KMnO_4$），所以虽说是第二级液体火箭发动机，实际上只有一种推进剂是液体的，这样液体火箭发动机的推进剂输送系统要简单得多，成功的可能性也大很多。

过氧化氢经过催化剂催化反应生成高温高压气体，从尾喷管喷出产生推力，它们的化学反应过程如下：$3H_2O_2+2KMnO_4 \rightarrow 2KOH+2MnO_2+2H_2O+3O_2$。

方案确定后就开始进行设计、制造和试验。固体火箭部分只有筒体、喷管、装药和点火部件，制造出来后就在实验室的试验台上做试验，因为它的工作过程才几秒钟，比较简单。

"北京二号"上的第二级是个小型的液体火箭，所以采用挤压式推进剂输送系统，即用压缩空气把推进剂从贮箱挤压到燃烧室，它的结构如液体火箭简图所示，"北京二号"由高压空气瓶、爆破阀门（1）、减压器、推进剂贮箱爆破阀门（2）、单向阀和燃烧室组成，燃烧室由推进剂雾化喷嘴、催化剂室、挡板和尾喷管组成。其工作原理如下：首先引爆（1）（2）号爆破阀门，于是高压空气瓶中的高压空气流出通过减压器，空气压力降低到所需值，低压空气进入推进剂箱，挤压推进剂，把它挤压到燃烧室，推进剂箱中有一层隔离膜，用它来防止推进剂与空气直接接触和使推进剂液面稳定。推进剂在低压空气的挤压下，流经（2）号爆破阀门和单向阀进入燃烧室，首先流入燃烧室的头部，它是由许多推进剂喷嘴组成，喷嘴把推进剂雾化，雾化后的推进剂流入催化剂，与催化剂起化学反应，雾化能使推进剂与催化剂的反应更均匀和快速。化学反应生成的高温气体经尾喷管加速产生推力。

"北京二号"第二级用的是单推进剂液体火箭，推进剂与催化剂相遇就能产生化学反应，不需要点火，因此使系统更简单。

整体方案确定之后，进入各部件设计、制造和试验。各部件设计由学生做，部件制造由学院工厂做，部件试验和整体试验由师生在实验室完成。好在如爆破阀门、减压器、单向阀、推进剂喷嘴等讲义上都有图可做

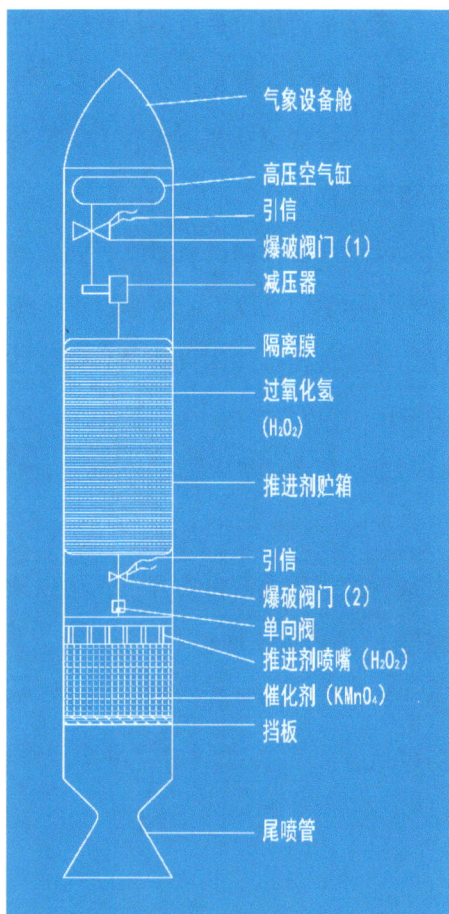

气象设备舱
高压空气缸
引信
爆破阀门（1）
减压器
隔离膜
过氧化氢（H_2O_2）
推进剂贮箱
引信
爆破阀门（2）
单向阀
推进剂喷嘴（H_2O_2）
催化剂（$KMnO_4$）
挡板
尾喷管

液体火箭简图

参考，所以加快了进度。爆破阀门是用引信（火药）爆破的，过去根本没有见过，因为有图纸少走了很多弯路。

当时遇到的一个困难是：第一级开始工作，整个火箭已经离开地面，所以火箭上应该有一个"延时继电器"来激发第二级的工作，即来引爆（打开）两个爆破阀门，那时我们这些火箭发动机专业的学生不知道"延时继电器"，后来突然想起照相机上的自拍机上有个机械式"延时器"，于是到王府井东安市场卖旧照相机的柜台上找到了这种"延时器"，解决了液体火箭与固体火箭之间的延时问题。

燃烧室的加工和试验是比较复杂的，喷嘴需要做多次的雾化冷试，燃烧室必须做热试，都是很费时间的，好在过氧化氢催化反应生成的气体温度不算太高，燃烧室壁和尾喷管不需要冷却，如果要进行冷却，因结构复杂，加工和试验就更难了。

经过火箭发动机教研室（固体火箭发动机教研室和液体火箭发动机教研室）的师生们及校工厂师傅们的共同努力，于1958年国庆前，我们带了研制好的液体火箭、固体火箭和一些必需的设备，到东北吉林省白城子地区的一个靶场（内蒙古附近的一个草原）进行发射。

我们躲在一个掩体后面，以防爆炸伤及我们。

先发射一枚固体火箭，然后发射"北京二号"固体液体两级高空探测火箭，大家看着这枚火箭冉冉升空，达到预定的高度（当时由靶场的解放军帮助测高度），这时大家抑制不住地兴奋，跳出掩体、相互拥抱，欢呼发射成功！

弹指一挥间，我们毕业正好一个"甲子"，令人感慨。"北京二号"的一些数据由于年代久远和本人年事已高已经记不得了，敬请谅解。

蔡峨

1932 年 7 月生，1956 年 7 月毕业于北航航空发动机工艺专业。参与型号时的身份：教师。

"北京二号"上天

1958 年盛夏，我国东北边疆白城子靶场——一望无际的大草原，是"北京二号"探空火箭的发射地。因为是炮兵靶场，那里只有几栋简易的掩体和操控房间，草原上没有树木森林，白天除了强烈的暴晒，还有就是层层叠叠的蚊子群，无论是吃饭、干活，只要是在场地上就必然陷入"蚊子阵"的层层包围之中，你只能手舞足蹈，经常有一些蚊子会落在你的饭碗里，晚上支起帐篷，睡觉必须要用被单从头到脚全部包裹严密，困极了也可以睡得很香。

火箭发射的定点、点火导线的布设，起动点火操控及人员疏散、观察等一切布置妥当，根据气象条件决定 9 月 22 日发射。当日晴空万里，稍有微风，大家精神饱满，一切按计划有条不紊地进行。

一声点火令下，火箭腾空而起，向上、径直向上、平稳向上，太壮观了！太平稳了！（早先也没有想象到发射火箭升空是一种什么状态）平生第一次见到的！第一级火箭工作完毕，脱落，第二级发动机继续喷着火焰，仍然平稳地推动着头部向上，轨道丝毫没有偏斜，直至消失在视野以外。地面遥测车绘出的结果是，飞行高度超过 70 公里。

现场自然是一片欢腾，大家看到的是前所未有的奇迹，是我们几个月来夜以继日为之奋斗的成果。"北京二号"的成功发射，在技术上至少说明了两个大的方面：第一方面是射程超过 70 公里，火箭的推力重量比较理想。为了减轻火箭的整体重量，我们在结构设计中可以说是挖空心思地推敲，在安全前提下尽量求其轻。譬如发动机壳体选的是3毫米厚铬矽合金钢板，卷焊结构。为了解决其耐热强度，壳体内壁又增加了 SiO_2 耐热薄层，而这些也必然增加了制造工艺上的复杂性。提到发动机壳体的钢筒，就一定要推举出我们北航的老师傅。钢板的剪裁、卷筒，靠的是我们钣金车间的两位老师傅，当时我们钣金车间的卷板机没有足够大的马力卷这样厚的不锈钢板，师傅们就想方设法采取多次碾压的办法成型，硬是达到了工艺要求，最后卷成的钢筒对接得严丝合缝。焊接车间研究决定，这样长的焊缝还是选择电焊比较好，因为气焊会引起筒体的变形。提起电焊，当时首屈一指的就是张玉波师傅。真是名不虚传，张师傅运用手中的焊枪和焊条进行焊接，简直是太漂亮了。焊接过程行云流水，一气呵成。师傅的操作我经常是在现场观看的，除去开眼界，有时还能搭把手，打打下手。看张师傅的操作我真感觉到是一种美的享受，焊接的筒体经过超声探伤检验，都是 100% 达标。现在保存的"北京二号"发动机，大家可以专门去看一下上面的焊缝，若隐若现，非常均匀，证明我没有虚夸。

第二方面就是飞行轨迹首段垂直向上的问题。这一成功至少又说明了我们技术上三个方面的成功：①外形；②推力；③助推和第二级发动机分离。

①火箭外形牵引了空气动力学问题，外型的整体设计是赵惠如老师领导完成的。她详细了解了两级发动机的各项参数，然后绘出了包括头部整流罩及各段的平衡翼面等整体外型设计。其赋予火箭非常优秀的气动性能，它是飞行成功的必要条件。

②第二方面就是推动力的问题了——火箭垂直升空的飞行轨迹取决推力的中正，没有偏差。如果助推发动机的推力有所偏斜，则火箭就必然顺着偏离的方向拐弯。助推火箭推力无偏斜除整体结构因素外，主要决定于尾喷管。"北京二号"助推发动机选择了七个喷管组合的盘式结构，我们的尾喷管座，

七个喷管中间一个喉径可变，周围六个均匀对称排列。这样的理想设计，又把难题交给了工厂的车工师傅，因为设计图纸上的均匀对称，要真正拿出钢锻件的实物不能有偏差（包括位置及尺寸上的误差）。当时和师傅商量，我提出了二级精度，偏狭的允许偏差量。师傅的操作发挥了当时工厂内车床功能的极致，硬是雕琢出了这样理想的精美构件。

③第一级助推器工作完毕，第二级火箭点火继续保持原轨道平稳向上飞行。最主要的是检验了指导两级火箭分离的整个系统。首先要求火箭整体性能要好，也就是助推级工作时导弹有良好的气动外形，但分离时助推级又要容易脱落，不能对第二级火箭在力量上有所干扰——设计上只能在两级发动机连接处增加附加的套环。长度要尽可能短但又能承受助推发动机工作时产生的扭力矩，内外套环配合要紧密（严丝合缝）又要易于分离——我又选了二级精度偏狭的滑配合，还是工厂的车工师傅帮助实现了这一设计。连接圆环外围设置了2枚铝合金剪切销钉（180°对称位置）防止连接套筒意外脱离。其次，也是最主要的就是保证助推级发动机工作完毕精准脱落（剪断连接的铝合金销钉），而二级发动机继续起动点火。这在当时的的确确是一大难题，可以说昼夜陷入冥思苦想之中——灵感来了！从推进剂有规律燃烧设想，通过特设的一种结构充填一定长度的药柱，达到控制二级发动机的点火目的。有了构想，画草图就是我的老本行了。消耗了不少的图纸，最后拿出了最为可行的方案，请教工厂的师傅，一拍即合，很快拿到了成品零件。当时真是高兴极了，其实结构非常简单。我给它起的名字叫"延时药盘"。因为它就是一个金属盘，两侧对称开孔，充填推进剂，中间凹穴内充填黑火药。药盘表面涂隔热层，装在助推发动机头部，和助推发动机同时点火。助推级工作完毕，药盘上的延时药柱也正好烧到芯部点燃了凹穴中的黑火药。火焰正对着装在二级发动机尾部的点火药包，则二级发动机起动。由于飞行中空气的阻力及二级火箭的起动，助推级同时剪断铝销钉顺利滑脱。

延时药盘的精准工作与其本身的精密程度直接相关。我们的药盘除去精密的外壳加工以外，最主要的是两侧的延时药柱，是保证二级发动机适时点火的关键，这些药柱是由北京工业学院推进剂系的罗秉和老师协助完成的，使我至今不忘的是人家那种助人为乐的协作精神。其实当时人家也是很忙的，像我拿去这样的零件人家以前也未做过，但根据我们急迫的要求，人家立即答应试做，而且一做即成。质量之优秀，使用中得到充分证明。这里顺便谈一起小插曲：我们的同行，西工大的老师们看到我们的发射，他们也准备发射同样的火箭。经一年的奋战，在我国大西北甘肃永登县靶场发射高空探测火箭，并专函邀请我院派代表团观摩。当时我院党委副书记潘梁领队，还有文传源老师，以及控制系的另一位女老师和我共四人乘火车赴邀。西北大草原也是阳光灿烂，一望无际。一声点火令下，"轰"的一声火箭升起，姿态好像不那么平稳。眨眼间又是一声轰响，二级火箭分离各奔东西。那时一级发动机尚未工作完毕，由于二级发动机点了火，加上外形气动性的问题及两级连接工艺性……若干问题叠加所以造成两个发动机各奔东西的后果。

想到这一幕，我越发感到我们延时药盘的高质量，以及我们整体火箭工艺的高质量。因为延时药盘的作用只是保证二级发动机按时点火，它与二级发动机如何飞行是没有关系的，这主要取决于一、二级连接结构顺畅分离无干扰外力和气动外型的合理分配及最主要的各个构件加工的工艺精度。

整整三个月时间，实现了"北京二号"圆满升空，这是我们集体苦干实干的结果，是集体智慧的产物，也是上上下下同心协力的结果，是全北京市许多单位大协作精神的奉献（助推器陶瓷喷管是哈尔滨陶瓷厂研制，药柱和阻燃层是太原 245 厂研制）。

章国栋

1936 年 8 月生，1958 年 10 月毕业于北航飞机设计专业。参与型号时的身份：学生。

"北京二号"往事点滴回忆

1958 年国庆节，我校研制的被命名为"北京二号"的一组探空火箭成功地升空了。这是两种分别以液体火箭发动机和固体火箭发动机为动力的探空火箭，是北航在国内各兄弟单位的大力协助下设计、制造、试验，并在国内首次成功发射的一组六枚中国火箭。

差不多过去已经六十年了，当时我作为临近毕业的学生（那时是本科五年学制）参加了一些实践工作，那时的一些工作情景至今仍历历在目。

当时，参加研制工作的所有师生都没有任何设计、制造、试验和发射火箭的实践经历与经验，仅有飞机设计与工艺的专业背景和从书本上及从苏联专家那里学来的有关火箭的理论知识，要在较短的时期内把相关理论变成实际还需要做出极大的努力。那时分派给我和另外一位同学的主要工作任务是计算火箭的飞行轨迹，一人计算液体火箭，另一人则计算固体火箭。记忆中，我是负责计算液体火箭的飞行轨迹的。当时所用的计算方法是最简单的欧拉插值法，大气数据和重力加速度数据等是用的那时的标准数据表，计算工具则是现在的很多年轻人没有见过的计算尺。因为是边设计、边试验、边修改，所以火箭的各主要参数一直处于变化的状态中，故而也就需要不断地计算出火箭飞行轨迹的相应变化。就这样，对照着标准数据表，根据变化着的火箭参数，每天周而复始地滑动计算尺进行计算并将计算出的结果填写到印制好的计算表格中。当时虽然有两台手摇机械式计算器，但那东西运行起来不但噪音大而且速度慢效率低，它所具有的有效数字位数多的优点对于那时所用的计算方法的总体精度而言是显现不出什么优越性的，终究还是计算尺成了计算工具中的主角。这样的计算工作虽然看起来是单调而乏味的，但我们还是专注和有兴味地干着，因为那是研制工作中不可或缺的一个环节。

除了计算火箭轨迹，还要穿插着做许多其他的事情。比如，要帮助其他老师和同学画图、描图（那时候可没有计算机绘图一说），要在装配与制造车间打下手等；也要做些与校外各相关机构进行联系与沟通的事务性工作，记得我就去过雷达兵司令部联系调用探测雷达的事宜，去过铁道部取得随身携带微量火药的许可证明等。在这样多方协作和紧张、繁忙的工作中，每位参与工作的同学都得到了全方位的锻炼，也就是在这样的工作状态下，最终研制出了"北京二号"。

作为最终成品的火箭是在原来的老机库中诞生的。在现今航空馆所在地，那时建有一个两跨度的机库，中间有隔墙，形成了两个分别进行型号总装和部分加工的车间。东边一跨是"北京一号"飞机的装配车间，西边一跨是"北京二号"火箭的装配车间。东边的车间是开起门来在热火朝天地干，是"北京一号"的最终诞生地；西边的车间则是关起门来在热火朝天地干（因为要保密），是"北京二号"的最终诞生地。

在那个时期，所有参加工作的人几乎都是连轴转的，加班、熬夜是普遍现象，很少有人能在午夜之前去睡觉。针对这一情况，学校专门在夜间十二点为大家提供夜餐，吃夜餐的时候就成了大家繁忙之余的自然聚会时间，也是一天之中最为放松的时刻。

后来，东北的白城子靶场被选为火箭的发射场地。临近火箭装配工作的末尾，参与工作的人们开始分批地奔赴靶场，进行火箭发射前的一系列准备。在这个时候，我和另外的几位同学被指派参加向领导机关进行汇报展览的准备工作，就这样被留在了校内而未去成靶场。

在送交汇报展览的展品中，除了火箭实体及一些典型的零、组件（如火箭发动机喷管）外，其他都是展示火箭的性能、研制团队组成、工作过程及发射场景等的展板，这些展板都是按照老同志拟好的内容，由我们自己设计、绘制与粘贴完成的。在展品中有两幅全尺寸的"北京二号"彩色立体解剖图，是我们五六个人用传统的圆规、丁字尺、三角尺和三棱尺等绘图工具一笔一画地按等轴侧投影的原理画出的；展品中还有一个自制的沙盘，其背景显示的是动态的火箭飞行轨迹，所谓动态不过是将手电筒的小灯泡连接起来以手工进行操作而已。当火箭成功升空的照片底片被急速传到北京后，就立即冲洗出正片并将它粘贴到展板上预留的位置。这意味着送展前的最后一步准备工作完成了。

汇报展览被布置在国防部的一座办公楼内，北航送展的五个型号（其中"三号"和"四号"仍处于不同阶段的研制过程中）占了整整一层楼，从1958年9月28日一直持续展览到10月12日。汇报展览受到了领导机关和领导同志的关注，周总理、朱德等6位元帅、许多位大将和上将（其中包括当时的海军司令员与政委及空军司令员与政委）等都来看过展览，钱学森和郭永怀两位科学家也来看过。周总理是在10月3日来看的展览，他在"北京二号"的展室中停留了较长的时间，问得也很仔细，还专门问到了如何测定火箭升空的高度（以当时的条件，是无法进行准确测定的）。离开"北京二号"展室前，周总理还蛮有兴味地驻足观看了一幅想象的空间站图景（在那时被视为科幻畅想）。在我向总理讲述该科幻图景时，负责摄影的谢础同志按下了照相机的快门，记录下了现在大家所常见的那幅总理在武光院长陪同下参观展览的照片（在主楼三层中间就有一幅）。

在那次的汇报展览结束后，还曾经将经过浓缩的展览内容送往中南海的瀛台做过短暂的展示，"北京二号"是唯一被送去展示的实体型号。此后，校方又将这些展品布置在主楼北翼四层的一间展室内并保持了一段时期。其间，当时的团中央书记胡耀邦同志和几位团中央副书记曾由王大昌副院长陪同参观过这个展室，由我做的讲解介绍。

　　1958 年前后的那段经历，对于走过来的人都是难以忘却的。在那以后，探空火箭在国内的首次成功升空和领导同志的亲切关怀，都在激励着大家朝向更高的目标继续努力。

2018 年 7 月

蔡峨

1932 年 7 月生，1956 年 7 月毕业于北航航空发动机工艺专业。参与型号时的身份：教师。

诞生"北京二号"的地方

今日在北航，走进东南校门眼前一亮，高大的新主楼，若干年前，在其西北角（G、H 座），正是"北京二号"火箭诞生的基地——403 实验室——一排低矮的平房。别瞧其外貌不起眼，作为火箭发动机实验和研制基地是非常适用的。其中液体和固体火箭发动机试车间都有 40 厘米厚的防爆墙，配以轻型屋顶。观察窗口镶嵌 40 毫米厚的有机玻璃，据说遇到强爆炸这种玻璃只可能开裂而不会爆破伤人。事实证明，研制过程中，液体和固体发动机都曾发生较强的爆炸，而房屋结构确实是安全的。实验室试车间外其他加工操作及设计、办公的房间，其房屋结构恰好与试车间相反。墙壁是一般砖木结构，而屋顶的构造是加强的，防止试验中有意外飞出之物砸到屋顶而伤人。

实验室的建设当时是苏联专家提供的草图，和我校基建科共同设计奠基的。1956 年毕业后我曾随苏联专家学习，在实验室建设方面也有幸参与了一些协调跑腿工作。当时实验室的具体建设施工主要是基建科维修工程师负责指挥，实验室的基建速度也是空前。别看只是小小的一排平房，其种种特殊要求是复杂和苛刻的。譬如试车台的基础（地基）必须要与整栋结构隔离，以免试车的振动对房屋结构造成干扰，还有试车间防爆门的装置要考虑人员出入是否便捷等。就这样，几个月的时间里，这排图纸上的工程画图就诞生了，建成了一排坐落在那里的实体平房——催促着我们要马上行动起来，投入实验发动机的检验。

当时国内没有哪一家进行火箭发动机的研究。实验室建成后，为了尽快造出可供实验用的发动机，我和张儒度同学一起拜访过当时的哈尔滨军事工程学院。该院院长任新民接待了我们，但他们那里并不造火箭发动机，而主要是研究火炮、火药、炸药的能量、爆炸当量，以及各种火药的燃烧速度等项目，设备方面有较先进的燃速测量仪等。在那里虽然没有见到火箭发动机，但学到的其他知识对我们后来实验室建设仍起到了很大作用，多学多看对开发之路是很有好处的。

回到学校，还是要靠自力更生。实际上当时苏联专家是有设计方案的，不知为什么没有更快地交给我们，之后在逐次答疑中，通过对发动机设计草图一步一步地修改，最终还是在苏联专家的指导下完成了草图设计。这位专家工作态度严谨认真，指导我们的过程中颇具启发性，对问题的讨论从不轻率地否定或肯定而是直到你真正弄清楚了才算完，也许这就是他未能更快地把图纸直接交给我们的原因。他的名字叫佘鲁新，据说当时在苏联也是很出色的教授。

实验发动机的设计，照顾了当时我们国内已有的推进剂药柱尺寸。所以发动机设计加工好了，其所需的药柱也就有了，剩下来另一大难题就是测试问题。发动机试验的目的是必须要拿到其工作曲线就是我们常说的发动机室内压强随时间的变化关系 P-t 曲线，这就需要感应发动机内压强变化的敏感元件，再把这种感应以某种信号的方式传递给显示仪器。这个难度之所以困难是因为它更多地超出了我们的专业，为此我和张儒度二人专门到当时研究机翼表面变形的老师们那里请教。他们给了我们应变片和示波器，算是帮了大忙。但回到实验室，多次点火试车就是出不来曲线，究竟为什么呢？那段时间虽然没有日夜奋战，但也是废寝忘食了，一天下午吃过午饭后继续在实验室试验，重新检查应变片粘贴的质量和示波器运转状况等——突然，曲线出现了！张儒度立马拍照下来，哎呀，真是漂亮极了——竟是一条很理想的曲线，与设计结果完全相符。不约而同，我们二人一起跑到曹传钧老师家"报喜"。曹老师当然也是非常高兴的。

盛夏时节太阳早已落山，回来的路上看到表正好是8点半，食堂早已关门。

王幼复

1935 年 9 月生，1958 年毕业于北航飞机工艺专业。参与型号时的身份：学生。

热火朝天的型号制造

1958 年 6 月初，我从沈阳 112 厂一回到北航，马上投入"北京一号"的试制工作。102 实验室作为钣金车间，做"一号"的钣金零件，老师看我还行，就调我去操作"铅模落锤机"，凡大型、复杂、不规则的钣金件，只有用落锤机控制大块钣材一点点地逐次变形，才能逐渐成型。掌握落锤机，需要随现场钣金变形情况不断调整操作落锤的轻重缓急，技术难度很高，但没有多久我也很快适应，操作渐渐得心应手。

不久，老师说有另一项很重要的机密任务，把我从 102 大实验室调到飞机库去，也做钣金加工，后来告诉我是"北京二号"，但"二号"是什么，不让问。我和孙世长、黄启刚、徐冰清等几个人，单独在老机库里围起来一个大大的隔间干活。后来学校从南昌 320 厂还请来一位何师傅指导我们。记得有几次我做钣金件的思路跟何师傅的思路不大一样，我喜欢独立思考，但我一个学生想的是单纯的技术，何师傅则认为我是 112 厂学来的"北派"，不服他 320 厂的"南派"，长时间不理我。

记得"北京二号"的头锥、箭体、不锈钢火箭发动机零件、翼面等我都做过。几乎每天都从早一直干活到深夜，常常"连轴转"，吃了"夜宵"再干。记得最长的一次有一个星期没有回宿舍，就在机库里偶尔打个盹儿，接着干，实在是累困交加。

评奖时，我获得了一枚红星奖章。

1958 年秋"北京一号"飞机试飞成功，这在全国引起了极大的震动。当时在全国影响非常大。

同时"北京二号"在吉林白城子也发射成功。这是我国的第一枚火箭，是一件具有极大的政治意义和历史意义的大事。但是为了保守机密，不能公开宣传，然而这件事却震动了中央和国家领导人，周恩来总理、朱德委员长、彭德怀、陈毅等国家领导人，以及钱学森、郭永怀等军事科学家都来参观北航的内部型号展览。

"北京二号"发射成功后，校领导给我们放一天的假，安排我们"北京二号"钣金组的师生，以及一直做义务工作的低年级学生一起到颐和园去游玩一天。到了 10 月，我们 1958 年毕业班的学生就要分配工作了。全部"北京二号"钣金组的师生，大家一起合影留念。

"北京二号"的钣金、机械加工组的总负责人是杨文龙，当时一起工作的有：102 教研室的杨文龙、邬学礼、孙世长，学生有王幼复、黄启刚、李德澄、徐冰清、蔡颜玲……

接着，学校要我们这些即将毕业的飞机工艺专业的学生抓紧时间，在老师的指导下把半年多来积累的宝贵经验和业务知识，集体写出总结，完成一本名为《北京一号的工艺问题》的书。

1958 年是我人生中多方面收获的一年，也是我一生中一段难忘的回忆。我的青年时期得到了多方面的锻炼和收获，为今后的工作打下了坚实的基础。

2018 年 6 月

孙世长

1934 年 7 月生，1966 年毕业于北航飞机工艺专业。参与型号时的身份：技术员。

"北京二号"钣金工段

1958 年，那真是个火热的年代，是解放思想、敢想敢干的年代。我在听了武光院长代表学校做的"大干一百天，保证三个型号飞上天"的动员报告后，和大家一样，心情激动，但心中也真的没底。因为当时学校确实不具备生产这些型号的条件！那时学校虽设飞机工艺专业，但没有一个钣金工人，没有一个飞机装配工人，更没有工厂中供飞机生产用的大型专用机床设备和专用的工艺装备（如型架、模具、模线样板等的专门车间）。

其实学校之前已成立了生产指挥部，对学校研制飞机进行了利弊分析，其中很重要的是对后来的型号生产采取了两项措施：

一是前期派出一批工艺专业的教师和毕业班学生到飞机工厂进行培训，真刀真枪地掌握生产技术，熟悉生产流程。同时聘请了少量工厂中技术过硬的工人，来学校做生产指导，解决生产中的关键技术问题。这批师生回校后成了型号生产中的主力军。

二是在生产开始后，成立各种突击队，以设计、制作和使用一体化的组织方式，解决关键技术问题。如简易落锤、型架装配机、硝盐槽、水泥模等，将不利化为有利。就是在这种情况下，在党的一声令下后，广大师生热火朝天地、不分昼夜地干了起来，最后胜利地完成了任务。

"北京二号"是个探空火箭。火箭系是1958年7月1日才成立的。因此它的研制时间比"北京一号"稍晚一些。"二号"所需的工艺人员都是从飞机工艺专业抽调来的师生。包括杨文龙老师、从南昌320厂聘请来的何宗桂师傅和徐冰清等十多名工艺专业下厂培训过的毕业班学生，组成了一个钣金工段，杨文龙老师负责火箭总体工艺，我因在飞机工艺专业，从事实验室工作，有一定实践工作经验，担任了"二号"钣金工段的工段长。工段设在当年的北航机库的西库中。

此外火箭系还派了低年级同学，为工段做些宣传、服务等工作。徐冰清、王幼复、李德澄毕业后留校任教。

"北京二号"火箭壳体的钣金件结构，看似比"北京一号"简单，但加工难度也不小。例如燃烧室、箭头罩、发动机中的环形件等，燃烧室是由2毫米厚的30铬锰硅高强度合金钢板加工而成的，直径250毫米，长1.2米。

对燃烧室的加工，我们首先是根据燃烧室的设计图纸，将其展开成平面钣材，把钣材经过三轴滚床加工成一个圆筒，然后经过校形，使其达到能够焊接的状态。而学校没有校形设备，只能靠手工用铁榔头锤击，达到校形的目的。在焊接前的校形锤击过程中，材质已产生严重的不均匀的加工硬化，经焊接后，又会产生很大变形，必须经过二次校形。为了消除加工硬化的影响，二次校形前，还必须经过退火处理。但退火后表面会产生一层氧化皮，在校形时氧化皮会四处飞溅，很影响工作环境。

这两次校形，特别是第二次校形，我和同学们只能进行初校，最后都要由工厂聘请来的何师傅主锤把关，使燃烧室不椭圆度、直线度、表面平整度等各项技术指标达到设计要求。

何师傅开朗乐观、性格豪爽、有脾气、爱开玩笑，工作认真，干活不惜力，钣金技术一流，有时也显得有些牛气，但很可爱，令人尊敬。

尽管他的体质显得瘦弱，但当他抡起两磅重的铁榔头，锤击在两毫米厚的高强度合金钢钣上时，却显得精神气十足。校形既是震耳欲聋的力气活，

"北京二号"钣金工段的同志与何宗桂师傅(前排中)合影留念。前排左起 :2- 徐冰清、5- 蔡颜玲 ;中排左起 :1- 孙世长(教师)、2- 李德澄、3- 王幼复、4- 邬学礼(教师);后排左 3- 杨文龙(教师)

又是难度颇大的技术活。特别是在第二次校形时,飞溅出的氧化皮,直溅到人们胸前、头发上,甚至是鼻孔、眼睛和嘴巴里。几个人相互看一眼,样子都十分滑稽可笑。而何师傅是首当其冲,他一面敲击,一面嘴里不停地念叨着:"氧化皮,氧化皮!"因我们二人相处十分融洽、友好,我和他一样爱开玩笑,我就给他起了个"氧化皮"的外号,他也乐呵呵地应承了下来。从此大家平时除了称他何师傅,也常叫他"氧化皮","氧化皮"似乎成了他的爱称。

学生们虽不具备像何师傅那样解决关键技术的能力,但经过培训,也大多达到了 3 ~ 4 级工的水平。他们富有热情,充满活力,加上在学校学过相关理论,更能发挥出自己的主动性和积极性。因此在生产中,80% ~ 90% 以上的钣金零件,都是以学生为主完成的。而在燃烧室等关键部件校形时,当何师傅手中的榔头用足了力气锤下去时,学生作为助手,扶持零件的手被震

"北京二号"任务完成后，本人陪何宗桂师傅到颐和园游览

得又麻又疼，但仍坚持下来，彼此间协调配合，堪称是钣金工段的主力军。在任务紧张阶段，在那炎热的夏日，不分白天黑夜，汗流浃背，湿透衣衫，有时干脆光着膀子加油干，那场面真是十分感人！

在大家一起努力奋斗的日子里，钣金工段是个齐心协力、相处融洽、欢欣快乐、富有生气、团结友爱的战斗集体，因此在生产进程中和"北京二号"最后成功发射的庆祝会上，先后荣获"红旗工段"和"先进集体"奖旗奖状。

一件产品的质量如何，是由组成产品的零部件保证的，它们合格与否将影响整体质量。因此生产中设有专门的检验组及检验的工作流程，并要求对设计出的产品进行工艺性审查。

我们工段制作出的箭头罩，由于学校没有相应的加工设备，完全是靠手

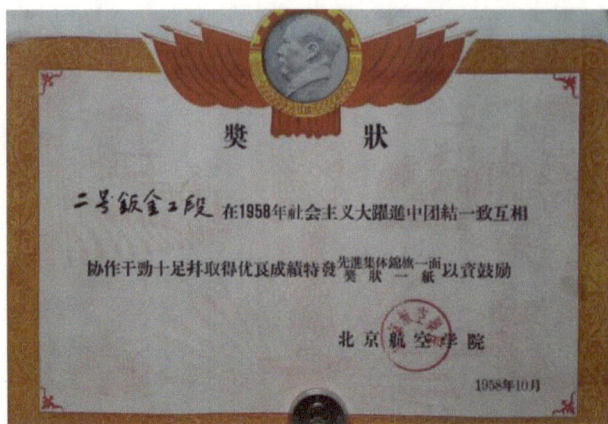
"北京二号"钣金工段荣获的奖状

工制作出来的，经工段检验认可后，送交相关单位。两天后，相关单位的设计师、检验员和几位同学，抱着包得严严实实的箭头罩，来到钣金工段，把包着的箭头罩打开后，说是表面光滑度、不椭圆度和直线度超差，未达到设计要求，不合格。钣金工段的同志看到这种局面，当时都惊愕了！

这时恰好有位苏联专家在工段视察，他听到这事，先是认真看了看实物，并用手摸了摸，问是怎样加工的，我通过翻译说是手工制作的。专家摇了摇头说：手工制作的？不可能！翻译反过来问我，是否真是手工制作的？我告诉他，的确是手工制作的。专家听了，伸出大拇指说："好，很好！"并哈哈大笑起来。认为不合格的那几位，听了"权威"的赞赏，也不好意思地跟着笑了起来。

这件事也促使我想一些问题：这个技术规范是谁制定的？依据是些什么？是否考虑了学校现实的生产条件？类似情况还有不少，我在生产实践中获得的这些见识，在具有一定专业知识的基础上，经过型号生产，又增强了动手能力的实际锻炼，所获得的知识与经验，使我在后来的工作中收益颇多。

最后不得不说几句全校情况。在生产紧张阶段，几乎每天晚上都有很多人在生产岗位上加班夜战。校领导关心加夜班的同志们，让食堂师傅把做好的夜宵送到现场。大家放下工具，吃上一碗香喷喷的蛋炒饭或香肠炒饭，感觉好享受，令人难忘。搞过型号生产的朋友们，现在有时聊起那时的情景，心情仍十分兴奋，好像嘴里还有那种难以忘怀的余香。其实那时不仅食堂师

利用下厂实习的机会,陪同实验室主任冯厚植(左1)看望帮助咱们型号试制的老朋友何宗桂老师傅(中)

傅,包括器材供应、宣传机构、保卫部门、后勤等也都动员了起来,为了同一个目标,积极支持三个型号"主战场",大团结、大协作,为实现三个型号按时上天的目标齐心协力。从工厂聘请来支援我们的工人,工厂也是无偿援助分文不收,充分体现了当年的共产主义大协作精神与风格。

1958年8月22日到10月3日,"北京二号"一级固体火箭和多枚固－固和固－液二级火箭在东北白城子基地成功发射。10月16日"北京二号"指挥部召开了发射成功庆祝会。

"北京二号"钣金工段的师生们,为我国第一枚探空火箭试制的成功,做出了他们的积极贡献。

"北京二号"钣金工段的试制任务也随之圆满结束。

温文彪

1933 年 7 月生，1958 年毕业于北航飞行器制造工程专业。参与型号时的身份：学生。

我为"北京二号"当小工

我在沈阳飞机制造厂为"北京一号"提前学了三四个月铆工，并且经过考核获得了"四级铆工"证书，准备在"北京一号"装配车间铆接飞机部件。

返校后，我以型号研制作为毕业设计。

我没有被分配到"北京一号"当铆工，而被分配到"北京二号"焊接工艺组从事焊接工艺辅助工作，也就是当小工。

当得知"北京二号"是高空探测火箭，既有液体火箭又有固体火箭，可以接触许多未知的新知识，在学习了飞机构造和制造全过程之后，又将了解火箭的构造、制造全过程，因为以前没见过，非常高兴。

20 世纪 50 年代，北航是保密性很强的单位，北航驻有解放军一个排，上面还设有连部，俗称警卫连，负责学校教学区几个门口和校内某些实验室的站岗保密、保卫。北航火箭系的保密性极强，"北京二号"的保密措施也极强，钣金车间制造"北京二号"钣金件的同学，单独组成一个组，只知道自己制造的是"北京二号"的钣金件，而钣金件用在什么地方不知道。机械加工件也是如此。为此，"北京二号"成立了调度组，由调度组组长把关，每位调度员只负责把某个车间的零件按工序送到指定处，我接收过几个调度员送过来的零件，如送钣金件的调度员、送机械加工件的调度员和送经热处理零件的调度员。

火箭机体和发动机都是钣金件和机械加工件由简单到复杂的焊接组合，由钣金车间和机械加工车间按生产进度送来零件进行焊接装配。

焊接装配是飞机装配的一部分，是与铆接连接截然不同的一种连接原理和方法。飞机工厂里有钳焊车间，《飞机装配工艺学》中有一章专门讲述飞机焊接装配，但火箭结构与制造、装配我则从未学习过，火箭构造比飞机构造简单，火箭机体和液体火箭发动机焊接连接，在 20 世纪 50 年代，都是由 5 级或 6 级焊工师傅亲自焊接那些"缝"，现在又可以在实践中学习一种装配连接技术，真是非常高兴。

指导教师是焊接教研室的邹僖老师和周达老师，前者主管接触焊和气焊，后者主管氩弧焊。均有黑色金属和有色金属焊接件，太齐全了，100 天学这么多东西，太值了。接触焊操作是丁松福师傅，气焊操作是 6 级工张金宝师傅，氩弧焊操作是 5 级工李高芳师傅，焊接这种热加工连接技术，全凭师傅的手艺和经验或接触焊参数的选择，而且焊后不可拆。如焊接后经超声波无损探伤检查出故障，极少数情况下才可以补焊，一般不能补焊，只能报废，前功尽弃。俗称：一口气、一条焊缝定成败！因此，我只能在师傅操作前后做些极其简单的辅助工作，如拿拿零件、摆摆工作台、焊后抬着工件到超声波探伤室检查焊缝、领取检查报告、把工件放到半成品架，阅读两类合金三种方法不同结构件的工艺规程。阅读之后，按照工序，一步步跟着老师和师傅走，给师傅打下手。焊接时，师傅带上保护面罩观看焊条熔化、焊缝生成情况，我也戴上面罩观看。探伤后老师、师傅们讨论检验结果时，我在旁边听。液体火箭、固体火箭的钣金件、机械加工件由调度员从有关车间拿来，设计员和邹僖、周达两位老师配套时，我在旁边观看、听讲、听讨论，都是新知识的现场课。"北京二号"高空探测火箭，尺寸不太大，但"五脏俱全"。液体火箭发动机是机械加工件和钣金件的气焊连接，每次看到组合配套或一步步焊接，心里既惊喜又惊奇地感叹：其结构是这样；工作原理是这样；点火器、喷油嘴、燃烧室是这样；燃料舱是这样；氧化剂舱是这样；混合器是这样；

"北航二号"焊接组全体合影，集体从左至右：1. 张金宝师傅；4. 周达老师；5. 丁松福老师；9. 李高芳师傅；10. 邹僖老师；11. 温文彪(本文作者)。其他人想不起姓名

输送管路是这样；固体火箭的药柱舱又是这样。眼睛看到的是惊奇，耳朵听到的是新鲜。每种火箭三四枚，看了一遍又一遍，听了一次又一次。设计员天天来，好奇就问；调度员天天跑，看到什么零件就摸一摸。几位老师、师傅整天马不停蹄，我就跟着走，能够干什么就抢着干。师傅们说，越是夜深，心越静，手越稳当，焊出的缝越好。所以，全校晚11点夜餐后，是焊活的良机。我们都凑在一起，屏住呼吸，看师傅焊活。

当全部火箭运往发射场后，两位老师、三位师傅和十几位学生（包括调度员同学）提议：咱们"北京二号"焊接组拍个全家福吧！于是，留下了又一段丰富经历的美好记忆！这段经历所获得的知识和实践经验，这100多天的生活，令我回忆时，心生满足感！

吴延玺

1933 年 11 月生，1958 年毕业于北航液体火箭发动机专业。参与型号时的身份：教师。

"北京二号"高空探测火箭液体火箭发动机研制侧记

1958—1959 年，校领导下定决心组织全校力量，发挥学校特点研究与制造轻型旅客机"北京一号"和高空探测火箭"北京二号"等型号，后者就是我们火箭导弹系各专业的任务。

参加"北京二号"研制工作主要以曹传钧、何庆芝、张锡圣、文传源、李宜敏等一批老教授为骨干。其次还有中、青年教师壮忠、冯文澜、蔡峨、董哲善等人，我和一批毕业不久的青年教师大多担任一些辅助工作。

回忆已过去六十年的历史，大多是一些小故事，现略取一二以致庆贺。

其一，液体火箭发动机首次试车即以爆炸收场。由于没有工作经验，原计划发射前仅安排四次实验室试验，结果首次试验即发生爆炸。大家均无思想准备，前来参观的校领导撤离不久后，发动机方面负责人张锡圣教授当天即召集我们，要迅速分析原因，并鼓励大家在两周内恢复试车台，进行二次试验，大家都不为失败而沮丧，立即投入新的工作，干劲之足难以形容，真可谓夜以继日。

其二，押运液体氧化剂过氧化氢去靶场——白城。"北京二号"液体火箭发动机的氧化剂是浓度大于 85% 的过氧化氢，特性易燃，我和其他三位年轻教师负责用装牲畜的火车车厢，日夜伴着三大桶过氧化氢和三大桶灭火用水，由北京运至白城发射场。由于是易燃危险品，专用车厢不允许停在人员多的车站，所以每站均停放在离车站较远处，我们四人度过了三个不眠之夜和三天不规范的饮食，在我们安全到达白城发射场后，我们才真正放松下来，这是我一生最惊险的三天。

其三，我们在研制工作中尽管缺乏经验，但年轻人总能敢想敢干转危为安。如，壮忠就敢于在玻璃试管中混入汞（水银）与过氧化氢，当二者混合时突发爆炸，幸未伤人；又如，为测压精准，最大程度缩短试验发动机与压力表之间的距离，我曾经俯卧在试件近一米处的距离，而隔墙高度不足一米，在测试过程中，目不转睛不为所惧；还有一位青年教师竟敢带近百个引信乘坐火车，一旦引燃不堪设想啊。

总之，在那个敢想敢干充满朝气的年代，人们充满乐观主义精神，一心扑在工作上，在紧张的时候，很长一段时间我们几乎都吃住在实验室，常常工作到后半夜，夜宵也由食堂送来实验室。说来也怪，人们常不知困倦，连年纪比我们大的曹传钧老师偶然入夜看小说及讲述西南联大典故，次日还能照常给学生讲课，当时我是他的助教，对曹先生充满敬佩。

殷遇春

1931 年 4 月生，1958 年毕业于北航六系。参与型号时的身份：应届毕业学生。

"北京二号"研制发射架情况拾遗

1958 年我有幸参加了"北京二号"研制，参加了"北京二号"在白城子的发射场和火箭发射架的建设工作。

1958 年，为了"北京二号"，北航在吉林白城建了一个发射场。白城位于吉林省西北角。白城靶场离白城还有一段距离，去发射场那段路特别难走，顺着山沟走，全是泥巴。那个基地有一个部队总部，在那儿我们建立了"北京二号"的发射场。

发射地点为什么选在吉林白城？第一为了保密，第二那里地方比较大，比较荒凉，周围是山，中间有比较平的一大片地，山沟里还可以挖到水，用铁锹挖一米多深就挖出水了。

吉林白城子靶场是部队的炮场，军队有食堂，供应面包什么的，通电话，方便跟北航联系。但是条件很艰苦。那地方是一片草原，盐碱地，长半人高的蒿子，还有些矮小的枣树。我们去了以后，先要清理场地。大家都穿上长筒袜子，用鞋带把裤子包扎好，戴上口罩，先要撒石灰，除草，之后再搭帐篷。帐篷里面垫了草垫子，算是床了。最难受的是蚊子多，个头大，轰都轰不走。后来就抹防蚊油，有些人还用围巾把头勒住，就露眼睛。刚去的时候，害怕晚上有野兽，同去的还有一个警卫，带着枪，就睡到帐篷门口。

建发射架，先要打地基，地基用螺栓和螺钉固定，之后发射架用手摇绞车，将架子和横杆一节一节往上搭，才建成的。

进场不久，吃的东西没了，带去的西瓜也吃完了，就打电话送信，请部队给我们送点东西吃，当地有野生黄羊，有时就开着车，去打黄羊。我还要安排好场地保卫工作，事先制定了一套方案。

我主要参与发射架的设计、加工。当时我是应届毕业学生，在没有老师指导下，想尽办法提出设计方案。有一次经过北医三院，那里正在盖高楼，有个往上运水泥的方形铁桁架，我觉得可以利用，既省很多时间和工艺，也省钱。之后我们又设计了一个发射火箭的滑行导轨，在大家都同意的情况下，就按照这个方案干了。同时请北京一块去的工地上的建筑师傅跟去发射场，安装了发射架，又请北京车床厂加工由我设计的发射滑轨。滑轨制作要求很严苛，一节一节对接起来，总共是 18.5 米。之后和发射架一起，用火车运到吉林白城子发射场。

发射架装配好后，火箭就运过去了。在众人齐心协力下，试飞的火箭用人工安装到发射架上。

之后去的人就多了，有搞火箭设计的，有搞火箭发动机的，有学院领导，也有一位苏联专家，参观的人不少。在火箭发射台不远的地方，还挖了一个隐蔽掩体，我们叫隐蔽所，隐蔽所离那个发射点有 500 米远，发射的时候我们都看得见。掩体顶上覆盖着很粗的圆木，圆木上面盖着树枝，还培了很多土。第一次发射，看到第一级火箭发动机分离，大家都赶紧往掩体底下跑，连滚带爬往底下钻。有一次发射，脱落坠地的发射加速器就落到我们旁边，离我们约有 50 米远吧。

从 1958 年 9 月 22 日到 10 月 3 日，这样的发射一共进行了六次，每次成功大家都欢欣鼓舞。

何麟书

1938年9月生，1960年毕业于北航导弹设计专业。参与型号时的身份：学生。

"北京二号"研发中的小故事

1．两只兔子

"北京二号"是探空火箭，共有两种，分别为液体火箭和固体火箭。1958年在北航还有苏联专家的时候，他们表示北航火箭系没能力同时搞两种探空火箭，说俄罗斯有个古老的谚语："同时抓两只兔子，一只也抓不着！"结果不到一百天，两种探空火箭在白城子靶场试飞成功！

2．煤灰渣

"北京二号"液体火箭的燃烧剂是煤油，氧化剂是过氧化氢，过氧化氢要经过高锰酸钾分解才能释放出氧气助燃，高锰酸钾要求附着在多孔的介质上才能高效触煤，老师们土法上马提出用煤灰渣。当时我们只是火箭系三年级学生，还不能参加设计，就去锅炉房找煤灰渣，找了一堆，请老师们选用。

3．开夜车

赵震炎教授教我们弹道学，课后叫我和班上号称"卫博士"的卫迁同学一同算一下"北京二号"的弹道，和老师算好的对照一下，作为验算。当时没有电子计算机，最先进的是手摇计算机，用差分法一秒一秒地算，填写大表

作者在酒泉卫星发射中心

格，一个人报，一个人摇计算机。1958年，干活不睡觉是常事，忙活了一通宵，十二点还吃了香肠炒饭，结果第二天一查，全算错了！白忙一通宵。

"北京五号"

文传源

1918 年 6 月生，参与型号研制时的身份："北京五号"无人机驾驶飞机总设计师，总指挥。

中国第一架无人驾驶飞机

——"北京五号"研制试飞成功

一、前言

　　1957 年 9 月，北航新建 206 教研室（1985 年过渡为 605 教研室，即导弹控制教研室），由文传源任主任，成员有冯毓江、张林昌、张明廉、宋子善，还有苏联列宁格勒机械学院专家尼吉也果（讲师）在教研室讲授自动控制与遥控原件，秦德荣任翻译。中共八届二中全会（1958 年 5 月 5 日）通过"鼓足干劲，力争上游，多快好省地建设社会主义"的总路线，并把调动一切积极因素、逐步实现技术革命和文化革命等规定作为这条总路线的基本点。当时在党的这些指示的引导下，以及爱国主义、勇攀科学高峰思潮的激励下，教研室开始考虑研制无人驾驶飞机，并征求对我国非常友好的苏联专家尼吉也果和扎伊采夫副教授的意见，他们认为，"无人驾驶飞机技术难度特别大，特别是在陆地跑道自动着陆问题非常困难，中国同志当前不可能解决这类复杂的科技问题"，"中国同人研制无人驾驶飞机是根本不可能实现的"。在两位

北航建校 60 周年   百岁寿诞

好心的专家诚挚劝阻、当时又找不到无人驾驶飞机资料的困难情况下，我们并未改变初衷，由文传源继续研究和草拟技术方案。

大约在 1958 年元旦前后，武光院长传达周恩来总理同意北航研制无人驾驶飞机的指示，使我们师出有名，信心倍增。1958 年 3 月我院正式提出无人驾驶飞机的初步方案和试制计划。同年 4 月，邀请第五研究院（航天器研究院）的蔡京涛等数位专家讨论我们的方案。他们完全赞同我们的方案，并对无线电遥控信道的差频等提出了有益的建议。此后，我们加紧完善方案和做好研制准备工作。同年 6 月 29 日，在北航飞机设备系（当时的二系）范围内（也有其他系的教师参加）成立"北航五号"（后根据北京市的建议改名为"北京五号"）指挥部，文传源任总指挥，并承担总设计师工作，徐学贤为党支部书记，开始集中教职工近 100 人，后陆续增加到 281 人（含学生），并增补唐邑为副总指挥。其中有教授和年龄较大的教师如：林士谔、文中奇、宋丽川、张桂联、赵震炎、余德星（兴）、黄俊钦、刘燕谋等；青年教师如：冯毓江、张林昌、刘惠彬、王玉麟、周启光、丁子明、王行仁、以光衢、张明廉、宋子善、孟宪仲、周士炎等。宋子善在第二阶段（1958年10月1日至1959年2月）还担任机场试飞技术负责人。第一阶段试飞技术工作由文传源兼管。年龄较大的工人有路永诚、王大卫、崔宝玮、赵连义、陈洪才、陈祥龙、张平祥、王尔诚等。另有1958年和1959年毕业的本科生参加了研制工作。五院还派来擅长无线电技术的吴宝初和擅长滤波技术的吴宝翼、武萍参加研制工作。此外，还从民航调来一名飞行员（张立森），后来由空军派来有经验的飞行员参加试飞和地面遥控无人机，最后进行地面遥控飞行和自动起飞等工作。在研制过程中，空军慷慨而且主动无偿调拨飞机以及所需的航空元器件和器材设备，五院最后支援了60万元的研制费。我们还得到了校内外有关单位和首都东郊机场的大力支持与帮助，特别是首都机场提供了很好的试飞场地和试飞人员的生活及食宿条件达半年之久。

二、"北京五号"的研制概况

"北京五号"指挥部成立之后，立即成立了设计组（含方案机构、自动驾驶仪、操纵台、自动起飞、空气动力、发动机自动控制、自动着陆、无线电操控、检测仪表、气压式小高度表、无线电小高速表等各分系统等分组）、生产组（含加工、安装分组等）、检测组（含地面、机械系统、部件检测、加工质量检测分组）、办公室（资料管理与供应、器材供应、对外联系分组）和试飞组（含飞行员与操纵手的培训，机场管理与维护）。

（一）研制步骤

（1）讨论修改总体方案与研制计划；

（2）选定并紧急调研现成飞机及其所装发动机作为主要设备之一；

（3）制定调用飞机试飞（收集数据）以及各分系统研制调试计划；

（4）进行研制及元部件、材料调集与储备；

（5）元部件调试，分系统与多个分系统调试与空中调试；

（6）地面、空中联调；

（7）空中人—机联调；

（8）空中有人监控、无线电遥控着陆试飞；

（9）无人驾驶自动着陆试飞。

（二）工作方式与过程

由于要求国庆献礼，"十一"上天，所有研制设备9月中旬以前必须装机，进度极为紧急。各个分系统及其相关系统的设计、生产、测试、地面调试、空中联调等各个环节之间，都采用重叠、交叉与相互协调的工作方式，也就是目前流行的"并行工作"的工作方法。

（三）研制简况

各个分系统都很复杂，分析、设计、计算、测试工作量很大。由于大家公而忘私、情绪高昂、严格要求、知难而进、严把质量关，夜以继日地干，都按质按量按计划完成了任务。其中自动着陆系统中所用小高度表要求精度很高，为0.3米，采用几种方案同时进行，先后有气压式小高度表和接地撬杆方案被放弃，新研制了无线电小高度表，虽然难度很大，但研制成功，解决了自动着陆系统的重要关键问题。所采用的安-2飞机由于缺乏动态飞行数据，须做大量试飞，每次试飞所获得的测试数据，由于当时测量仪器精度不够，分析整理试飞数据十分困难，须做大量分析工作，才有可能获得有用数据。

回忆起那个时期，压力很大，经常开夜车，有时连着三天不睡觉，有时太累了，不知不觉就睡着了，醒来又赶快接着干。特别是测试组，因为一般过去的试飞数据只是几个典型状态，不是全过程的数据，所有这些参数都得从头进行试飞测定。当时苏联的测试仪表精度不够，有些数据明显不合理，需要对数据进行分析、修改。偶尔还要造数据，得根据整个飞行器原来的资料，分析这个数据大致上是多少，在这个基础上造出一个比较准确的数据。下次试飞把拟定的数据经过风险研究以后再代到数学模型里，对数据改进到基本上准确了，才可以使用。不合适的还要再次试飞，反复尝试。所以每次试飞完了以后，整理数据非常紧张。当时试飞小组的组长是余德星老师，跟我年龄差不多，我经常陪着他开夜车。

（四）试验、调试、空中调试与空地联调

各部件和各分系统在研制过程中，除了必须严格进行地面试验并保证绝对可靠外，还须进行地面综合调试、地面无线电遥控、遥测系统仿真试验，用安-2飞机、直升机在空中对无线电小高度表进行测试，以及在飞机上进行空中分系统调试、联调、空中—地面总联调。虽然空中和空中—地面联调有一定危险，但技术负责人和有关工作同志都认为必须主动和热情去参加这项空中、空—地联调。

三、有人监控、无线电遥控着陆试飞与无人驾驶自动着陆试飞

（一）空中有人监控无线电遥控着陆试飞

1958年9月上旬基本完成了对安-2飞机内部的改装，加装了经过改装的An-5自动驾驶仪，便于与遥控和自控相衔接，在发动机上加装了研制的油门、汽缸头温度、滑油温度控制系统，安装了机载遥控、遥测、方案控制（包括自动起飞、自动着陆的信息分配、处理和接口）等系统与无线电小高度表等设备。地面配置了遥控发送与接收设备、地面飞行指挥台等设备。用安-2飞机和直升机对无线电小高度表进行了性能测试。1958年9月中旬开始进行"北京五号"的空中有人监控调试试飞，1958年10月1日前，除调试试飞基本完成外，主要进行无线电遥控着陆飞行，证明"北京五号"的方案是可行的。

（二）"北京五号"无人驾驶自动着陆试飞

　　1958 年 10 月 1 日后，由于民航来的飞行员感到对这类复杂而带有危险性的试飞任务很不适应，要求调回民航，所以只好另外从空军调来三名飞行员，继续对"北京五号"进行试飞和调试。直到 1959 年 2 月，"北京五号"在成功地实现了无人驾驶飞行后，进行了一次空军、北京市、第一机械工业部等领导参加的"北京五号"鉴定飞行，由空军副司令员检查"北京五号"机内确实无人，即将飞机舱门加锁，所有人员撤离跑道，随后空军副司令员下令起飞。"北京五号"即按指令徐徐滑跑和起飞，升上蓝天，做了爬升、下降、盘旋各种飞行模式演示后，遥控台飞行员遥控"北京五号"于指定位置和高度进入下滑道，准确地按自动着陆方案安全接地，滑跑并稳妥地停在跑道上。副司令员到跑道打开飞机舱门的锁，并检查飞机和机舱内的情况，深感满意和赞赏。此时，参加鉴定飞行的领导、工作人员和苏联专家尼吉也果等都无限欢欣。尼吉也果专家对过去认为中国同志不可能成功地研制出无人驾驶飞机深表歉意，并衷心祝贺"北京五号"研制成功的惊人成就。文传源做了简要汇报，有关领导做了讲话，对"北京五号"研制成功表示祝贺和表彰，当时参加"北京五号"的师生员工，都感到无限欢欣鼓舞，其心情可谓：

> 梅花二月迎新春，
> 岁寒三友见真情，
> 大鹏劲搏凌霄志，
> 红日高处飘彩云。

　　在这次鉴定飞行后，又进行了一次"北京五号"的无人驾驶的成功飞行。不久，空军司令员刘亚楼与有关单位领导举行宴请，对"北京五号"研制成功进行表彰。"北京五号"研制成果还参加了在国防部举办的北航"十一"献礼展览会。

四、"北京五号"的试飞及结果

经过百余次的试飞与改进，"北京五号"终于在无人操纵下完成了正常起飞、爬升、下滑、转弯、快飞行、慢飞行，而且成功地完成了自动着陆任务。

显然，无人驾驶飞机的机内有人试飞调试无疑是有着巨大的风险的，而机内无人飞行、自动着陆特别是在首都试飞和飞行也是有一定的风险的。我们在安全可靠方面做了缜密的考虑，采取了周密的措施，尽可能地对设计、试制、元部件筛选测试、环境试验、系统调试方面进行严格校验、专人负责，以保证研制的产品和系统可靠性高。在试飞调试中，采用自动、遥控与手动操纵的及时切换，当发现遥测信号不正常，及时遥控无人机到空旷地区着陆。同时，主要设计技术人员必须亲自参加试飞，及时发现和解决安全可靠问题。在试飞调试阶段，有时遇到过一些危险，但在调试好以后的几次无人飞行，并未发生意外事故，试飞获得圆满成功。

五、"北京五号"与教学改革

"北京五号"的研制工作和当时的教学改革也是密切结合的。1958年毕业班的部分同学的毕业设计就是结合"北京五号"研制任务进行的。58、59两届的学生大都参加了研制的部分工作。参加研制工作的同学都感到这种理论密切联系实际的教学方式效果很好。

"北京五号"的研制过程极大地锻炼了北航的师生，这些当年参与研制的老师同学们，后来都成长为我国航空领域有经验的专业人才，在北航任教的老师们都成了各专业的领军人物和专业精英、令人敬仰的导师，不懈地把当年研制"北京五号"的经验融入教学中去，为北航的发展和人才培养起到了重要的作用。

百岁寿诞庆典

六、小结

当年，中国正处于开国建设时期，缺少高技术的实践经验。在没有或缺少可参考的资料和经验的情况下，自主解决无人驾驶飞机各项关键技术，进行无人驾驶飞机的风险性试飞，特别是能在陆地跑道完成自动下滑、拉平、着陆滑跑和停机，毋庸讳言，是一项国际创新和大胆尝试。在短短的不到一年半时间内，研制这样复杂的项目，不但在当时看来是惊人的成就，现在看来也是惊人的成就，它展示出中国人不畏艰难、勇往直前、勇于创新的精神境界和科学严谨的工作作风。

"北京五号"的研制成功开创了我国无人机研制的先河，该项研究为我国的无人机发展奠定了坚实的基础，之后北航在各项无人机项目中均立于全国之首；北航的一代人通过这项研究，成长为国内具有实践经验的、勇于创新的一代高科技人才。"北京五号"的研制成功不仅标榜了我国攀登高科技领域新的技术高度，也为我国的科技创新和人才培养起到了重要的作用。

范仁周

1935 年 5 月生，1958 年 10 月北航航空无线电专业毕业。参与研制"北京五号"的身份：毕业班学生。承担任务：无线电遥控信号调制器和试飞的全过程。

我国第一架遥控无人驾驶飞机的诞生

在 1958 年，武光院长做出决定，"奋战一百天，三个型号送上天"，动员师生向航空科学进军。经过半年多全校师生员工日夜奋战，神话般地实现了三个型号上天的梦想。

"北京五号"总设计师是文传源教授，总体方案是：选择安-2 双翼运输机作为载体，加装自动驾驶仪和无线电遥控、遥测系统，由空军飞行员在地面站遥控驾驶，实现安-2 飞机的遥控、滑跑、起飞、空中遥控飞行、回收时自动降落在跑道上。该任务由自动控制系和无线电系共同承担。

当时我是无线电专业毕业班的学生，赶上这个千载难逢的机会，亲历了这个型号的设计、制造、试飞的全过程。我的毕业设计题目是："无人机遥控信号调制器的研制"。遥控信号采用双音频脉冲宽度调制，通过四个时分通道，能同时发送四种遥控指令，用于操控航向、升降及油门的连续控制和起飞、着陆等开关控制。当时无线电尚处于电子管时代，器件体积很大，我们采用频分时分综合方

作者近照

法，实现了遥控信号的多路传输。

方案确定后，进行电路设计，焊成实验板，完成调制器的调试，并与飞行操控台、发射台、机载遥控装置完成系统联试；画出电路图、结构图、连线图；制造出调制器装于机柜中，将遥控机柜、电源机柜和自控系统的飞行操控台安装到卡车上，用航空电缆互联，就完成了车载遥控站的研制。

无线电系在1958年刚成立，教师、实验员、工人、毕业生总共有五十多人参加研制，在三个月内要完成的任务是：

1. 设计制造车载遥控站。

2. 设计制造车载遥测站。

3. 设计制造机载遥控群调装置。

4. 设计制造机载遥测发送装置。

5. 研制新型无线电高度表，要将精度提高 1～2 个数量级，用于精确控制无人机的着地高度，这是无人机的核心部件。

就是这支五十多人的队伍，经过三个月日夜奋战，完成了无人机的五大无线电部件的研制任务。这是一个奇迹，是那个时代激发出的革命激情和严格科学实验作风相结合的产物，人们相互鼓励协作，有任务抢着上，人际关系非常融洽和谐。这些风气净化了我的心灵，让我受益终身。

随着机载设备陆续被装上飞机，遥控车、遥测车开赴首都机场，空军又派来两名试飞飞行员，一名在机上配合完成系统动态调试，一名在地面遥控站训练遥控驾驶无人机飞行，熟练遥控驾驶的手感，无人机的试飞开始了。

试飞在首都机场一号跑道展开，最初参试人员每天达数十人，有的安装设备，有的调试性能，有的进行分系统联试，车水马龙热闹非凡。总的来说试飞开始阶段比较顺利，到"十一"前夕无人机已能从跑道上自动起飞，空中遥控飞行。技术难点集中在自动着陆系统，尚需时日解决。

"十一"后学校组成了有十几名教师、毕业生（徐梅华、罗筱山、刘志万、

作者在现场调试

范仁周）和后勤人员的试飞队，无线电专业的四名毕业生分管四个系统，参加试飞。要实现无人机全自动安全着陆，这需要借助飞行员驾驶飞机着陆的经验，还要考虑高度表的测高精度，控制系统响应延迟时间等因素。通过多次试飞调节参数，终于实现了无人机自动着陆，最终确认自动着陆系统是安全可靠的。

试飞最后阶段出现了一段小插曲，无人机自动着陆后，启动自动刹车装置，由于设计不尽合理，造成无人机在跑道上打转，易擦伤机翼，有时甚至滑出跑道，非常危险。经试飞组多次讨论，将原来的连续刹车方式改为脉动式点刹方式，完成了最后一项试飞任务。

在一个风和日丽的日子，我们心爱的"北京五号"要放"单飞"了。遥控车、遥测车、机场消防车、救护车排列在起飞跑道一侧，无人机停在跑道上，经地面检测合格后，空军派人登机检查，确认机上无任何人员，无人机在跑道上徐徐滑行、加速、升空。飞行员遥控无人机在首都蓝天上翱翔，飞行20分钟后，飞行员根据遥测仪表将无人机遥控到下滑区，发出自动着陆指令，无人机即自动对准跑道，下滑、着陆、刹车、关发动机，将无人机稳稳地停在跑道上。飞行得太完美了，人们在欢呼雀跃。我擦去额头上的汗水，陷入深思。学校将整个遥控系统交给一个初出茅庐的毕业生负责，在"单飞"时，若遥控系统故障或受外部干扰，可导致无人机坠毁。他能承担得起这样重大的政治责任吗？其实我很有信心，试飞中遥控系统工作可靠，未出现过故障。

接着对无人机的遥控距离进行测试，那天我在机上监视遥控输出信号，当飞机飞越天津抵达渤海上空时，信号出现抖动，最后估算遥控距离约为100公里。

"北京五号"技术的先进性在于无人机自动着陆系统，只有研制出高精度无线电小高度表才能得以实现。同年代的美国无人侦查机采用降落伞回收方式，近年来美国空天高速无人飞行器再入大气层后就采用着陆回收方式。

北航在1958年研制出我国第一架无人机，由八一电影制片厂记录了这一历史事实，电影纪录片仍保存在北航档案室。1958年的三个型号上天，应载入建校史册。

试飞成功后，空军司令部为北航举行了庆祝宴会，武光院长、文传源总设计师及部分师生参加。我有幸作为学生代表参加，宴会上刘亚楼司令员高举酒杯，庆祝北航师生敢想敢干，完成了无人机研制任务。

文传源总设计师后来让我撰写无人机遥控系统研制报告用于存档，报告论述了选用的方案、工作原理、组成部件、电路图及遥控性能分析等。无人机凝聚了自控系、无线电系师生员工的心血，我也交出了一份合格的毕业设计论文。

除夕夜，学校派了一辆"莫斯科人"小轿车，接回最后离开首都机场的试飞人员，使我能参加无线电系除夕联欢晚会。从这一天起我成为北航一名教师，直到退休。

在20世纪五六十年代，北航是培养红色航空工程师的摇篮。五年的大学生活是一曲优美的德智体美交响乐，铸就了那个年代北航学子的多彩人生。

2018年7月1日

毛士艺

1935 年 5 月生，1953 年入北京航空学院学习，1958 年毕业于北京航空学院航空无线电专业。1958 年 7 月以航空无线电专业毕业班学生参加"北京五号"无人驾驶飞机无线电系统的研制。1958 年 7 月至 9 月，从事无线电高度表、遥测系统调制部分的电路设计、调试和实验任务。1958 年 10 月至 12 月在机场参加无人驾驶飞机试飞，从事无线电高度表的维护、调整和自动着陆系统的联试工作。

听毛士艺老师讲"北京五号"的故事

2018 年 7 月 6 日，北航电子信息工程学院召开了一个回忆历史、讲述"北京五号"故事的座谈会。会上，特别请来八位建系元老为我们学院在职的年轻老师和研究生代表讲述他们在北航学习和奋斗的历史及他们参加我国第一架无人驾驶飞机——"北京五号"研制的艰辛历程和感人故事。

毛士艺老师回忆起年轻时代那火热的岁月，记忆犹新地谈起他精彩的大学生活及参加"北京五号"设计和试飞工作的珍贵历史：

1958 年研制的"北京五号"无人机是在北航党委和武光院长领导下的一项创举，开创了我国航空史上成功实现安 –2 运输机从地面滑跑起飞、遥控飞行到自动下滑并安全着陆的全程无人驾驶飞行的新篇章。它的试飞是一个很壮观的工程，但是每个人所做的工作都很平凡。回顾我自己的工作和每天的经历，感觉就是一件件很平常的事情。记得在首都机场试飞时正值冬天，汽车和飞机都点不着火，都要我们这些年轻力壮的小伙子帮助发动，靠人力摇动汽车发动机的摇把，汽车才能发动起来。飞机发动也是这样，我和刘志万、罗筱山等几个个子较高的同学，用力推动安－2飞机的螺旋桨叶片，飞机发动机才能启动、点火。但这又是一件很危险的事情，发动机一旦点火，螺旋桨转起来以后力量是很大的，万一躲避不及，后果不堪设想！但是，后来我们都学会当这个发动机的助推手了！现在我想，在那种情况下，换成任何一个人他都会这样干的。

下面我想结合我自己的亲身经历讲一下"北京五号"无人机试飞前的研制过程和奠基工作。我记得是在1958年6月份到7月份，我们班刚上完课，就被匆匆调出来，说是要参加"北京五号"的研制工作。我们当时还是学生，老师有文中奇、丁子明、潘维瀚、宋丽川、李士渔、张欲敏、黄震寰、余英杰、卢维扬等。这个项目是要让安－2螺旋桨运输机在无人驾驶的情况下，以无线电遥控飞向蓝天，回收时又能按照指令自动着陆，实现整个过程的无人驾驶飞行。它所涉及的遥控、遥测、雷达、导航等专业也正好是组建航空无线电系的一个雏形，也就在"北京五号"这个项目进行期间，北航无线电系诞生了。

1955年我们进入三年级，学校从飞机系两个专业和发动机系两个专业抽调了120名学生，组成了飞机设备系，即当时的二系，系主任是文传源，系副主任是赵震炎。二系有4个班：5301、5302、6301、7301。字头5是代表5专业，3是指1953年入学，当时北航飞机系有两个专业，编号为1、2专业，发动机有两个专业，是3、4专业，飞机设备系的专业编号则是5、6、7专业。5301、5302两个班是飞机仪表和自动驾驶仪（现在的三系），我们是6301班，6代表6专业，即航空电气和无线电设备专业。7301班是7专业，是飞机特设专业，即武器和瞄准具。前国家教委主任朱开轩，前北航党委书记、北京市高等教育局局长陈忠都分在飞机特设专业。

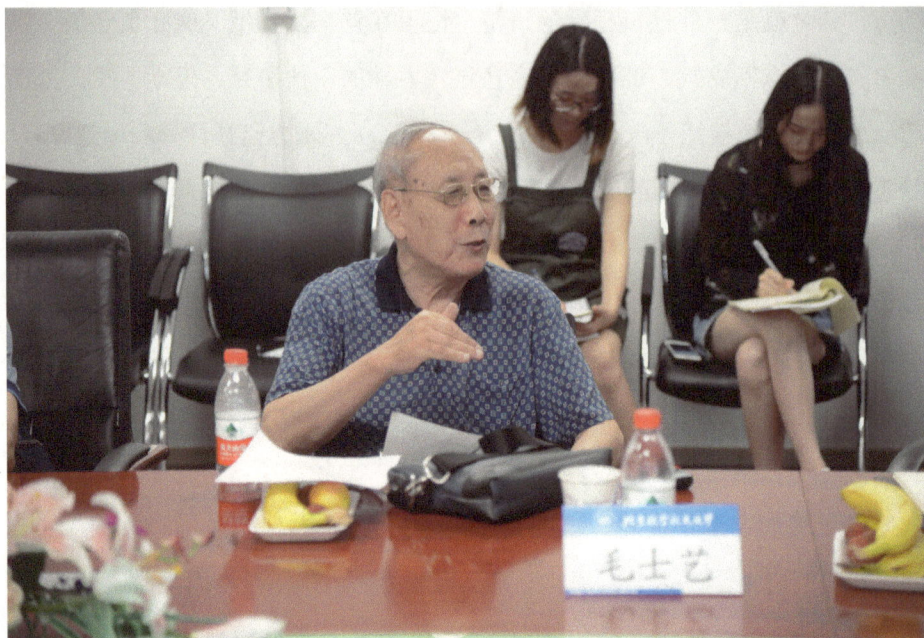
作者在座谈会上发言

　　新学期开始时，飞机设备系系主任文传源在做动员报告时介绍了二系各专业的培养目标和主要学习课程。5专业是航空仪表和自动驾驶仪专业，培养电气机械工程师的；6专业是培养电气工程师的，这是北航创建的第一个电气专业，要学习飞机电气和无线电两大部分内容；7专业是飞机特设专业，学武器和瞄准具。飞机电气和无线电教研室的第一任主任是冯毓江先生。

　　我们被抽调过来时是三年级，当时二系还有一年级和二年级两个年级的学生。因培养飞机电气、无线电和自动驾驶仪方面人才的任务紧迫，所以把我们从飞机和发动机两个系抽调过来，加速培养飞机仪表和电气这方面人才。因为6专业要学电气和无线电两大部分的内容，课程太多，我们当时的教学计划是5年制，共5500小时，既要学强电设计，又要学弱电设计。开始主要学电机、电力拖动、变压器、继电器等课程。无线电学得比较少，当时的教研室主任文中奇讲授"无线电基础"，于冠生讲授"电子管放大器"，李礼贤讲授"电真空器件"。老师和同学都认为学习面过宽，很难深入，后经学校党委和系里研究，1957年下半年，我们就从电气、无线电设备专业调整为无线电专业，同时成立了航空无线电专业教研室，进入五年级后，全部课程改成无线电。现在回想起来，当时的教研室主任文中奇和其他老师为创建无线电专业是有很大贡献的，我们非常感谢他们。当时开了无线电专业课和专业基础课共8门课程，只有1门课程是我们学校自己开的，就是余英杰老师的"导航原理"课。其余的课我们系的老师来不及准备，所以有7门课程的课都是从外面请优秀的老师来授课。这8门课程是参照国内其他院校无线电系专业的课程来设置的。

从外面请来的老师讲授的7门课是："无线电发送设备"由邮电科学研究院汤总工程师讲授，潘维翰老师辅导；"无线电接收设备"由邮电学院无线电接收教研室主任陈炳楠副教授讲授，张欲敏老师辅导；"天线"和"电波传播"这两门课由北京邮电学院天线和电波传播教研室主任杨渊讲授；"雷达原理"和"雷达站"两门课，由北京理工大学的雷达教研室主任陶杙副教授讲授；"脉冲技术"由北京理工大学的三个老师给我们讲授。这些课程为我们班即将参加的"北京五号"无人驾驶飞机的研制起到了非常及时、非常关键的作用。

1958年学校要搞"北京五号"无人机，6月份和7月份我们进入无人机项目以后，文中奇老师说：参加这个项目可代替毕业设计。就这样，我们就开始了无人机研制项目。当时，无人机的无线电部分，有遥控、遥测、无线电小高度表和自动下滑接收机。我在小高度表这个组。原来的高度表阶梯误差有两米，两米的阶梯误差对普通的有人驾驶飞机是可以的，但是对无人驾驶飞机来讲误差太大了，所以要重新设计一个没有阶梯误差的高度表。丁子明老师介绍了一本书，从英文翻译成俄文的书——《双调频雷达测高》。我们的无线电高度表方案并不是双调频的，而是书中最后一章所介绍的，在原来高度表的基础上，恢复相位信息消除阶梯误差，我们需要重新做这么一个无线电高度表。当时文传源说，这个高度表做不做得出来是很关键的。丁老师

座谈会现场

讲完这个高度表以后，我也赶快去买了一本《双调频雷达测高》，看了后面的方案，把原理搞得更清楚了。

设计高度表前，老师对我们每个人进行了任务分工，交给我的任务是做一个5兆的本振电路。丁子明老师没讲5兆本振电路怎么做，参数也没给，他只说你去做吧，我就去做了。每个同学都是这样接受任务的，而且每个人都有压力。因为谁要没有完成任务，谁就会拖大家的后腿。于是我赶快找电路，把线路设计出来，再焊接起来，然后在实验室把它调出来，当看到振荡器的波形并测出确实是5兆后，我认为任务完成了，挺高兴的。至于这里面参数的相互关系、频率/幅度关系都没有关注。后来每个同学陆陆续续都把自己的任务完成了。但到最后整机联调的时候问题来了，各级电路之间参数不协调，干扰很严重。由于无法继续联调，后来请了国防科委五院的吴宝初、施良俊两位工程师，他们一看，首先就说干扰太强了，地线也没接好，本振信号太强，输出50V。他问是谁搞的本振信号，我说是我搞的，我也不知道应该输出多少。施良俊说，要先把混频管的增益曲线做出来，横坐标是本振

本文作者在座谈会上发言

电压，纵坐标是混频增益。以前做实验都是验证性的，从未见过这样的实验方法，那时我只是硬着头皮干这件事。后来我终于想办法把这个实验做了出来，结果画出来一组曲线，但不知道对不对。后来，我把这组曲线拿给施良俊看，他看了我的曲线以后，赶快拿出来一本英文参考书进行对照。他仔细看书中的曲线，再一看这曲线跟我的差不多。施良俊看着我笑了笑，说你的曲线跟书上面是一样的，趋势是对的。他还问我从这曲线上看出加到混频器的幅度应该多少才合适？我还不知道怎样回答时，他自言自语地说："5 ~ 6伏就够了。"这是我第一次学到如何表征和描述单元电路的性能指数与其工作特性、参数之间的关系，并从中掌握整机及各单元电路之间的正确匹配。这是从前在课堂教学中无法掌握只能在实际工作中学会的重要能力。另外，他还说："你做两个本振，一个是 5 兆，一个是 500 千赫，两者是整数倍，这样也增加了谐波干扰。"他让我把本振频率改一下，改成 465 千赫试试。我就又把这个本振做完，最后他认为本振没事了，我心里挺高兴。这个过程让我认识到科学实践的重要性。另外，我经常看到他调呀调，一会儿又把书拿出来翻一翻。看来，学会查阅外文资料也很重要。后来在吴宝初、施良俊两位工程师和宋丽川老师的协同配合下，国内无阶梯误差的高精度无线电高度表终于研制成功了，后来用它完成了我国第一架无人驾驶飞机的自动着陆。

"北京五号"从开始到最后试飞成功经历了七个多月的时间。我们经历了无人机无线电系统的电路设计、实验和现场试飞等各阶段的工作。历经二百多天终生难忘的日日夜夜，我们在火热的奋战中完成了大学学业，走向工作。感谢在进行"北京五号"研制任务中具体指导过我并使我终身受益的老师们和五院的二位工程师！

后记：

毛老师讲述的这些亲身经历和感人故事，点点滴滴都打动着我们，他那严谨治学、精益求精、克服重重困难完成"北京五号"设计任务并试飞成功的艰辛历程，传承着团结奋进的北航文化和敢为人先的北航精神，彰显着忘我拼搏、勇于担当的报国情怀，也让我们在整理这些故事的过程中受到生动深刻的教育。

秦兆涛、王俊　整理

宋子善

1986 年 4 月至 1993 年 12 月任北航自动控制系副主任，并兼任飞行控制与仿真研究所所长。作为青年教师参加"北京五号"研究工作，并于 1958 年 7 月进驻机场，任试飞组组长。

在"北京五号"研制和试飞工作中受锻炼

　　我国第一架无人驾驶飞机——"北京五号"在 1959 年 1 月试飞成功到现在已近 40 年了，当时我作为一个青年教师参加了"北京五号"的研制和试飞工作，得到一次很好的理论联系实际的锻炼机会，这对一个教师的成长有深刻的教育和指导意义。在研制过程中发生的一些事我至今仍然记忆犹新，现将几件事回忆如下：

一、突破自动着陆技术关键

　　"北京五号"是一架从起飞到着陆实现自动化的无人驾驶飞机，20 世纪 50 年代在国际上飞机实现全自动着陆是公认的一个难题，对"北京五号"来说自动着陆能否实现更是一个关键。突破此关键需要解决三个方面的问题。一是确定自动着陆敏感装置的研制。这些问题在当时确实是没有什么现成的方法或系统和经验可依据，只能依靠我们自己的力量和中国国情来逐一解决。为确定自动着陆的操纵方式，文传源总设计师召开了多次会议，邀请了有经验的飞行员、飞行力学专家和自控专家参加会议，经过充分讨论提出了两种方式：一种是模仿飞行员操纵飞机着陆方式，另一种是将飞行员的操纵着陆动作经过适当的改变，使之适合自动着陆。大家倾向于选用后一种操纵着陆方式。二是自动着陆系统不仅要求精确地、稳定地并具有强的适应性地实现全自动安全着陆，而且还要求在着陆后飞机能正确保持滑跑方向直到停止，因此设计难度很大。经过设计人员的努力，我们设计了多种型式系统，最后确定了一种能达到设计要求的闭环控制自动着陆系统，并完成了研制工作。三是此自动着陆系统要求有高精度的小高度无线电高度表，它的精度为 0.5 米，当时国内还没有现成的产品，所以只能自行研制。经过北航与有关单位的合作攻关，终于及时研制成功。所研制的自动着陆系统在试飞前经过反复的试验验证后在 1958 年 10 月正式试飞，令人兴奋的是第一次试飞自动着陆便成功了。试飞表明此自动着陆系统性能良好、适应性强。它的试飞成功为"北京五号"的全面成功创造了条件。

二、试飞中的有惊无险

"北京五号"在研制过程中进行了大量的试飞工作，自从进入外场后几乎每天都进行试飞。试飞总是伴随着一定危险，现在回忆起来一些有惊无险的事情又重新呈现在我的脑海中。记得在对开环控制着陆系统做飞行试验时发生了一次差点机毁人亡的严重事故。事情是这样的：1958 年 9 月一天上午，当时飞机飞到 1500 米空中要做一次模拟低空着陆的试验，以便检查着陆控制信号的强度是否合适，通常在试飞时飞行员认为飞控系统控制信号不合适是可以及时切断转为人工飞行的。但这次试验时，当控制信号由弱变强时，也许由于变化速度太快，飞机攻角很快加大，飞行员来不及转换操纵方式时便发生了飞机失速，飞机迅速下降高度。当时我和两位设计人员在机上，飞机失速并没有什么感觉，但听到飞行员大叫了一声。幸好飞行员采取了有效措施，使飞机摆脱了失速状态，恢复了正常飞行，防止了一次严重事故的出现。

事后总结了教训，决定不再在空中试飞着陆系统，开环控制型着陆系统也不再试验了。这位飞行员经过这次飞行失速后，他再也没有继续进行"北京五号"的试飞工作了。

在试飞中的又一次有惊无险的事情发生在1958年11月的一天下午，试飞内容为对自动着陆系统进行性能验证。当飞机进入跑道上空正在自动着陆时，无线电高度表出现了故障，飞机在离跑道近三米上空拉飘而急剧下降着地，飞机在着地时受到很大的冲击，起落架也被冲撞得与机身的连接部位发生错位，当时我站在机身的中部正在监视自动着陆系统的工作，飞机猛烈着地使我身不由己地跪在地板上。事后立即对无线电高度表进行检修并做超低空飞行校准，以后便没再发生类似的故障了。

在试飞中的再一次有惊无险的事情也是发生在一次自动着陆过程中，当飞机着地后自动滑跑控制时飞机突然发生"打地转"，即飞机在地面绕重心旋转，右面的机翼擦地，左面的机翼上抬，跑道上尘埃飞扬，在场的人员不知是怎么回事，很是害怕，只有飞行员心中明白，这是航空术语称"打地转"。当时我站在飞机机舱前部，观察飞机自动着陆，但当飞机"打地转"时，我从机舱前部被离心力推到机尾了，只见机舱外一片烟雾。事后我们求教了有关单位，求教如何防止出现"打地转"现象。不久，终于找到了有效的方法防止出现"打地转"现象。

"北京五号"在试飞中，各个系统或多或少出现过一些问题，我们根据出现的问题，贯彻理论联系实际的精神，认真分析，寻求技术对策，实事求是，解决问题，终于使"北京五号"取得了无人驾驶全面自动飞行的成功。

（摘自《北航》1998年11月15日第三版）

余英杰

1932 年 8 月生，华南工学院无线电专业毕业。研究领域：导航、雷达。毕业时间：1955 年 7 月华南工学院大学本科毕业，1956 年 7 月北航研究生毕业。参加"北京五号"研制工作时的身份：教师。承担无线电小高度表、遥测发射机调制器的研制和试飞任务。

二系与"北京五号"的往事

1955 年，我从华南工学院无线电系毕业，被分配到北航工作。我乘火车从广州到达北京火车站（当时北京站在前门），然后坐车到东皇城根北航办事处报到，这才知道北航在城外（当时北京的城墙还在）。我是坐马车来北航的，一出城满目全是农田，一路颠簸到了北航。沈元副院长给我安排工作：先读研究生，两年毕业，助学金每月 28 元，导师是飞机设备教研室的林士谔教授。教研室有飞机仪表、飞机电气、无线电和特种设备四个专业。研究生集中住在刚建好的第九宿舍，校医院设在第七宿舍的一层，图书馆设在一系楼顶层。

1956 年暑假后，教研室要开两门课："电子管放大器"，给无线电专业学生开；"无线电技术与雷达"，给外专业学生开。"无线电技术与雷达"的内容包含电子管、电子管放大器、无线电基础、发送设备、接受设备、雷达等六方面无线电专业知识，一个学期讲完。当时还没有正规教材，时间紧迫，不到一个月便要开课，教研室内只有两名 1953 年无线电毕业的教师和四名只学了一年无线电的研究生，这两门课怎么开，只好协商解决。为此学校从莫斯科航空学院请来了几位专家，其中有飞机无线电设备专家卡古林教授，这是第一位无线电专家，接着又请来测距与导航专家别拉文、雷达专家克雷宾。卡古林单身来华，别拉文、克雷宾都偕同夫人和女儿来华。专家都住在友谊宾馆。

作者与苏联雷达专家在一起

教研室要给 3203 班开一门测距导航课，由测距导航专家别拉文讲课，教材用别拉文编写的《测距导航》教科书。别拉文讲课需要翻译，直接面对学生讲课效果不好，就决定先对教师讲，然后由教师再对学生讲。别拉文讲完两节课，教师接着把刚学到的两节课的内容对学生讲授，这样的讲课方式恐怕是全国首例。教师讲完两节课，却不知下两节课的内容是什么，很被动。教研室成立初期，因为教师少，备课、讲课、答疑、准备实验、带学生实验，几名教师要全部承担。

教研室教师在开会

到了 1958 年，北航要造飞机，首先是"北航一号"（后改名为"北京一号"），接着是"北京五号"无人驾驶飞机，都是全国首创。"北京五号"无人驾驶飞机，选用双翼螺旋桨发动机的安-2 飞机做无人驾驶试

验，安-2飞机的特点是机身小、重量轻、速度慢，能低空飞行，容易控制。我们教研室的任务是研制无线电遥控、遥测和自动着陆系统用的无线电小高度表。根据国家规定，采用新的发射频率要申报有关部门批准，为了飞机安全飞行，机身外不能另加任何东西。所以，无线电遥控、遥测只能选用飞机上的3M无线电台来改装，着陆用的小高度表选用机上的PB2无线电高度表。

安-2飞机上有三个高度表：气压高度表，测量1200米以上高空高度；无线电大高度表，测量120～1200米高度；另外就是无线电小高度表，测量120米以下高度。飞机着陆时，飞行员只观察小高度表，但20米以下小高度表的误差很大，超过1米，此时飞行员只能靠经验，目测着陆。据统计，飞机失事大多数都是着陆时发生。要保证无人驾驶飞机安全着陆，必须提高小高度表的精确度。当时苏联有关书中介绍了提高小高度表精确度的方案，该方案保留小高度表的发射部分，接收部分则采用多次差频、逐级降低接收信号频率，但这只是纸上谈兵的原理，还未造出实物。经过讨论，我们决定采用此方案，并请来五院的无线电专家和刚从美国回国的宋丽川教授负责研制。

"北京五号"工作火热展开后的一个晚上，武光院长来实验室探望，看见大家深夜还在工作，便提议晚上12点增加夜宵。第二天晚上12点，食堂大师傅便送来夜宵。此后每天晚上12点，夜宵都会被准时送来。

无人机在首都机场试飞，空军派来飞行员和警卫员。因为还要讲课，我不能长驻机场，只在遥测发生故障和飞高度表时才在机场住几天。机场试飞有时忙，有时不忙，空闲时我便和刘志万、罗筱山到机场候机楼（首都机场候机楼）去坐一坐，当时机场

"北京五号"第一次试飞成功后在首都机场候机楼（前排中为作者）

的航班并不多，场上停留的飞机也不多，候机楼很小，旅客不多，相当安静舒适。

安−2飞机的驾驶舱不是密封的，又没有正规的固定座椅，试飞时我们只能自带小马扎，螺旋桨发动机的声音很大，说话听不清，同时

"北京五号"第一次试飞成功后工作人员在安−2飞机前合影（前排左一为本文作者）

机身震动剧烈，一般人都忍受不了，免不了头晕、呕吐。"北京五号"经过大量试飞验证，无人驾驶飞机终于试飞成功，为了纪念这一天，当天就在安−2飞机前拍了一张合照，前排左起第一个是我。

安−2飞机无人驾驶试飞成功后，空军很重视，要求进一步研究，为此特别抽调一架先进的伊尔−28喷气轰炸机作为试验飞机，后来称为"新五号"，机师是一位经验丰富的中队长。伊尔−28机身大、重量重、速度快、可高空飞行，对无人驾驶的控制要求高，尤其是飞机着陆时的安全，不能有半点差错。为此，我们决定再造一部无线电小高度表，作为备用。因为不能再请五院的专家和宋丽川教授，只好调派徐梅华参加调试，利用一个暑假，完成新高度表的调试工作。

"新五号"在唐山机场试飞，因为要讲课，不能长期住在唐山，要试飞小高度表时，才在机场住几天，"新五号"试飞周期长，住机场的次数多，每次住机场，都要调改课时，次数多了，教务处有意见，学生有意见，岳全瑜书记亦有意见。当时正逢困难时期，校内伙食很差，机场内有大片空地，利用空地种菜、养猪，自力更生，伙食搞得很好，住机场工作，顺便改善生活，算得上是一桩美差。

伊尔-28机头上层是单人驾驶舱，下层是导航舱，全都密封，隔音、防震都很好，导航舱内可坐两人，只是座位狭小，还算舒服。要控制飞机安全，平稳着陆，小高度表的指示亦要平滑下降，不能间断，更不能突变，为此，我们选用雅克-18螺旋桨教练机，教练机下降着陆速度较慢，便于观测高度表是否满足要求。雅克-18有两个密封驾驶舱，一前一后，中间隔开，教练和学员各坐一舱。后来唐山机场要扩建，飞机被调往北京南苑机场，没多久，由于国家处于经济困难时期，"新五号"便停飞了，最终没有画上圆满的句号。

无线电小高度表曾成功控制飞机着陆，但工作高度只限于20米以下，且调试烦琐。要提高高度表的工作高度，必须提高高度表的灵敏度，为此，"新五号"停飞后，北航建立了专门研究无线电小高度表的第五研究室。这就是"北京五号"的演绎史。

2018年7月11日

徐梅华

1935 年 2 月生，1958 年 10 月北航航空无线电专业毕业。参与研制"北京五号"时的身份：毕业班学生。承担任务：无线电小高度表与遥测系统部分电路的设计、调试及试飞全过程。

分享徐梅华老师参加"北京五号"的感人故事

　　"北京五号"无人驾驶飞机是北京航空学院的师生于 1958 年在安-2 运输机的基础上研制而成的，是中国研制成功的第一架无人驾驶飞机。像"北京一号"一样，这架无人机是北航人凭借着自己对祖国航空事业的热忱与扎实的基础知识完成的。在研制"北京五号"的过程中，发生了许多令人感动的故事。

　　2018 年 7 月 6 日，北航电子信息工程学院举办了回忆 60 年前的奋斗时光、讲"北航老故事"的主题座谈会，我们有幸聆听了电子信息工程学院的元老们讲述"北京五号"的故事，下面把其中一位元老——徐梅华老师的感人故事分享给大家。

徐梅华老师

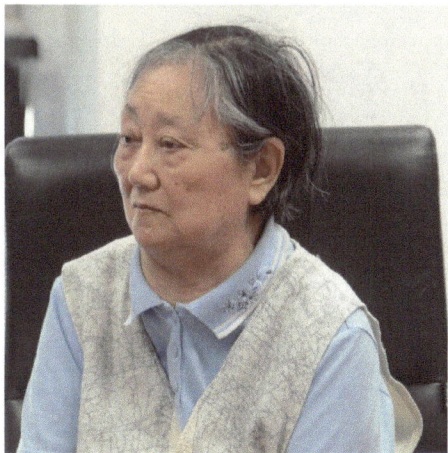

　　这么多年过去了，许多细节我已经记不太清了。当时我们是毕业班学生，我的毕业设计就是参加"北京五号"的研制工作，先是让我搞小高度

表的中频放大器。当时也没有考虑能不能完成，反正交给我，我就去干！一开始还挺顺利，但是后来发现放大器不稳定，变成振荡器了！都快要联调了，我着急了，一连开了好几个夜车才把问题解决。彻底消除了自激振荡问题之后，中频放大器可以稳定地工作了，我如释重负，这时也实在太疲倦了，趴在实验桌上就睡着了，等我一醒来，天全黑了，人都走光了。

虽然在做实验的过程中可能会遇到这样那样的困难，很多因素都会导致无法按时完成，但在做之前我都不会去想这些，反正交给我的事，我就会努力去做，再难最后也能完成。

我是很普通的一个人，做着普普通通的事。后来学校又安排我去遥测组工作，随后又到机场去进行试飞，反正安排我去我就去了。虽然整个"北京五号"规模很大，试飞现场人山人海，场面十分壮观，但我自己就好像一个螺丝钉，拧在那个位置上，就得在那个位置上发挥好作用。试飞时我负责遥测系统，要把飞机上的数据通过遥测车接收下来，并通过仪表盘显示出来，让飞行员看着这些数据在地面站的控制台上就能遥控操纵天上的安-2飞机飞翔。

系统联试一开始，乱象丛生，仪表的指针不停地乱摆，零点漂移和干扰都非常严重，一塌糊涂，问题需要一个一个地解决。有的是接地不良问题，有的是隔离屏蔽问题，还有电源干扰等问题，通过努力排除，最后系统终于正常工作了，可以正式试飞了。

飞行员与徐梅华老师在地面遥控操作台上

试飞期间，每天早晨我们很早就要到机场去，当时的遥控设备和遥测设备被分别装在两个拖车的车厢（照片中飞行员左侧是徐梅华老师）里，是遥控车拖着

遥测车，两辆车一起去机场。当时我们的驻地离机场很远，到底住在哪儿记不清了（其他老师补充回忆说是住在仓库），里面好像还有一些飞机在维修。那个时候北京机场还是一片荒地，就记得那么大的机场没有厕所，试飞的时候上厕所是一件很麻烦的事情。我们早晨四五点钟就要出发，直到下午一两点钟才能回来，而在外场的女同志就我一个，所以上厕所是一个大问题，非常困难，到了紧急时刻，就派一个同志专门开摩托车，驮着我去上厕所，这样才解决了这个问题。当时正是冬天，北京机场早晨的温度在零下十度左右，我们都是穿着自己上大学时家里给缝的棉袄、棉裤、棉鞋，扛了一个冬天。

试飞中，令我印象比较深的一件事就是每天出发前都要表态，每个人都要保证不出问题。那个时候人也单纯，要保证就保证，现在想想也挺发怵的，怎么能保证一点问题都不出呢？

在试飞现场，驾驶员的控制台就在我的遥测车上，驾驶员要看着我的遥测数据来操纵天上的飞机，我也就有机会在一旁观察并练习操纵驾驶飞机，时间长了，我也学会了开飞机。有趣的是，后来我还在安-2飞机上真正地体验了一下开飞机的感受。当时，我们经常上飞机去体验飞机飞行，上飞机的时候，他们男同志都非常照顾我，不让我坐在后头，而是坐在副驾驶的位置上。那个飞行员跟我也挺熟的，开着开着他就放手了，他说你来操纵吧。我那个时候想得也比较简单，操纵就操纵呗，结果我刚一接手飞机就往下俯冲，太可怕了！后来他跟我说，你一个女同志怎么这么不温柔，动作幅度太大了！太猛了！这也算是我的一个很不寻常的体验吧。

还记得就在非常寒冷的一天，空军司令员刘亚楼上将和很多领导来到机场观看无人机试飞，不巧的是，在事先检查中，发现飞行起落时下滑及着陆过程情况异常，那一天首长们没有看成试飞表演，但刘亚楼上将仍然鼓励大家不要灰心，继续努力，坚持就是胜利！后来查出是由于下滑接收机电源线接触不良，通过大家的共同努力，排除了故障。后来又陆续解决了小高度表与仪表着陆系统匹配等其他的技术难题，最终胜利完成了"北京五号"的试飞任务。

我觉得，当时我们能完成这个任务也不是偶然的，没有一定的理论基础和自信心是不行的。可现在回过头来想，许多事情还是比较后怕的。虽然当时试飞条件那么艰苦，试飞任务那么紧张，但是感觉这些都不算什么，像这样的小故事还有很多很多，正是那一段艰苦经历磨炼了我的意志，使我终身受益。

后记：徐梅华老师在"北京五号"中承担了多项任务，她说她就是一颗螺丝钉，在一个个普通的岗位上做着普普通通的事。徐梅华老师的话给我们一个启示，无论是多么伟大的事业，都是由一件件普普通通的小事组成，只有把每一件普通的小事做好，才能成就大业。这就是徐梅华老师讲给我们的她与"北京五号"的感人故事，也是北航人艰苦奋斗、攻坚克难的北航精神，它会激励我们知难而进、勇往直前！

田雨墨、姚远　整理
2018 年 7 月 13 日

卢
维
扬

1933 年 9 月生。专业：无线电通讯与广播。
1958 年 9 月参与研制"北京五号"时的身份：教师。
承担任务：研制无线电遥测信号的调制和解调器。

从恐怖到振奋的飞机声

小时候，我最怕听到两种声音：急促的敲锣声和刺耳的飞机声。

我的老家福建是多丘山地，盛产木材，房屋和用具多为木制，做饭更是以木材为主，稍不小心就可能发生火灾，而且很快就烧成一片火海，让人惊慌失措。不管谁家，一有火情便敲锣呼救，乡亲们不论远近都来挑水扑救。现在住楼房了，都有消防设施，火灾少了，锣声没了。

其实，小时候最让我害怕的是日本鬼子的飞机声。 先是听到警报声，接着就是日本鬼子的飞机声，大人拽着小孩慌忙往防空洞里躲。来不及跑就只好往床底下或桌子底下钻，偶尔能从天窗上看到飞机，双翼飞机飞得并不高，就从房顶掠过，飞机的响声震耳欲聋！不是轰炸就是扫射，只见母亲喃喃地祈求菩萨保佑，无可奈何，我们没有任何还击之力！飞机声在我幼小的心灵中留下了恐怖和仇恨的印记。夜晚我们连蜡烛和煤油灯都不敢

卢维扬老师

231

点，只怕鬼子的飞机再来。那种落后挨打、贫弱受欺的情景，我永生难忘，总梦想着何时我们国家也能有自己的飞机，就不再受日本人欺负了！

抗战胜利、中华人民共和国诞生，国家百废待兴，大力发展教育事业。为了支援国防事业，发展航空教育，1958年年初，我从清华大学被调到北京航空学院工作。调入北航不久，正赶上北航三个型号要上天，我非常荣幸地参加了我国第一架无人驾驶飞机——"北京五号"的研制工作。

当时，"北京五号"的任务是让安-2飞机在无人驾驶的情况下飞上蓝天（我们称为"老五号"），这就必须把飞机上各种仪表的参数和飞机飞行姿态的重要数据传回到地面，在地面站的显示设备上根据飞机的飞行姿态和飞机各部分的工作状态，让飞机接受地面遥控飞行。这则需要研制飞机的无线电遥测设备，我的任务是在原有的飞机设备上增加无线电遥测功能，使飞机的各种信号、数据能通过无线电台传回到地面站。怎么用一部常规电台的单一信道把那么多的数据都传下来，这对当时只学过无线电广播和通信的我们来说还是个谜。一无经验，二无资料，遥测技术和多路通信还是个未曾触及的新鲜词语，身为教研室主任的文中奇教授搜集到一份只有方框图的原始资料，这个方框图给了大家一个多路通信基本原理的启发，大家才有了频分制、时分制的基础知识和概念，我们只能边学边干，边干边学。由于时间紧、任务重，我和参加该项目的毕业班学生一起，大家都憋足了劲，几乎天天加班，夜以继日，不辞辛苦，终于在短短几个月的时间里完成了8路数据的频分制遥测设备的研制，并由研制组里当时还在做毕业设计的学生徐梅华等人去机场试飞。她和其他试飞人员一起进行联调、联试和实际试飞，在解决了许多存在的问题和隐患之后，安-2飞机终于在无人驾驶的情况下完成了滑跑、加速、起飞、空中遥控飞行、最后下滑并自动着陆。机场传来令人欢欣鼓舞的好消息：我国第一架无人驾驶飞机——"北京五号"试飞成功了！我的耳边仿佛又响起了飞机声，这可是令人振奋的飞机声！我的梦想终于实现了！

大学能搞出无人驾驶飞机是史无前例的，这在当时国际上也是罕见的，这是综合飞机仪表、飞机电气、飞机无线电等各个学科的师生们大力配合和协作的结果。

在"老五号"研制的同时，我还接受了另一项任务：给外专业的学生开设无线电基础课。遗憾的是，我不小心得了感冒，也可能是疲劳过度，免疫力下降，我高烧不退，很快又转为肺炎和肺结核，这才把讲课任务交给了另一位老师。当我听到试飞成功的消息后，欣喜若狂十分激动，高兴之下似乎病也好了一大半，不久又回到了教学岗位。因为有无人驾驶飞机无线电设备研制的经历和基础，后来又有了新任务——"新五号"和"无侦五"，我又磨枪上阵了。

2018 年 6 月 26 日

以光衢

1931 年 10 月生，1956 年 2 月北航仪表与自动器研究生毕业。

过去的岁月

我是以光衢，曾经参与了"北京五号"无人机的研制，是其中"下滑着陆组"的课题组组长。那些研制"北京五号"的岁月，使我终生难忘！那个年代，北航一共研制了三种型号，一个是"北京一号"轻型客机；第二个即"北京二号"探空火箭，以六系为主；还有一个就是"北京五号"。以二系仪表控制系为主，二系系主任是文传源先生，现在还健在，100 岁了还很精神。院党委下任务后，文先生就立刻成立了总体组，在总体组下又成立了各个课题组，我参加了"下滑着陆组"。

让无人机从空中对着台标下来，安全降落到地面，就是我负责这个课题组——下滑着陆组的任务，还有好多其他组。当时任务下来以后，我就召集了几个同志，成立了这个工作课题组。课题组有来自上海交大的宋子善老师（已逝），他是我们组的骨干。当时的工作条件是很简陋的，把两张三屉桌背靠背一拼，横着再摆放一张，就成了我们的工作台兼办公桌，地点就在现在的 2 号楼四层工作室。我们组的工作流程是这样的：每天上午开始，大家一起讨论方案，你一言我一语气氛十分热烈。当时有过这样一个方案，我们叫作"程序着陆法"，就是无线电控制飞机飞到进空点以后即准备着陆。然而程序着陆法碰到一个很大的问题，即进空点的初始条件很难确定，飞机的速度、高度等各种飞行状态根本定不下来，因为当时国内也没有那些先进的测试设备来测定这些参数。这可怎么办呢？在下降过程中一定要控制升降舵的方向使得飞机不断地降下来，但程序控制不会按实际飞行状态走，而是按程序走、按时间来走。若是没有初始条件，按照程序的控制就和实际全部不一样了。所以后来我们这个方案就不做了，总体组的文先生又定下了一个方案——高度控制法。飞机按高度进入着陆控制阶段，根据高度来定升降舵怎么动，往上还是往下，使得飞机不断地下降。不过高度控制也面临一个问题即如何测量小高度的问题，就是飞机接近地面以后，高度很低，以前的高度表用来测量大高度没问题，它利用无线电波反射回来的时间间隔来测量。但是对于小高度测量，当时国内还没有符合精度要求的这个仪器。所以后来总体组确定方案以后，又专门成立了一个无线电小高度表的研制组，精确测量小高度。这样小高度飞行时，就可以知道到了什么高度，升降舵偏多少，偏上还是偏下，都可以实时控制了。小高度表这个课题组也是从零开始研制，因为小高度表国内也没人搞过。可见，在我们下滑着陆组的整个方案的制定与开发过程中，牵涉很多与其他课题组协调、配合的问题，而且我们都是从零起步，从无到有做出这个成果的。虽然条件确实艰苦，但是我们当时根本就没想那么多，也从来没为自己想过，觉得国家需要这个，那就应该去做。每人为国家出一分力，每个人做好自己的本职工作，那国家肯定会强大起来！

这就是我们这一辈人多么光辉的岁月啊！当时在我们总体组还有苏联专家参加，这个老专家的名字我记不得了，但是有一件事让我印象深刻。当时他列席我们的会议，有时会向我们提出意见和建议。最开始看到我们要搞无人驾驶飞机，他很惊奇，对中国人奋发图强的精神赞口不绝，他说过的一句话我至今都记得特别清楚，他说："现在是中国人向苏联人学习，我相信以后苏联人也要向中国人学习！"我现在想起，仍忍不住热泪盈眶！我相信，是我们的工作精神打动了他。当时整个系里面都是这样，每天加班，夜夜灯火通明！我最长的一次是整整七个晚上没有怎么睡觉！当时是这样一个情况，我们下滑着陆组的控制系统是用继电器搭接成的。继电器可以将其看作一个绕组关联一两个触点，电流通过绕组以后，触点接通或关断，就可以接通或关断另外一个电路。这个继电器就是一个控制开关，接到另外一个电路，由一个电路控制另一个电路的开通关断，然后各个电路之间不断地开通关断，就可以搭建成一个控制结构。它形成一个类似现在的计算机逻辑系统，这个计算机逻辑系统是不断地通过电路来控制升降舵并进一步控制飞机高度的。我们为了做这个继电系统，开始进行大量的逻辑分析，使各个电路互相串联、并联，这其中逻辑关系多得很。这一方面，宋子善老师是骨干。当时就是为了做这种通电实验，我们在实验室足足七个晚上没睡觉！我们不断地测试，接通、断开，分析各种复杂的逻辑关系，根本不计时间不分昼夜！记得有一天，我中午休息了一会儿，很快就睡着了，当有人来叫我时，把那个门的玻璃都快打碎了，我都还没醒。可以说，七天没睡觉还真是很累的！可是我们内心永远充满着力量，觉得这是在做一件有意义的事！

最后，讲一个令我印象非常深刻的小事来结尾。我们组的骨干宋子善老师，工作特别努力，特别认真负责！有人劝他多休息一些，不要那么拼命，要保重身体，他却说："活着干，死了算！"现在回想起来，正是这种甘愿牺牲自己的生命也要为祖国造出一架无人机的精神，使我们所有人都团结起来，一起为了这个目标而艰苦奋斗！我想，我们当时一起做"北京五号"的这群人，都有一个共同点，就是心中都想的是国家，没有什么私心。也正因为如此，我们的动力也很强，因为是整个国家整个民族在支撑着我们向前！

以光衢　口述

王林波　整理

范仁周

1935 年 5 月生, 1958 年 10 月北航无线电专业毕业。参与研制"北京五号"时的身份: 毕业班学生。承担任务: 研制遥控信号调制器和试飞的全过程。

在"北京五号"试制中敢为人先的范仁周老师

作为 1958 年亲身经历"北京五号"无人机研制及试飞的应届毕业生, 范仁周老师从当年学生时代的经历开始, 给我们分享了他在"北京五号"研制及调试过程中的切身感悟与体会。当时在面对"一无资料、二无经验、三无设备"重重困难的情况下, 北航人本着大胆创新、科学严谨的求知精神, 团结一致集中攻克各项技术性难关百余天, 论证并首次实现了无人驾驶技术系统方案, 在 60 年前 (1958 年) 就成功研制并试飞成功了中国第一架无人驾驶飞机, 充分彰显了北航在无人机事业方面的先驱引领作用及北航人"勇于创新, 敢为人先"的北航精神, 激励着一代又一代的北航学子怀揣空天报国之梦, 为社会主义现代化强国建设贡献自己的青春与热血。

范仁周老师

范老师在"北京五号"研制中，主要负责遥控部分，其毕业设计题目是："无人机遥控信号调制器的研制"。遥控信号采用双音频脉冲宽度调制，通过四个时分通道，能同时发送四种遥控指令，用于操控航向、升降及油门的连续控制和起飞、着陆等开关控制。当时，无线电处于电子管时代，范老师采用频分时分综合方法，实现了遥控信号的多路传输。

遥控遥测技术作为飞机与地面的主要无线电通信技术手段，对整个无人机系统的正常平稳运行起着关键性与决定性作用。范老师告诉我们，大部分的关键部件都是在两个月不到三个月的时间里成功研制并且完成调试工作的，可谓是时间紧任务重，且各个部分的设备最后还需要装在遥测车里，在具体环境中进行总装联试。在当时的复杂环境下，遥控调制器要实现脉冲宽度调制及信号的多路传输，由于当时分电路的复杂性，经过师生深入的讨论决定采用频分电路来进行系统设计，并且进行了多次的环境模拟试验。就是在这样一次又一次的共同研讨中，才使得最终的调制解调电路设计方案达到了最理想的设计效果，这得益于老师与学生的共同积极配合。

在"北京五号"座谈会上，范老师还回忆道，在某次总装飞行测试的前一天晚上，地面的无线电仪表设备发生了故障，为了保证第二天飞行测试任务的正常完成，在夜晚零下十八度的冷风中，各部分负责人加班加点，协助配合排除无线电设备故障，最终在第二天天亮前完成了故障排查任务。而在后续的总体装机联试飞行过程中，遥控遥测设备基本没有出现过任何故障，这充分表明当时所研制的设备抗干扰性十分优良。在师生及校外工作人员的积极配合下，"北京五号"在1958年10月前就完成了自动起飞及遥控飞行任务。后续需要重点解决的是无人驾驶飞机的自动着陆问题，由于存在信号延迟等问题，自动着陆在当时成为一个较大的挑战，在进行了多次的测试整改之后，决定采用脉动式刹车方式以防止飞机着陆时偏离跑道，范老师表示这项技术在当时是很先进的。"北京五号"在短时间之内，之所以能够取得重大的技术性突破，重要的一点就是当时各部分负责人及工作人员、全体学生团结协作、敢想敢干和不怕失败的奋斗精神。在研制过程中，困难、困惑、迷惘是有的，但不应该因此而一蹶不振，应当积极主动地迎难而上，积极寻求解决问题的办法与思路，深深地坚信困难与挑战都是暂时的，时刻保持着自信心与战斗力。由此看来，要求严格，勇于创新，勤于反思，精益求精，这些我们所熟知的箴言在任何时代背景下都是作为一名科研人员所应当要秉承与发扬的精神追求，我们不仅应当对此有所体会，更应该注重在对这些箴言的实践过程中赋予它们新的时代内涵。

回忆当初在首都机场工作的日子，过得虽苦，但却干劲十足。1958年，当时的首都机场刚刚建成不久，周围仍然是荒草遍地，环境尤其艰苦，生活及工作的各方面设施设备还不完善，工作人员的生活驻地离机场跑道还很远，且只有一个飞机跑道。包括范老师在内的多名老前辈常常需要在凌晨四五点钟早起，查看并发动测试设备及遥控设备测试车辆等，以保证当天测试任务的顺利进行。多名老前辈在谈到当年在首都机场的日常研究工作时，都不约而同地谈论到"每日早起推动无线电设备车进入测试场地"这一场景，如此日复一日却没有感觉到丝毫的疲倦，这充分体现出了当年老前辈们对这份研制任务的珍重及热爱。正是凭着不怕苦、不怕累、不怕失败的艰苦工作作风，"北京五号"最终成功地翱翔在了蓝天之上并顺利返航安全着陆，实现了中国第一架无人驾驶飞机的成功飞行，谱写了我国无人驾驶技术的新篇章。

"北京五号"的成功飞行获得了空军司令部的高度肯定，范老师还给我们描述并分享了当年全体师生及校外工作人员参加"北京五号"庆功会时的趣事。他强调时任空军司令刘亚楼司令员亲自到场，这体现了国家对所有参与"北京五号"研制过程的工作人员的关注和认可。范老师生动诙谐的语言描述使我们也沉浸在当年成功飞行后的欣喜激动当中，他们就是这样一群人，始终保持着对工作与生活的热爱向往，能够以积极的心态迎接挑战并不断地调整自己的状态，前辈们对生活乐观积极的态度深深地感染了在场的每一个人。

范老师还分享了自己作为一个青年学生参与"北京五号"设计、安装、调试与试飞全过程的体会与感悟。范老师着重强调了理论知识与实际工作之间联系的重要性及指导性作用，实践与教学理论的有机结合在当今大时代的素质教育背景下显得尤为重要，高校作为科研人才的培养基地应当牢牢把握理论与实践的相互作用关系。"北京五号"的研制对于当年还没有完全走出校门的青年学生们来讲，是个千载难逢的好机会，每个人都很重视，并且把这项任务作为一项神圣的使命来对待。当年在研制过程中，不仅自己的理论知识得到了加强，而且工程实践能力与动手能力都得到了锻炼，同时两个多月的驻地生活也极大地磨炼了自己的意志，而在这期间大家积极合作、多方面共同配合又让大家真正明白了什么叫作"团结就是力量"。

座谈会最后，范老鼓励我们在今后的科研、工作及日常生活中，要时刻保持着对当前所做事务的热爱，不要瞻前顾后，更不要畏首畏尾，要敢想敢干，同时要积极锻炼身体，热爱生活，劳逸结合，发扬勇于创新、敢为人先、百折不挠、严谨求实的精神传统，顺应新时代发展，抓住机遇，兼顾国际视野与国家情怀，坚定理想信念，矢志空天报国，为国家贡献青春与热血！

王鹏博、徐华平　整理

范
耀
祖

1936 年 1 月生，1958 年北航仪表与自动器专业毕业，以（5 年级）毕业生和毕业后留校工作的身份，参加"北京五号"项目的机场组工作，负责在地面控制台对安-2 飞机遥测、遥控等操作。

在机场的 220 多个日日夜夜

1958 年我院武光院长在全院大会上提出北航要把"北京一号"（轻型客机）、"北京二号"（高空探测火箭）、"北京五号"（无人机）三个型号送上天，为祖国献礼。

1958 年 6 月 29 日我院成立以文传源、唐邑主任为领导的"北京五号"指挥部，下设总体组、测试分析组、发动机组、机场组等相应的各专业组。空军调拨了一架安-2 飞机作为我们的试飞飞机，并且还派了两位飞行员、一名地勤人员，民航总局也派了一名飞行员参加研发，第五研究院还拨来了研发经费。

1958 年 7 月初，我们遥控遥测组、地勤组、地面操纵台组进驻北京东郊机场。当时进机场的还有指挥部徐学贤老师、总体组宋子善老师。为争取时间机场组大部分吃住在机场，进场后紧张进行各项准备工作。整个工作分成三个阶段：试飞准备期、有人飞行期、无人驾驶飞行期。

第一阶段，试飞准备期进行地面调试，布置安装地面操纵台是首要任务。该操纵台类似机舱内的驾驶室，可以由地面飞行员在此对无人机进行遥控。同时我们将发动机操纵装置、小高度表、遥控遥测等各种设备以及自动驾驶仪等都装入了安-2飞机的机舱内。

第二阶段，有人飞行期是在地面遥控。在飞行员随机飞行的条件下对机上各设备进行飞行调试。即地面与机上联试，测定机上各设备工作可靠性与地面操纵台之间的协调运行情况。二位飞行员一位在安-2飞机上，另一位在地面操纵台上。当正常飞行时由机上飞行员操纵，地面飞行员不工作，而当地面飞行员工作时，机上飞行员则可以稍事休息。一旦地面控制失灵则由机上飞行员将地面遥控方式切换成机上手动操纵方式。这样的飞行工作要反复多次。

这一段工作是极繁杂的，我们要把每次的飞行数据及时送回学校，由总体组进行综合分析并确定下一次飞行方案。在机场加班加点是经常的事，疲乏时有时连表也会看错，甚至有一次眼镜也掉到了地上。紧张但很兴奋，因为我们知道工作的意义。

我们的工作也得到了各方面的关心和支持。在拆装维修自动驾驶仪时，地勤组焦光福同志总是不厌其烦地告诉我们："这些设备不仅要正确安装好，还必须要考虑维修保养的方便，特别是在像机舱这样空间狭小的地方。"后来我们在维修自动驾驶仪时确实节省了很多时间。

我们的工作地与地面控制站有一段很长的距离，每次走路都要花不少时间，有一次我们正赶路时，忽然一辆汽车停在了我们身旁，听到有人喊我们上车，我们一看是我院马文副院长来机场检查工作，看到我们赶路就立即招呼我们上车，使我们及时到达了试飞点。这虽然是一件小事，但深深地留在了我们的记忆里。

为尽快把飞行数据和维修部件交回学校，不管白天晚上都由后勤组老贾师傅送往学校。有一次已经很晚了，大家已睡了，贾师傅听说有一批数据和零件要尽快交回学校，他二话没说立即穿衣就叫我们上车。机场至学校有较长距离，黑夜开车易困乏，所以老贾师傅一上车就笑着说你们可不许睡，要说说笑笑，否则我也要迷糊了。听贾师傅这样说，我们也就强打起精神，谈论起白天试飞中有趣的事。那天晚上我们及时地完成了送交资料和器材的任务。

学校对我们工作在机场的同志也十分关心，我们每次晚上回校都能吃上热腾腾的夜宵，使我们很快消除劳累和饥饿。

我们和飞行员相处得很好，他们讲飞行训练及飞行故事给我们听，我们则向他们介绍无人机的各种设备性能，他们听得很认真也十分信任我们的设备。飞行员对我们的信任以及他们不怕困难和危险的精神使我们深为感动。

这一阶段工作是紧张的，困难不少。记得有一次飞行中飞机突然失速，在空中垂直下落数十米，地面操纵台也立即从遥控遥测数据中显示了这个状况。这一事故使我们受到很大震动，我们很快找到了原因，修改了发动机装置，消除了隐患。由于担心类似事件再度发生，民航飞行员提前辞去了试飞工作，但二位空军飞行员却一直坚持与我们试飞到底。除失速事故外，着陆时也出现过控制不稳、飞机倾侧，导致机翼与地面碰擦之事。这是由于小高度表判读不准确，造成飞机着陆及刹车不稳等问题。上述这些问题在指挥部、各专题组以及飞行员等各方面的共同努力之下很快就得到了解决。

第三阶段，无人驾驶试飞行期。

终于迎来了向祖国汇报的时候。1959 年 1 月上旬空军司令员刘亚楼上将等领导来到机场视察，他鼓励大家说："你们大胆干，空军大力支持你们，即使这架飞机摔掉了，我们也会再调一架给你们。"首长的关怀给了我们极大的鼓舞，增强了我们的信心。

1959 年 2 月 4 日，在北京东郊机场，"北京五号"举行了隆重的"单飞"公开试飞。前来观看的领导同志有空军副司令员王秉璋中将、曹里怀中将、作战部王向荣中将、装备部万毅中将、一机部刘鼎、教育部刘皑风部长、市委书记范儒生等，此外还有北航的武光院长、沈元副院长、马文副院长和"五号"研发小组林士谔教授等。

这一天，天气格外晴朗，万里无云，似乎预示着这是一次一定成功的"单飞"。飞行前，由总体组宋子善老师首先打开安 -2 舱门，进入机内检查，在确定机内无人后，向场内领导报告，请示起飞。这时遥控组罗筱山同志鸣放起飞信号。信号一响，地面控制台的飞行员就立即发出遥控指令，只见我们的"北京五号"迅速滑出跑道冲向蓝天。

这次公开"单飞"的试验方案：高度为1500米，飞行半径10公里，按"吕"字形飞行，完成自动起飞，自动对准跑道，下滑着陆自动刹车。我们高兴地欢迎我们的"无人机"胜利返航。这次试飞完全达到了预期的目标。

三天后，即1959年2月7日，又进行一次单飞，来参观的领导有副参谋长张爱萍上将、海军副司令员方强中将、一机部张连奎副部长、钟夫翔副部长以及在北航工作的苏联专家。鉴于二次单飞的成功，各级领导及苏联专家都对"北京五号"的研发给予了高度评价。北航师生在一无经验二无资料的情况下，在各方大力支持下为我国第一架无人机的成功研发画下了一个圆满的句号。而我们这几个课题组的同志们在北京东郊机场也已经连续工作了220多天。

在机场的这220多个日日夜夜，我感到兴奋、自豪，使我终生难忘。只有敢想敢创新才能更快出成果、出人才，为国防建设多做贡献。

侯琳娜

1935 年 5 月生，1958 年 10 月北航航空无线电专业毕业。参与研制"北京五号"时的身份：毕业班学生。研制任务：无线电小高度表鉴频器电路设计、调试。

我的毕业设计

我是 1953 年考入北京航空学院的，是建校后第一批以北航的名义正式招收的大学生。当时北京航空学院刚刚建校，只有飞机系和发动机系两个系，分别设立飞机设计、飞机工艺、发动机设计和发动机工艺等四个专业。

我们入学时，一座教学楼都没有，北航的老教学区整个还是一片建筑工地，最早开工建设的 1 号教学楼也还正在施工中，周围都是一片荒地。一开始我们都是在临时搭建的棚子里上课。到了 1954 年，学校决定成立飞机设备系，分别设立航空仪表、电器与无线电和航空军械等三个专业。学生都是从原来飞机系和发动机系的学生中抽调。我被抽调并分配到航空无线电设备专业。

当时我们的学制是五年。到了 1958 年我们毕业时，学校响应党中央的号召，实行教学、科研与生产劳动相结合的方针，我的毕业设计就是参加"北京五号"研制项目，这是我国第一架无人驾驶飞机的研制项目。我被分到飞机小高度表（无线电高度表）研制组，因为安 -2 飞机原来的气动高度表在低高度的情况下，特别是在飞机降落阶段极不准确，也不稳定，无法完成自动着陆任务，所以研制小高度表对于无人驾驶飞机的回收来说极为重要。我做

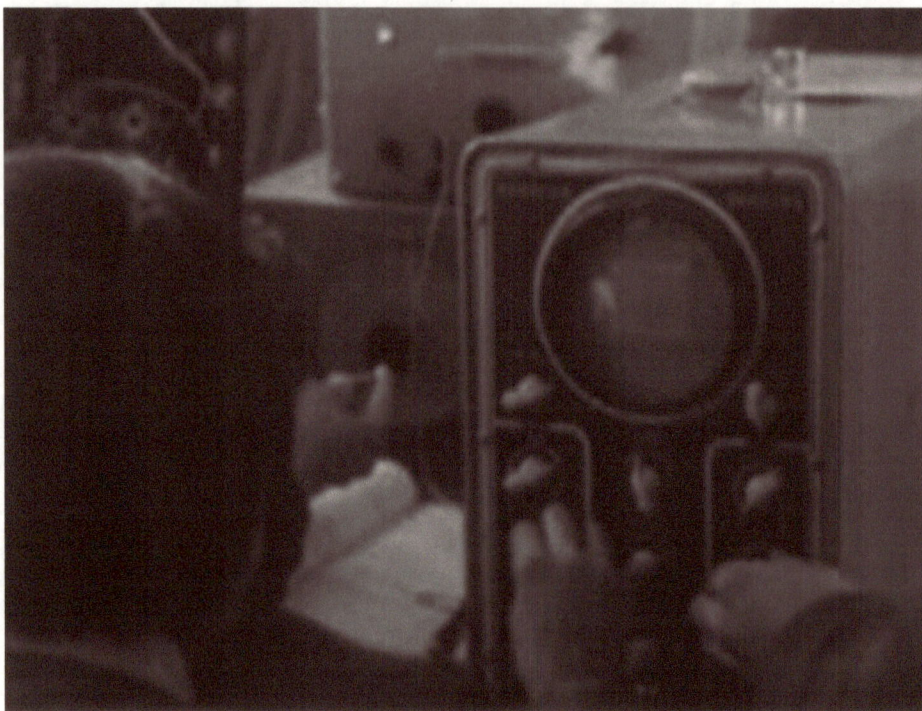
无线电小高度表调试

的毕业设计题目是："无线电小电高度表鉴频器的设计"。当时只是一个学生，只知道把交给的设计任务完成、把样机做出来就行了，其他的事不太了解，也不太关心。

做毕业设计的过程主要感觉是时间紧、任务重，没日没夜地待在实验室。出去吃一顿饭的工夫，回来时发现刚做出来的实验结果又变了，数据和参数又不对了，就心情急躁，只好重新再来。每天大家干得热火朝天，就怕耽误了总体进度，通宵加班是常有的事。经常是天都快亮了才回宿舍去睡一会儿，因为缺觉太多，总想多睡一会儿，有时会在桌上留一张纸条给同寝室的其他同学，上面写着：如果今天中午加餐吃鱼的话就叫醒我；如果不加餐就不要叫醒我了。当时班上的同学大家都是这样，每天过得都非常紧张而充实，现在回忆起来，真是终生难忘、终身受益！

经过几个月的艰苦努力，鉴频器的设计终于完成了。在师生的共同努力下，苦干加巧干，整个无线电小高度表的研制也成功了，而且测量精度达到0.5米，在当时，这样的精度算是很高的了，把它装在安-2飞机上，与飞机上的自动驾驶仪及机场的下滑台、航向台一起配合来完成了安-2飞机的自动着陆。后来由毛士艺、徐梅华等同学到机场去实际试飞，终于把"北京五号"送上了蓝天，实现了我国第一架飞机的无人驾驶起降和飞行，而且实现了自动着陆。毕设过程中虽然艰苦、紧张，但成功的喜悦淹没了艰辛和疲劳，完成这项光荣任务也是我一生都值得骄傲的经历。

卢维扬

1933年9月生，无线电通讯与广播专业毕业。
1958年9月参与研制"北京五号"时的身份：教师。
承担任务：研制无线电遥测信号的调制和解调器。

默默坚守的卢维扬老师

2018年7月6日，北航电子信息工程学院的元老为我们讲述了"北京五号"的故事。

卢维扬老师1958年初从清华调到北航后，主要有两方面的工作，一个是给外系上无线电基础课，一个是做半罗盘实验。来了之后，正好赶上学校要研制无人机，也就是后来的"北京五号"，卢老师就被调入研制组，负责遥测系统接收部分的工作。因为当时的设备落后，资料匮乏，所以在整个研制过程中可谓是困难重重。一开始根本无从下手，因为没有这方面的知识储备，后来有一位老师在一份刊物上看到了一个多路通信的方框图，就凭着这么一个方框图，工作开始慢慢地展开。大家讨论的结果是采用频分制多路遥测方案。频分制对接收机二次解调器的分路滤波器参数的精确度要求特别高，然而当时连计算器都没有，想要设计出精确的分路带通滤波器如同天方夜谭。当提及研制过程中遇到的难点，卢老师如数家珍，如地面接收时所用的滤波器计算难度大、电源的稳定性不好、电子管性能差等，都会造成零点漂移、交叉干扰等问题，但是设备在短时间内很难提升性能，那怎么办呢？她扶了扶眼镜框接着说：那就只能是细心一点、耐心一点，反复实验，修正参数。卢老师回忆道，在调试时"一点都不能马虎"，可能一点小小的失误就会造成实验失败。卢老师对滤波器的设计过程印象十分深刻，最后请来五院的同志，大家齐心协力才把滤波器做了出来。

卢老师还提到了一个细节，由于元器件的缺乏，设备上的元件都是收音机上最常用的元件。这种元件肯定是很难保证精确度的，我们难以想象科研人员当时是用着怎样的认真精神来进行系统设计和调试的。像卢老师这样的前辈们正是凭着这种忘我的工作精神、严谨的科学态度和勇于克服困难的工作干劲，攻克了一个又一个

卢维扬老师

难关，在短短的时间内完成了关键设备的研究。当时无人机的研制别说在国内，就是苏联专家也没有太多这方面的经验，但就是凭着百折不挠、敢为人先的精神，北航那代人硬生生地把这块骨头啃了下来。

"北京五号"的研究工作紧张有序地进行着，但是已承担的教学任务也不能耽误，卢老师还得抽出时间来备课。人都不是铁打的，紧张的科研工作加上备课的压力，使得卢老师生病了。一开始只是简单的感冒，轻伤不下火线的卢老师并没有把感冒当回事，没有注意休息，结果病情加重，变成了肺炎。那个年代，没有人会主动提出休息，大家都是能扛则扛，卢老师也是这样，由于没有及时休息并接受治疗，最后又得了肺结核。工作最后还是暂停了下来，因为这个时候已经不得不休息了。其实在那个环境下，得病的人并不在少数，卢老师的一个老同学，年纪轻轻就得了脑梗，从这方面也可以看出来，当时的工作压力确实很大。但是在当时的环境下，在那个人人都干劲十足、热情如火的年代，压力从来都不是问题，没有什么能阻挡住那一代北航人发展我国航空航天事业的决心。

由于身体原因，"北京五号"的外场试飞卢老师没有参与，但她一直心系"北京五号"。当时"北京五号"的试飞开始并不顺利，好几次都差点坠机，最后那个民航的试飞员都不敢飞了，只能由空军调来的两位飞行员继续试飞。

这些感人的故事特别多，每当回忆起这些故事时，卢老师就充满激情。这些失败的挫折和经验是十分宝贵的，在不断的失败和打击中永不倒下、永不放弃，才是"北京五号"成功的关键。

那是一个十分艰难的年代，内忧外患的国际环境使得科研人员很难完全静下心去搞科研，但如果不想办法强大自身，我们就永远不得安宁。就是在那样的一个环境中，那一代北航人默默坚守着，完成了一系列重大科研项目。"师者，所以传道授业解惑也"，在漫长的历史中，卢老师可能只是一名传授知识、潜心科研的平凡老师，在讲话过程中，她也一直觉得自己只是做了自己该做的事，并没有什么特殊的。那种宠辱不惊的心态，只有经历过艰难岁月的人才会拥有。他们做的也许只是一些平凡的小事，可就是这种在平凡中的坚守，更让我们觉得珍贵，就是在这种坚守中，我们的国家才一步步走向强大。也许那一代人不会在聚光灯下闪耀，但在我们心中，他们已经是最耀眼的聚光灯。卢老师讲话时十分谦逊温和，面对大家对她元老的称呼，她摆摆手，直言"不敢当，'老'字承认，'元'字不合适"。实际上，作为1958年就进校工作的老师，作为参加过"北京五号"等重大科研设计的科研人员，她绝对担得起"元老"这个称号。

卢维扬老师，一副简单的黑框眼镜，一头不算花白的头发，一件普通的花上衣，和很多老年人没什么不同，这就是卢维扬老师给我们的第一印象。但是当卢老师讲起话来，那种从容不迫和云淡风轻的气质，以及那睿智的眼神和清晰的逻辑，总让人意识到她是一位在北航工作了几十年、参加过数次重大科研任务应备受尊敬的老师。

张帅、何峰　整理
2018 年 7 月 15 日

孙虎章

1935 年 1 月生，1956 年 7 月毕业于天津大学电力系的企业电气化专业。参加型号研制工作时是教师，参加的是发动机自动装置组的工作。

难以忘却的记忆

——60 年前"北京五号"研制过程中的一些片段

1958 年下半年，"北京五号"无人驾驶飞机的研制项目启动，我参加了发动机自动装置组，王玉麟老师任组长，我是副组长，另外还分配来了 6 名应届毕业班同学。总体组下达的任务是两项：

1. 研制一套由地面无线遥控的机上油门（杆）随动系统；

2. 研制一套机上发动机汽缸头温度自动控制系统。

发动机的工作参数如油门、风门等，原本都是由飞行员手动操纵的，没有自动化操纵之类的资料可参考。总设计师提出"向受控对象学习、向飞行员学习"。经过多次登机，我们掌握了有关装置的机械传动和发动机的外结构特点，实录了不同飞行状态下飞行员各种手动操纵的位置、速度等数据，从而为系统控制方案的制定提供了重要的可靠依据。

方案确定后，大家分工负责进行部件设计、加工、装调、联试。我们克服了太多的困难，调动智慧苦干加巧干，在多方协助下，终于创造性地完成了研制任务。各系统运行稳、快、准，试飞结果正常。

研制的系统中，热敏电阻式铜环温度传感器（由叶佩君同学设计）及油门杆电动机械手（由王庆康、徐仁山同学设计）具有创新性，受到总设计师的肯定和多次赞许。

　　"北京五号"研制过程给我留下了许多难以忘却的记忆。

一．出师不利——乘兴而去、狼狈而归

　　为了掌握不同飞行状态下发动机重要参数的实际数据，我组申请了上机实录。

　　一天上午，我和两名同学来到首都机场。大家都是第一次坐飞机，因此特别兴奋。塔台发出允许起飞的指令，飞行员推油门、加速滑行、拉杆离地、爬高，然后在机场上空做方块巡航。俯看着飞机下方的山水、园林、农田、村落以及星星点点的人群，我们觉得非常新奇和开心，简直看呆了，居然把正事全忘掉了。驾驶舱里浓浓的汽油味和发动机巨大的振动噪声终于提醒了我，我对那两位同学说道："赶紧按事先的分工准备实录，特别要注意下滑和着陆过程的数据。"然后我站在舱门口，看着仪表指针不停地摆动，突然觉得恶心、胸中翻腾、头晕站不住。飞行员让我下撤，到尾舱的垫子上躺着。没过两分钟，一名同学也撤下来，只剩下女同学叶某勉强坚持到着陆。结果，许多数据都没有记下来，真可谓乘兴而来、狼狈而归。

　　第二次上机时，我没吃早餐，心想这会好些。起飞后，我们果然顺利地实录了一些数据。可是，过了七八分钟，我又开始恶心反胃，只得又下撤，因此任务仍未完成。

　　第三次上机后，我先在尾舱里面待着，等到快要下滑时再进驾驶舱。这一招还行，终于得到了一些完整的数据，获得了宝贵的第一手活资料。就在我又开始觉得恶心的时候，飞机已经着陆滑行。在后续的试飞阶段，我也曾多次上机，但就像是条件反射一样，只要过了七八分钟就会觉得恶心，一直改不了。与此形成对照的是，驾驶仪组的刘宪周连飞两个起落啥事都没有。

我知道他是二级体操运动员，又年轻，才20岁。可我当时也只不过23岁半，身体竟然这般不给力，真是惭愧。

二．锁定油门——惊险事件后的重要决定

系统研制后期，我又参加了试飞组，仍然负责发动机控制部分。试飞组组长是宋子善老师，我们集体住在机场停机坪附近的地勤库房里。组里平日安排紧张有序，分组调试工作很快完成，接着进行机上有人监控条件下的地面遥控全程试飞，从起飞、爬高、巡航到自动下滑、着陆、遥控刹车、停机，都基本成功，只是最后阶段运行欠稳，尚需调整。大家信心十足，放单飞指日可待。

然而，一天在自动下滑时，30米高度的指令提前发出，飞机突然快速下降，我在驾驶舱门口，由于惯性作用，头一下子撞到上门框。刘宪周站在副驾驶座后面，头也撞在舱顶盖上，并且触碰到了身后高处的一些开关。飞机顿时像要失控，而当时距地面已经很近了。紧急关头，机上负责监控的飞行员果断地将飞机自动下滑模式切换到手动模式，然后推油门、猛拉杆，硬是将飞机艰难地拉起复飞，避免了一起在土跑道上坠机的恶性事故，化险为夷。我和刘宪周都还没来得及害怕，飞行员却着实吓着了，说什么也不干了。我们感谢他对"北京五号"前期试飞工作的辛劳付出以及对意外事故的成功处置，与他惜别后，我们又从空军借调了两名教官。

事件过后，经深入讨论认为，30米高度以下的下滑线应具有延续、平缓的特性，空速不宜降低，以保证突发情况下切换为地面遥控时飞机能够顺利拉起复飞，从而减小失事的概率。如此处置将加大飞机的接地速度，但只要刹车能刹停，延长一些滑跑距离没关系。

最后决定，飞机从自动下滑到接地着陆，油门杆位置锁住不变，任何情况下都不允许收油门。

通过系统的逻辑控制修正，实现了上述技术要求，并设置了双重保险。后续试飞再也没有发生过类似事故，算是在动力方面给飞机吃了一颗"定心丸"。

三．最后一搏——一大盒电容器宣告了"北京五号"的光荣诞生

试飞进入最后冲刺阶段——放单飞，即飞机上真正无人情况下的地面遥控飞行。飞了几个起落基本上都取得了成功，唯一不足的是，飞机总是刹停在偏离跑道中线较远的地方，总是偏向地面遥控台所在的一侧，有一次甚至偏出了跑道，来了个急转弯，损伤了翼尖。地面遥控驾驶员（飞行员）认为，自己的遥控操纵刹车是正常的。然而，既然是正常的，又怎么会多次跑偏呢？蹊跷！当时，空军领导就要来现场视察，学校的验收日期也已迫近，大家既困惑又着急。一天晚饭后，组长宋子善去了地面遥控台，回来后找了一大盒电容器在焊接。我说："干吗呢？"他说："加大点刹间隔，减小刹车量。现在也只有这一招了，来不及了。"他想在刹车遥控信号的前端单侧串入一个大延时网络来纠偏。次日试飞完全正常，视察和验收试飞也都完成得很漂亮，一大盒子电容器为"北京五号"试飞的胜利结束画上了一个圆满的句号。地面遥控驾驶员（飞行员）也很高兴，而且是既惊奇又高兴。

回校以后琢磨此事，似有开悟。飞行员在遥控台上是从远处侧向看飞机，视角很低，小视角向远看，则远处的距离被极大压缩，因此，飞机着陆时总感觉是偏到另一侧，总想通过操纵把它拉过来，操之过急，结果刹停时总是停在了这一侧。后来和宋老师谈及此事，他会意地说："当时可不能对飞行员讲。"

后来，我将这种在指令端进行"一人一方"的校正方式归结为回路外的前置补偿，并且写入北航的自动控制理论教材中。

试飞组组长宋子善老师智商超群、能力出众，令人敬佩，虽然他只不过大我两三岁。

我怀念宋子善老师。

宁文如

1936 年 3 月生，1958 年北航仪表与自动器专业毕业，以（5 年级）毕业生和毕业后留校工作的身份，参加"北京五号"项目的试飞组工作，负责在一、二阶段飞行中监控、观察安 -2 飞机上的仪器、设备。

60 年前的往事回忆

在 1958 年，我们还是飞机自动器专业的五年级学生。也就是在这一年的下半年，系里面沸腾起来了，要研制无人驾驶飞机的控制系统。系里的教师、实验室和加工车间的师傅们以及毕业班的学生们都要投入这项科研，践行"教学与科研、生产相结合"。

项目实验用的飞机是空军调拨来的一架安 -2 型飞机。我和李竞等几个同学参加了安 -2 飞机的纵、侧向稳定性及操控性的分析，这也是我们毕业论文的题目，由王行仁、张明廉老师指导。记得林士谔老师来讲解"林氏法"怎样用在解高阶方程里。我们遇到气动参数问题时可以直接找张桂联老师（他从飞机设计系来参加"北京五号"的工作），他总是笑眯眯的，爱问我们"你喜欢什么样的轨迹"。

当时计算工作量很大，我们用计算尺拉来拉去地算，后来有了几台机械式手摇计算器，一摇起来，一片哗啦啦的响声，我们把这当作是悦耳的大合唱，因为提高了效率呀！

由于涉及总体，我们可以（而且非常有兴趣）去了解控制系统的总体方案、系统的组成和一些发生的问题。我们穿梭于教室、实验室和加工车间之间。我们看到成套的自动驾驶仪 An-5 在组装、调试，看到一堆堆不同型号的继电器（什么二触点呀、三触点呀之类的）被用来组成各种指令线路和控制线路，在系统中起着非凡的作用。此外还有各式电位计（我们在车间看见丁富英同志整天坐在那儿绕线，制作电位计。绕制工作需要极大的细致和耐心，只要断了一根细丝，就必须从头再做。她绕得手肿、眼花，但还是坚持不懈）。这些继电器、电位计之类的元器件经过巧妙组合，变得活了起来，成为能够输出信号的传感器，并被大量采用来组成我们需用的控制系统。我们不久前刚在"调节原理""自动驾驶仪系统""元器件"等课程中学到的知识也都在这一型号任务中得到了应用，倍感"酷爽"。

毕业典礼结束后，我和王占林、张洪钺同学被分去参加部队的一个科研项目"55 号"（一个导弹的分析项目）。但过了一段时间系里通知我到机场"北京五号"试飞总体组去报到。当时我们是一切服从分配，颇有指到哪儿就打到哪儿的味道。我在机场一直工作到 1959 年 2 月试飞结束后才随大部队回到北航。记得大约在 1958 年的年底，机场负责"北京五号"行政工作的丁富英同志告诉我："学校人事处来电话问你工资还要不要了，怎么到现在也不去报到？"我想，没人叫我去报到呀，我也不知道要报到呀！当我匆匆回学校报到的那天，遇上了从没遇到过的大风，以致从校门口一直吐到宿舍，报到时还被数落了一顿，说得我也搞不清是什么问题。不过当我回到机场时，这个经历就全被抛到脑后了，只有那八级大风的印象实在令人记忆深刻。1958 年的我们思想真是很单纯，在机场里整天想的就是"五号"呀，试飞呀，日子过得既紧张又快活。

我到机场向试飞总负责人宋子善老师报到，他给我的任务是监控、观察机上的一些设备和仪器。感谢宋子善老师和孙虎章老师给我介绍各个设备、上机要点等，有问必答，很是关照。这二位老师非常能干，日夜操劳，试飞中出现的下滑着陆问题都压在他们身上，能不能放单飞也要他们拍板。有一次开会讨论，我一抬头，看见宋老师向后一倒就睡过去了，他真是太累了。其实他们只比我们早毕业三四年，只是担子压在肩上，大大激发了他们的聪明才智。

我在机场受到了一次特殊的待遇。

上安-2飞机是我第一次乘飞机（不是坐），因为安-2机舱内两边摆上了仪器和设备，人员可以在中间操作巡视，没有座位，飞机一颠，就得扶住舱壁或舱顶的手环。当时"北京五号"的试飞员是空军派来的，我们亲切地叫他刘大胖，我常去看他操作，他总问你晕不晕，我说："我觉得很适应，不晕呀！"

一天，试飞后回场，刘大胖叫我"你来开一段吧"！我想，你真是艺高人胆大，竟然让我开一段。当然，我二话没说，高兴地坐上驾驶位。记得当时刘大胖不断地告诉我动作要点，怎样保持平飞、抬头、转弯。刘大胖还加了一句"不要给我开到市区去了"。我按照刘大胖的指令操作，哪顾得上看下面的风景。刘大胖说你们是设计制造飞机的，就应该实际驾驶驾驶。我下来后高兴得自己都笑出来了，不管这是什么状态下的开飞机，这一定是我一生中绝无仅有的一次，终生回味！

在机场亲历了飞机下滑着陆时的困难和问题，了解了着陆段的重要性，以后每次出差旅游乘坐飞机时，我总是尽可能地去寻找一个能观察、欣赏飞机下滑过程的座位，这也是对"北京五号"的一个情结吧。

"北京五号"是个大课堂，这是全体参加"北京五号"工作的师生员工们造就的大课堂，我有幸参与其中、学在其中，还和"北京五号"亲密接触，感到受益终身。

梁志刚 1932 年 10 月生，自动控制系实验员。参与了从初期的飞行仪表传感器改制至后期的装机鉴定及外场试飞的整个过程。

"北京五号"无人机试飞现场记事

"北京五号"是一架有人驾驶的农用飞机改装试验完成的无人驾驶飞机。

这架飞机是 1958 年 5 月从南昌飞机制造厂出厂的国产安－2 型飞机，由空军的资深飞行员和民航局地勤机械师配合学校自动控制系当年做毕业设计的百多名大学生和各专业教研室的教师、实验员还有加工间的工人师傅共同完成，成功地将这架有人驾驶的飞机改装成机上无人操纵完全由地面操纵台无线遥控完成的飞机。从跑道起飞点启动发动机，滑跑起飞完成空中飞行，然后对准跑道落地，滑行到飞机完全停下来。

从改装开始到调试再到地面全面联试、空中飞行试验，总共不到百天的时间，充分体现了全体参试人员的大胆实践和不怕艰苦不怕累的实干精神，及勇于创新敢为人先的创造精神。要知道，这些年轻的大学生不仅没有接触过真正的飞机，对飞行控制也是知之甚少。改装发动机控制、在飞机上加装自动驾驶仪，要他们亲自动手去做，难度是明显的。每一个装置不仅要能正常工作而且要做到安全可靠，这样才能保证飞行的安全。

试飞现场的第一阶段任务就是在飞机上安装调试改装无人控制的装置，时间紧、任务急、项目又多，轮流安排上机干活就成为现场指挥统筹协调的重要一环。既要保证每个干活的同志的时间，又不能影响整个任务的进度。8月是北京最热的时候，而且机上干活的空间又小，干一会儿就汗流浃背，喝口白开水就得接着继续干。紧张有序的第一阶段的任务终于完成了，现场第二阶段的任务就是实际飞行的考验了。第一步，先是由地面操纵台无线控制启动飞机起飞，此时飞行员在飞机上只负责监控。这样的放飞试验经过数十次后，具有了一定的把握后转到第二步，飞行员撤出飞机再进行前面的试飞无人试验。几十次的放飞，取得了满意的结果，做到了全程机上无人监控。

接下来就是在国庆节前的一次完美的飞行试验，在现场，保证地勤工作安全和发动机良好工作状态的民航机械师，在我们面前满怀喜悦地伸出了大拇指，说出了他的心里话："你们这帮年轻人真是不简单啊，在这么短的时间里不仅能改装飞机而且能让它在无人管控（即驾驶）的情况下飞上天，真是了不起，这真是个创举，我参与了你们这样的工作，也分享了快乐和幸福。"这位资深的民航机械师是在新中国成立前夕两航起义回到祖国的甘嘉霖师傅。60年过去了，回忆起甘嘉霖师傅为保证飞机状态良好，紧密配合发动机地面联试，不辞辛苦认真负责的精神真值得我们向他学习和祝福！甘师傅你是好样的，"北京五号"的成功也有你的一份功劳。

下面说说两名空军飞行员。他们是承担着危险、富有牺牲精神的革命军人，上百次的放飞试验，可以说每一次都是有风险的。他们对完成这项试验的信心，也鼓舞着参加改装的其他人。记得有一次飞行员在飞机上监视试飞对准跑道落地过程中，不知道什么原因，眼看飞机要偏离跑道，飞行员及时将飞机纠正到跑道上，完成了一次有惊无险的落地。等飞机完全着陆好，飞行员从机舱出来后，只见他满额头的汗水，所有在场的工作人员都为这位飞行员鼓掌。要知道这样的试验完全是这项科学实验不可缺的过程，没有他们一次次地承担风险，这种试验的成功是很难的。

后来在继续完成几次试飞后，"北京五号"接受了当时空军司令员的亲自"验收"。司令员先进入机舱仔细观察了改装后的飞机，离开机舱后说了声"可以试了"。飞行员正确安全地完成放飞的全过程，首长十分满意，鼓励大家继续努力。至此"北京五号"的研制画上了完美的句号。

这架完成了使命的飞机，经过全面恢复，被完好无损地交给了民航局。

詹如铨

1937 年 2 月生，1956 年 8 月毕业于南京无线电工业学校，获"无线电机及制造技术员"称号；同年 8 月到北航工作。1956 年 10 月至 1962 年 7 月先后在北航和清华夜大无线电技术专业学习并毕业。1958 年参加"北京五号"飞机研制。负责"北京五号"重要设备采购工作并参加了"北京五号"的无线电技术相关工作。

我参加"北京五号"研制工作的一些事

在 1958 年，我们北航人敢想敢干，做出了前人从未做过的事。在 100 个日日夜夜中，研制成功了三个型号，即"北航一号"——轻型旅客机，"北航二号"——探空火箭，"北航五号"——中国第一架无人驾驶飞机。三个型号由一个学校在一百天内研制成功，这在当时世界上是从未听说过的人间奇迹。"北航一号"研制成功后，北京市市委书记、市长彭真同志，将"北航一号"命名为"北京一号"，由此"二号""五号"也相继更名为"北京二号""北京五号"。

当年我在 205 教研室（航空无线电设备教研室）负责飞机无线电设备的实验工作。飞机无线电设备有超短波电台 pсиу-3м、导航设备、无线电罗盘、大小高度表、盲目着陆系统、机内通话设备等。有一天，"北京五号"材料设备组负责人邢孟楚交给我一个任务，让我去岩峰车站附近一个解放军军用仓库，取四部超短波电台 pсиу-3м。我拿着解放军总装备部批准的文件，出发去领取四部超短波电台。电台存放在距岩峰几公里某军用仓库的一个山洞内。当时超短波电台 рсиу-3м 是一个绝密产品，是歼击机上的通信设备。办好相关手续后，由四名解放军战士携步枪，乘一辆军用卡车，武装护送到岩峰车站，然后乘上一节闷罐车厢，由四名武装解放军战士和我押送四部电台，运回北航。超短波电台是无人驾驶飞机遥控设备、遥测设备及无人驾驶飞机上不可缺少的设备。这是我为无人驾驶飞机做的第一件事。

第二件事情是采购改制高度表所必须用的器件。当时国内飞机上通用的小高度表，最低的测量高度不能满足无人驾驶飞机的最低高度要求，为此必须对现有的高度表进行改装研制。改装所必需的器件，要去高度表的生产厂家，当时生产高度表的唯一生产厂是宝鸡的 782 厂。到 782 厂后，我找到厂长，厂长不同意给我们采购的器件，经过多次交涉，仍不同意。之后，我又拿着武光院长的亲笔信找到生产厂军代表，说明来意后，军代表对北航研制无人驾驶飞机相当高兴，表示大力支持，亲自找厂长谈，又找到我的同班同学，他们都是生产车间、科室的技术员。由于他们的热情帮助，经过一个月多次交涉，终于采购到了高度表改装所必需的器件。

第三件事情是参加无人驾驶飞机下滑轨道线的测试工作。无人驾驶飞机下滑时必须沿着下滑的轨道降落。参加此下滑轨道测试工作的有马立业和朱老师（后来调到合肥大学工作），罗筱山（58 届毕业生）负责导航台开机工作，马立业、朱老师和我带着场强测试仪测试。当时首都机场民航飞机不多，晚上 11 时后再没有飞机起降，我们的测试工作只能在晚上 11 时后开始。首都机场跑道长度有几千米，我们的工作就是在这几千米跑道上测试。在一次测试时受到巡逻的解放军战士的盘查询问，幸好我们带着步话机，经过与导航台的有关负责人联系，他们才知道我们是北航的，是为研制工作来此测试的。经过几天努力，我们终于完成了无人驾驶飞机下滑轨道测试工作。

参加此项工作的马立业（后调入计算机系）和罗筱山前些年因病去世。如果我不在此文中提起此事，将无人知道他们为无人机研究付出的辛劳。无人机是安-2飞机改装的，安-2飞机是南昌飞机制造厂制造的。把安-2飞机运回北京的是雷世航同志。他当时是203实验室主任，他曾经在南昌航校工作过。

"北京五号"的参与者主要是原二系的教职工和58届毕业生，他们是研制无人机的一支重要力量。文传源教授是无人驾驶飞机的总负责人、总设计师，我们将永远牢记这位刚过百岁的健康老人的历史功绩。我们也将牢记为无人机的研制做过重要贡献已经逝世的林士谔、宋子善、丁子明教授和师生们。我们也为参加过"北京五号"研制工作，为国家研制无人驾驶飞机付出了辛苦、做出了贡献，为北航的发展，为国家奉献了他们毕生的精力的同志们而感到骄傲和自豪！

王钧安
1935 年 2 月生，1952 年 7 月参加工作，1956 年 8 月进校工作，1961—1966 年，北航夜大航空电机电器专业毕业。

为无人机飞上天，献上技术工人的力量

我叫王钧安，1935 年生于北京，1956 年受北航人事处招聘，进入二系 203 实验室工作。1958 年学校响应党的号召实行教学与科研、生产劳动相结合方针，决定研制"北京一号""北京二号"和"北京五号"。经全校动员，参加型号研制的北航师生员工都加班加点连轴转，几天几夜不睡觉是常事。原二系做的是无人驾驶飞机自动控制部分，当然离不开电源，又不能直接用 220 伏电源，所以变压器是离不开的器件。其中有一学生让我用电阻丝绕一个变压器，我问他为什么用电阻丝绕？他说："用铜导线绕电阻不够，电流太大。"我听后就知道他概念不清，变压器接上电源不仅有阻抗，最主要还有感抗，应先了解用多大的电感产生自感电势对抗电源的电势，再根据功率大小决定铁芯大小、导线粗细、线圈的匝数比。又经过几天，他重新设计了变压器线路，当我把他重新设计的变压器做好交给他时，他如释重负露出非常高兴的表情。

还有高频变压器，铁芯是用磁铁粉压制成环形的，这样就不能用绕线机绕，很费劲。后来，赵连义师傅动了很多脑筋，研制了一台环形绕线机，方便了工作。我们对他的革新精神佩服不已。

由于市场没有适合要求的电位计，只能自制，我们还自己绕电位计，对电位计要求除了有线性的，还要有非线性的和有突变阻值的梯形电位计。特殊科研产品有时只用一个，到工厂不给生产，绕线有的只有头发丝那样细，机器不能用，只能用手绕，眼睛紧盯着工作，眼睛盯累了稍不注意线断了，再重来。后来我们就自己改革绕制工艺，自己根据需要设计骨架，有力地配合了无人机的研制工作，再苦再难也没人说个"不"字，没人谈个人的得失。那时晚上加班，武光院长还经常亲自来看大家，还问我们食堂夜宵做得好不好，劝大家注意休息。总之，全校上下一条心，为了国家强大、为了学校发展各尽所能，全力以赴做贡献。

后记

在纪念我国改革开放四十周年、北航三个型号上天 60 周年之际，我们编辑出版了"北航老故事丛书"之一《空天报国志》，以向 60 年前那激情燃烧岁月里创造出一个个奇迹的北航师生们，表达我们崇高的敬意！

2018 年 5 月 30 日召开本书第一次编委会，自此，便开始了紧张的组稿、编写、修改工作。编委会明确了本书的编写原则，一是紧紧围绕 60 年前三个型号上天这个主题；二是由当年参与的当事人来写或讲述，采用第一人称方式；三是用最朴素的语言记录真实的历史，描述具体的人和事；四是力争图文并茂，尽量收集 60 年前的珍贵照片。

由当时人写当年的事，是本书的一大特点，也是一大难点。故事作者是 80 ~ 100 岁的老人，记忆力明显下降。但为了真实记录当年在柏彦庄这一平方千米土地上发生的型号上天故事，老同志们以对历史负责、对学校负责的态度，以奋发的精神、顽强的毅力，克服了很多困难，用朴实的语言给我们留下了难以忘怀的精神财富。

本次共收到文章 100 多篇，经编委会多次研讨、论证，共选录 66 篇。其中，"北京一号"有 32 篇，"北京二号"有 17 篇，"北京五号"有 17 篇。大部分文章为今年撰写的，部分为多年前发表过，今年又专门做了修改，少部分文章由于作者已经离世，直接收录了多年前的原稿。文章写作时间跨度达 28 年，最早的一篇写于 1990 年 9 月。从文章中可以看出，当年参与"北京一号"研制的师生员工共约 1800 人，参与"北京二号"的有 200 多人，参与"北京五号"的有 300 多人。此外编委会辨认、收录历史照片 100 余幅。

很多单位、很多人为这本书的出版做出了贡献。校档案馆提供了大量的历史照片，不少作者拿来了珍藏几十年的当年照片，使本书图文并茂才成为可能。三个型号编写组的组长们，"北京一号"的李松年、王幼复、温文彪、刘玉芳，"北京二号"的王惠玉，"北京五号"的姚远、段桂芬，他（她）们既是组稿人也是联系人，为一稿、二稿、三稿在关键时间点的编写、修改、成稿，多方沟通联络，在很短的时间内完成了任务；82岁的本书顾问张祖善老师，眼力不好，也一遍遍地修改书稿，并为历史史实把关发挥了作用；80岁的本书顾问周自强，身在美国期间，也一字不落地修改了全部书稿；还要提到的是，本书最初文字版修改稿出来后，是80岁的陈晏清老师在很短时间内，将纸质版转换成电子版书稿，为我们后续的工作，打好了基础。还有很多人为本书做出了贡献，不再赘述。

在此书编写出版期间，受到全校广大师生尊敬与爱戴的"北京五号"总设计师文传源老先生被授予了学校最高荣誉奖"立德树人成就奖"，他是创造三个型号上天奇迹的突出代表。

特别感谢学校党委宣传部和光明日报出版社，是校党委的全力支持和出版社的大力协助，才让本书能顺利面世。

由于作者大都年事已高，再加上编者水平和能力有限，本书难免有遗漏或不足之处，敬请读者谅解。

主编
2018 年 10 月 25 日

图书在版编目（CIP）数据

空天报国志：纪念北航三个型号上天60周年 / 郑彦良，查国清主编. -- 北京：光明日报出版社，2019.12

ISBN 978-7-5194-5252-0

Ⅰ．①空… Ⅱ．①郑… ②查… Ⅲ．①回忆录－作品集－中国－当代 Ⅳ．①I251

中国版本图书馆CIP数据核字(2019)第076801号

空天报国志：纪念北航三个型号上天60周年
KONGTIAN BAOGUO ZHI: JINIAN BEIHANG SANGE XINGHAO SHANGTIAN 60 ZHOUNIAN

主　　编：郑彦良　　查国清			
责任编辑：杨　娜		责任印制：曹　诤	
装帧设计：谭　锴		责任校对：傅泉泽	

出版发行：光明日报出版社

地　　址：北京市西城区永安路106号，100050

电　　话：010-63131930

传　　真：010-63131930

网　　址：http://book.gmw.cn

E－mail：yangna@gmw.cn

法律顾问：北京德恒律师事务所龚柳方律师

印　　刷：北京虎彩文化传播有限公司

装　　订：北京虎彩文化传播有限公司

本书如有破损、缺页、装订错误，请与本社联系调换，电话：010-63131930

开　　本：170mm×240mm			
字　　数：285 千字		印　　张：20	
版　　次：2019年12月第1版		印　　次：2019年12月第1次印刷	
书　　号：ISBN 978-7-5194-5252-0			
定　　价：80.00元			